U0094162

HUMANITIES AND SOCIETY

自足的世俗社会

Phil Zuckerman

［美国］菲尔·朱克曼 著 杨靖 译

译林出版社

图书在版编目（CIP）数据

自足的世俗社会 ／（美）菲尔·朱克曼（Phil Zuckerman）著；杨靖译 . 南京：译林出版社，2021.1
（人文与社会译丛 ／ 刘东主编）
书名原文：Society without God: What the Least Religious Nations Can Tell Us about Contentment
ISBN 978-7-5447-8433-7

I.①自 … II.①菲 … ②杨 … III.①宗教社会学 – 研究 – 丹麦 ②宗教社会学 – 研究 – 瑞典 IV.①B928.534 ②B928.532

中国版本图书馆 CIP 数据核字（2020）第 213253 号

Society without God: What the Least Religious Nations Can Tell Us about Contentment
by Phil Zuckerman
Copyright © by Phil Zuckerman
This edition arranged with New York University Press
Simplified Chinese edition copyright © 2021 by Yilin Press, Ltd
All rights reserved.

著作权合同登记号　图字：10-2018-333号

自足的世俗社会 ［美国］菲尔·朱克曼/著　杨　靖/译

责任编辑　何本国
装帧设计　胡　苨
校　　对　戴小娥
责任印制　单　莉

原文出版　New York University Press, 2008
出版发行　译林出版社
地　　址　南京市湖南路 1 号 A 楼
邮　　箱　yilin@yilin.com
网　　址　www.yilin.com
市场热线　025-86633278
排　　版　南京展望文化发展有限公司
印　　刷　江苏凤凰通达印刷有限公司
开　　本　880 毫米 ×1230 毫米 1/32
印　　张　9.375
插　　页　2
版　　次　2021 年 1 月第 1 版
印　　次　2021 年 1 月第 1 次印刷
书　　号　ISBN 978-7-5447-8433-7
定　　价　58.00 元

主 编 的 话

刘 东

总算不负几年来的苦心——该为这套书写篇短序了。

此项翻译工程的缘起，先要追溯到自己内心的某些变化。虽说越来越惯于乡间的生活，每天只打一两通电话，但这种离群索居并不意味着我已修炼到了出家遁世的地步。毋宁说，坚守沉默少语的状态，倒是为了咬定问题不放，而且在当下的世道中，若还有哪路学说能引我出神，就不能只是玄妙得叫人着魔，还要有助于思入所属的社群。如此嘈嘈切切鼓荡难平的心气，或不免受了世事的恶刺激，不过也恰是这道底线，帮我部分摆脱了中西"精神分裂症"——至少我可以倚仗着中国文化的本根，去参验外缘的社会学说了，既然儒学作为一种本真的心向，正是要从对现世生活的终极肯定出发，把人间问题当成全部灵感的源头。

不宁惟是，这种从人文思入社会的诉求，还同国际学界的发展不期相合。擅长把捉非确定性问题的哲学，看来有点走出自我围闭的低潮，而这又跟它把焦点对准了社会不无关系。现行通则的加速崩解和相互证伪，使得就算今后仍有普适的基准可言，也要有待于更加透辟的思力，正是在文明的此一根基处，批判的事业又有了用武之地。由此就决定了，尽管同在关注世俗的事务与规则，但跟既定框架内的策论不同，真正体现出人文关怀的社会学说，决不会是医头医脚式的小修小补，而必须以激进亢奋的姿态，去怀疑、颠覆和重估全部的价值预设。有意思的是，也许再没有哪个时代，会有这么多书生想要焕发制度智慧，这既凸显了文明的深层危机，又表达了超越的不竭潜力。

于是自然就想到翻译——把这些制度智慧引进汉语世界来。需要说明的是，尽管此类翻译向称严肃的学业，无论编者、译者还是读者，都会因其理论色彩和语言风格而备尝艰涩，但该工程却绝非寻常意义上的"纯学术"。此中辩谈的话题和学理，将会贴近我们的伦常日用，渗入我们的表象世界，改铸我们的公民文化，根本不容任何学院人垄断。同样，尽管这些选题大多分量厚重，且多为国外学府指定的必读书，也不必将其标榜为"新经典"。此类方生方成的思想实验，仍要应付尖刻的批判围攻，保持着知识创化时的紧张度，尚没有资格被当成享受保护的"老残遗产"。所以说白了：除非来此对话者早已功力尽失，这里就只有激活思想的马刺。

主持此类工程之烦难，足以让任何聪明人望而却步，大约也惟有愚钝如我者，才会在十年苦熬之余再作冯妇。然则晨钟暮鼓黄卷青灯中，毕竟尚有历代的高僧暗中相伴，他们和我声应气求，不甘心被宿命贬低为人类的亚种，遂把移译工作当成了日常功课，要以艰难的咀嚼咬穿文化的篱笆。师法着这些先烈，当初酝酿这套丛书时，我曾在哈佛费正清中心放胆讲道："在作者、编者和读者间初步形成的这种'良性循环'景象，作为整个社会多元分化进程的缩影，偏巧正跟我们的国运连在一起，如果我们至少眼下尚无理由否认，今后中国历史的主要变因之一，仍然在于大陆知识阶层的一念之中，那么我们就总还有权想象，在孔老夫子的故乡，中华民族其实就靠这么写着读着，而默默修持着自己的心念，而默默挑战着自身的极限！"惟愿认同此道者日众，则华夏一族虽历经劫难，终不致因我辈而沦为文化小国。

一九九九年六月于京郊溪翁庄

献给斯泰西、鲁比、弗洛拉和奥古斯特

目 录

致　谢

　　本书的写作和研究得到匹泽学院和加利福尼亚欧盟中心的资金扶持，以及宗教科学研究协会的"杰克·尚德研究奖"和宗教社会学学会的"约瑟夫·费希特研究奖"的大力资助。我对上述机构和组织的感激之情无以言表。

　　另外，我很乐意借此机会向给予我支持和帮助的以下诸位表示衷心感谢：阿扎德·阿夫萨、拉尔斯·阿林、史蒂夫·布鲁斯、安德鲁·巴克瑟、西奥·卡尔德拉拉、米歇尔·卡多、爱丽丝·埃贝克、约恩·埃贝克、朗尼·福格斯高德、戈兰·古斯塔夫森、理查德·哈拉戴、桑迪·汉密尔顿、桑加·博索·雅各布森、汉斯·约恩·伦达格、詹森、凯伦-丽斯·约翰森、杰斯珀·朱恩、林赛·肯尼迪、伊本·克罗斯达尔、莱内·库勒、克耶尔·莱永、克里斯特尔·曼宁、克尔斯滕·福斯·马斯塔尔、阿马齐亚·梅扎哈、马贾·米勒、埃洛夫·纳尔逊、尼拉·诺伯格、詹斯·彼得·舍特、马德琳·斯文森、卡丽娜·坦纳伯格、塞西莉亚·瑟曼、塔格·维斯特、拉尔斯·维尔莫斯。同时，我也要对同意接受采访的各位深表谢意。

　　最后，我还要深深地感谢为本书写作提出宝贵建议和鼓励的以下各位：斯泰西·埃利奥特、詹妮弗·汉默、尼尔斯·塔格·汉森、汉斯·劳恩·艾弗森、本顿·约翰逊、埃德娜·科万达·克莱恩、马文·朱克曼。

引　言

当今世界，宗教氛围似乎日渐浓厚。

在整个中东地区，极端伊斯兰教势力甚嚣尘上，在政治领域十分活跃。传统伊斯兰国家如黎巴嫩和伊朗，早在40年前已基本完成世俗化进程，如今国中却充斥着原教旨主义。在土耳其和埃及，越来越多的女性用面纱公开表达复兴的宗教信仰。然而宗教的繁盛不仅限于伊斯兰世界。在拉美地区，从巴西到萨尔瓦多，新教福音派广泛传播，为该地区注入一种虔诚而狂热的宗教精神。同样，五旬节派的传播也非常迅猛，不仅覆盖拉美地区，还远至非洲甚至中国。在菲律宾，每年有数万人皈依新的宗教，如全能神教（El Shaddai）——其名称便有一种强力神学的寓意。在曾经的苏联，许多成员国数十年中被迫接受无神论，而在共产主义时代结束后重拾信仰——比从前更为坚定，越发忠贞不渝。甚至在宗教活力并不引人注目的加拿大，也出现了宗教精神的复兴。用著名宗教社会学家彼得·贝格尔的话说，"当今世界大部分地区都弥漫着宗教激情"[1]。

而在美国，这种宗教激情更是无所不在。事实上，与其他多数发达民主国家相比，无论是就信教人数还是就对上帝、耶稣以及《圣经》的信仰程度而言，美国人的宗教情结堪称根深蒂固。只消开车在我居住的南加利福尼亚州转上一圈，便不难发现，几乎每三个汽车保险杠上的小标语中，便有一个是在宣扬上帝、耶稣或《圣经》。而美国人的宗教虔诚又不单单体现在汽车保险杠标语上。最近我去了亚利桑那州的图森市，发现城里到处矗立着醒目的广告牌，倡导人们要虔信上帝，其密度之广，令人触目惊心。除了随处可见的带有宗教意味的汽车标语和广告牌，美国的广播电视节目中与基督教相关的话题内容也层出不穷。

1 无论是共和党还是民主党的政客，都史无前例地公开表明甚至刻意强调其宗教信仰。而且，美国民众似乎很买账。当然，真信假信，谁也不会在意——比如2004年，乔治·W.布什总统宣称：他出兵伊拉克，是向上帝祷告并与上帝商讨的结果。不管真假，他的这一番"坦白"最终为他赢得了更多而不是更少美国人的信任。

总而言之，从内布拉斯加州到尼泊尔，从佐治亚州到危地马拉，从犹他州到乌干达，无论身在何方，人们似乎都会对各自崇奉的神祇大唱赞歌，定期参加教堂、庙宇以及清真寺的活动，坚持不懈研读经文，恭敬地遵守戒律并奉持礼仪，清醒地捍卫世界免受罪的玷污，并向他们崇信的某位救世主、先知或上帝热情祷告。

然而这一现象并非遍布全世界。事实上，的确存在一些醒目的地方，那里根本没有宗教信仰。

尽管为数不多，也不够典型，且相当分散，但今日世界的确有几个不同寻常的地方，在那里崇奉上帝和教堂礼拜都是极为罕见的现象。在这些与众不同的例外社会，宗教意味不仅没有得到强化，相反却日益**单薄**。事实上，它们根本谈不上有任何宗教意味。这里我特别要提到丹麦和瑞典，它们或许是当今世界最不信教的两个国家，又或许是人类历史上最不信教的两个国家。就像在喧嚣震荡的虔信星球之上，以及不断膨胀的神圣大海之上，漂浮着两艘历经风浪且怡然自得的救生艇，那是象征世俗生活的丹麦和瑞典。那里绝大多数人民都缺乏宗教情感：他们不崇信耶稣或毗湿奴，不尊崇经文，不祷告，也不相信世界几大信仰的基本教义。

在天空澄净、绿草如茵的斯堪的纳维亚半岛，很少有人提及上帝，也很少有人花费时间思考神学问题。尽管近年来丹麦和瑞典两国媒体开始以前所未有的力度报道与宗教相关的话题，但其宗旨不过是帮助本国人民更好地了解发生在遥远国度的奇怪现象，在那些国度，宗教似乎与每个人的命运息息相关。如果说对凡夫俗子而言，确实存在传说中的人间天堂，则当代的丹麦和瑞典确乎当得起这样的美誉：那里的城镇古色古香，风姿绰约；那里树林茂密，海港幽深；那里民主制度健全，犯罪率世界最低，而清廉指数全球最高。此外，那里教育体制完善，建筑富有创意，经济发展迅猛，艺术备受支持；那里的医院明亮整洁，企业欣欣向荣；那里有免费的医疗，有精美的佳酿，还有独树一帜的电影；那里有重视平等的社会政策，有一流的时尚设计，有赏心悦目的自行车道——唯独没有对上帝的虔信。 2

从2005年5月到2006年7月[2]，我在斯堪的纳维亚待了14个月，太太和两个女儿与我偕行——在此期间，我们又有了一个孩子。我们居住在丹麦第二大城市奥胡斯。在那里，我尽可能地接触和了解丹麦社会，研读斯堪的纳维亚历史与文化，在这个国家到处旅行。我尽可能多地对一些人进行了访谈，询问他们的宗教信仰（答案往往是否定的），以及在这样缺乏宗教信仰的国度，他们的生活及感受如何。我采访对象时往往不分场合，可能是在咖啡馆门口排队间隙，也可能是在邻人晚会上大嚼薯条之时。但除了这样一些非正式交谈，我也进行了近150场有模有样的、结构化的深度采访。[3]在采访中，我一只手持录音机，另一只手执纸笔，采访的对象则涵盖丹麦和瑞典各个年龄阶层和各种教育背景——从初中生到博士。他们有的来自偏远乡村，有的来自中等城镇，也有的来自大都市。他们的职业也千差万别，有厨师、护士、电脑工程师、大学教授、艺术家、律师、屠宰场工人、幼儿园老师、心脏外科医生、农民、警察、记者、中学老师、海军军官、病理学家、社会工作者、设计师、家庭主妇、零售店店员、机械工程师、商店店主、小企业主、理疗康复师、税务顾问、影视编导、秘书、邮政工作人员、学生、看门人、失业者，甚至还有一名乐队的贝斯手。正是通过对上述人群的采访，我深入了解到不太信教人群的生活，同时也有机会反思和分析在一个对上帝的信仰被严重边缘化的社会人们的生存状态。从这个意义上说，本书既是对我在丹麦和瑞典期间所见、所闻的个人反思，也是对上述材料所作的社会学分析。

不止于此。除了尝试运用社会学视角去观察构成今日斯堪的纳维亚绝大部分人口的那些男人和女人（他们的宗教信仰几乎可以忽略不计，作为世俗社会的重要组成部分，迄今为止对这部分人的研究还不够深入），本书还要考察另一些重要问题。

首先，我认为没有上帝的社会不仅可能，而且完全可以做到温文尔雅，令人愉悦。本书的一大目标即在于反驳某些口无遮拦的基督徒的保守观点，在他们看来，没有上帝必定是人间地狱：生灵荼毒，罪恶横行，充满堕落。然而，不。丹麦和瑞典是社会安定、经济繁荣、和谐健康的礼仪之邦。事实上，根据社会学的衡量标准，它们完全可以名列全球"最好"的国家。在基要主义猖獗，而且政治与宗教纽带日益紧密的时代，在美国以及其他一些国家，这是个重要信息。让人们了解到这一点至关重要：一个缺乏宗教信仰的社会依然可以成功地自如运作，完全有能力建立和服从良好的法律体系并确立、谨守各项风俗礼仪。对上帝的崇信可能消退，祷告的仪式可以忘却，也不必花费力气研读《圣经》，但与此同时，人与人之间照样能和谐相处，学校和医院运行良好，犯罪率很低，老人和婴儿都能得到很好的照应，经济繁荣发展，污染有效防治，超速会被罚款，孩子会在温馨健康的家庭中受到关爱——日常生活并不需要一个上帝做中心。

本书的另一个宗旨是思考和分析上述世俗男女世界观的独特轮廓。

举个例子，他们如何看待生死？如何面对死亡？众所周知，宗教存在的一个重要原因就是人需要以某种方式面对自己死亡的宿命。这就是说，（按照这一理论）每个人都或多或少地对死亡存有畏惧之心，因此需要向宗教寻求慰藉，寻求临终前的心理安慰。对大部分人而言，毫无疑问，这是人生常态，但对数百万的丹麦人和瑞典人而言，事实上并非如此。许多斯堪的纳维亚人对死神毫无畏惧，也从不担忧，活得极好。我在那里停留期间采访过许多不畏死神甚至对死不屑一顾之人，他们明知早晚有一天会告别世界，照样生活得怡然自得。其中最有趣的一位是安妮，她是来自奥胡斯的养老院护士，43岁。令我感到震惊的是，凭借她多年与临终之人打交道的经验，她发现通常是**无神论者**能比较 　4　从容地接受死亡的降临，而基督徒往往满怀忧惧，惊慌失措。这一发现对传统观念提出了严峻挑战：对死神的畏惧是不是人性的必然？人类是否真的"需要"一种宗教来克服这一"普世性"的畏惧之情？

或许应该思考一下生命的意义。除了对死亡的恐惧，有人争辩说宗教的作用在于为"我们从何而来""生活的意义何在"等沉重的大问题提供终极答案。当然，千百万人都渴望得到答案，他们也因此转向宗教。但绝大多数丹麦人和瑞典人并不做如斯之想。在我采访的人群中，有许多人非常直白地宣称他们相信生命**不存在**终极意义。然而又恰恰是这一群人安居乐业，悠闲自得，充分享受生活，根本不理会所谓人生价值和意义。这一规模达到数百万人的世俗男女的存在不仅拓宽了世俗生活的范畴，或许也向那些想当然的解释和理论提出了新的挑战，后者认为宗教是人生必不可少的一个组成部分。

　　本书最后的目标是探究并尝试解释在当今宗教氛围极为浓厚的世界上，为何仍有群体反其道而行之。除了身为代表的丹麦和瑞典，还有其他一些国家，如英国和荷兰，宗教信仰的程度也明显偏低。为何这十来个大多集中在欧洲的国家，对上帝或耶稣以及彼岸生活似乎不以为意？有哪些因素导致这些社会宗教观念淡薄、宗教边缘化？基于我在丹麦的实地调查和研究，并结合社会学领域的几种重要理论，我将努力对上述问题逐一做出解答。

　　至于我在丹麦的生活经历，请允许我谈谈最初的粗浅印象。

· · ·

　　我抵达斯堪的纳维亚的第一印象是：此处没有警察。

5　　我们在奥胡斯待了几天之后，我猛然意识到此地看不到警察的一丝踪影：没有交警，没有男女巡警，连警车也看不到。在一个阳光灿烂的日子，我和太太骑自行车去海滩，我向她说出了好奇之心："所有警察都去了哪里？"她耸耸肩，推测了几种可能性，然后我们继续骑行。

　　我们经过大学区，穿过商业区，并经过老教堂。一路穿街过巷，经过购物中心和商业广场，穿过火车站，又下到海滨，穿越港口，径直来到游人如织的日光浴海滩。在20分钟的骑行过程中，我们没有见到任何警察。请注意，奥胡斯不是北欧腹地某个边远沼泽地带的小村庄，而是工业和文化高度发达的大都市，人口多达25万。几天后，我带着两个孩子，在人潮拥挤的商业区闲逛，在运河边漫步，也经过嘈杂的咖啡店和饭馆。我再一次注意到：没有警察。一种异样的情感油然而生，毕竟，在我的家乡，加利福尼亚的克莱蒙特——按照美国标准不过是个小城镇，人口仅3.3万人——我几乎每天都会看到警察。[4] 但在奥胡斯，我却看不到，一个也看不到。于是我开始每天作记录。结果是：总共31天以后我终于见到一位警察。更令人惊奇的是，尽管在奥胡斯警察不见踪影，当地的刑事犯罪率在全球同等规模城市中却是最低的之一。举例来说，2004年奥胡斯的杀人犯只有一名。很显然，一定有某样东西阻止丹麦人自相残杀，而那样东西绝不是强大的警力。

也不是对上帝的畏惧。

我强调这一点是因为许多人误以为是宗教使人道德纯洁。[5]比如劳拉·施莱尔辛格博士——她是著名的节目主持人，也是畅销书作家——便公开宣称：没有宗教和上帝，人民不可能道德纯洁。[6]对于包括劳拉博士在内的许多人而言，是信仰和敬畏上帝降低了谋杀案发率。但对斯堪的纳维亚人而言，事实并非如此。尽管他们的轻微罪行和入室盗窃的案发率相对更高一些，尽管最近几十年来这些罪行的犯罪率总体呈现上升趋势[7]，但他们的暴力犯罪，比如谋杀、重伤以及强奸等的犯罪率却属全球最低之列。事实上，大部分丹麦人和瑞典人并不相信"举头三尺有神明"，不相信神明会记录人的一言一行，作为上天堂或下地狱的赏罚依据。大多数丹麦人和瑞典人不相信人世间充满罪恶，因此需要"人子"耶稣通过牺牲自己，来救赎人类。实际上，大多 6 数丹麦人和瑞典人连所谓的"原罪"也不相信，也几乎没有人相信《圣经》源自神。北欧国家每周去教堂做礼拜的人数全球最低。此外，尽管在这两个国家有一部分人口崇信上帝，他们所信奉的也不是《圣经》文学所表述的喜怒无常、任意赏罚或爱民如子的上帝形象，而是某种遥不可及、模糊不清，或许只有他们自己才能解释清楚的观念。这位遥不可及、模糊不清的上帝对他们的影响微乎其微。正如丹麦社会学家奥勒·里斯所说，"只有少数斯堪的纳维亚人认为上帝在他们的日常生活中至关重要。更典型的态度是不温不火，甚至不无怀疑"。[8]

确实，哪里都有虔信的基要主义者，假如你留意寻找，就连五旬节派教会也不乏信徒。但在丹麦、瑞典两国，真正的信徒与其他国家相比,少之又少,而且几乎都处于社会边缘。正如丹麦学者安德鲁·巴克泽所说,"很少有人对于上帝抱有确定不移的信念;大多数人还是依靠科学而非宗教来理解这个世界"[9]。根据瑞典学者伊娃·汉贝格的研究,只有不足两成的瑞典人相信有一位人格神的上帝存在,而且"对于许多仍然相信上帝存在的瑞典人来说,这样的信念也是可有可无,无足轻重"[10]。

因此,典型的丹麦人或瑞典人根本谈不上信仰上帝。[11]与此同时,他们也不会轻易对同类萌生杀机。但是,尽管如此,他们岂不是为上帝所抛弃的悲哀群体? 一些美国人据此推测,远离上帝的斯堪的纳维亚人当中一定弥漫着绝望之气。因为他们放弃祷告,让《圣经》沾满灰尘,不再定期赞颂耶稣,对万能之主也敬而远之,这些冥顽不化的北欧人难道没有意识到他们的灵魂已然坠入万劫不复的境地? 他们还能享受快乐吗?

答案是肯定的,根据是伊拉斯谟大学鲁特·费恩霍芬博士的研究。费恩霍芬博士是世界范围内各国幸福指数研究领域的领军人物。最近他对全球91个国家进行了排名,而根据他的取样和计算结果,居民整体幸福水平在全球排名最高的国家正是面积不大、社会稳定,而且接近无神论的丹麦。[12]

作为生活在此的美国人,我发现斯堪的纳维亚人的宗教观念淡薄这一点非常令人着迷,甚至——我不得不承认——令我有如释重负之感。像我这样不信教的人和不可知论者,生活在宗教气息浓郁的美国,简直令人崩溃。我绝对承认也高度认同,在提振人心、增强社团凝聚力和家庭纽带、教人宽厚仁爱,以及赋予人生每个重要阶段以庄严的仪式感等方面,宗教发挥着巨大作用,但生活在美国这样一个极其虔信的国度确实令我感到很不自在。在这里,祷告跟一日三餐一样无处不在。在这里,大城市的警察局长可以将犯罪率上升归咎于魔鬼撒旦。[13]在这里，当自然灾害降临时，州长会恳请公众共同祷告，以此作为抵御灾害的主要手段。[14]在这里，校董时常会质疑在中学生物课堂上讲授进化论。平心而论，对我来说，旅居丹麦这一年才算呼吸到清新自然的世俗空气。

当然，我必须承认宗教并未从丹麦和瑞典两国的文化中完全消失。我将本书命名为《没有上帝的社会》(*Society without God*)*，而不是《没有宗教的社会》，一个重要原因就在于新教路德宗在两国文化中仍然发挥着较大的作用。举例来说，大多数丹麦人和瑞典人至今仍向各自国家的教会机构缴纳税款，大多数人仍会选择在教堂结婚。同样，他们也会选择让婴儿在教堂受洗，并接受牧师的祝福（顺便说一下，洗礼的牧师如今大多是女性）。此外，大部分丹麦人也乐意在教堂为行将成年的子女施坚信礼。但这些路德宗的遗风更多是例行公事，而非真正出于虔敬和信仰。毋宁说，上述基督教礼仪得到丹麦人和瑞典人的遵循，主要是出于文化传统的意识。比如，几乎所有受访者都声称他们向教会缴纳年收入的百分之一，仅仅因为"人人皆是如此"，而与上帝、耶稣和宗教信仰毫无关系。同样，几乎我采访的每个人都声称，他们在教堂结婚仅仅是因为这样显得"传统"或"浪漫"——教堂仪式极富美感，而市政厅婚礼过于平淡。我在丹麦结识的密友米克尔是丹麦路德宗教会一位39岁的牧师。[15]他在距奥胡斯15公里处一座宁静的小村庄执掌教坛多年。他主持过200场婚礼，在婚礼之前他喜欢与新人聊天。他会询 8 问为什么他们选择在教堂成婚，而不是市政厅。他总结如下：

> 你可能会想象，大部分人都会说，"为了得到神的祝福"。但我相信在200对新人中，提及上帝的可能只有10对。明确说出求神

---

*　中文书名未照原书名直译。——编注

祝福的只有2—3对。提及上帝的10对在200对新人中占比5%。其余人则大感困惑："怎么会问这样的问题？米克尔，还不是因为传统！"他们认为我这样提问是在开玩笑。"这是传统。如你所知，真正的婚礼一定要在教堂穿上白色婚纱。"

　　至于流传广泛的婴儿受洗仪式，更多也是出于传统而并非出于为婴儿的灵魂考虑。大部分受访者声称，此举是为了取悦奶奶而非上帝。比如利塞是奥胡斯的电脑工程师，丹麦人，24岁，不信教，是彻头彻尾的斯堪的纳维亚世俗主义者。利塞来自日德兰半岛中部小镇，受父母影响自幼便不信上帝，也从不去教堂。她的朋友们也没有谁相信上帝，实际上，在社交圈子里没有人会说起上帝。与一同长大的朋友们一样，利塞对上帝、耶稣以及天堂、地狱和魔鬼等一概不信——尽管和大多数丹麦人一样，她会不加思索地承认"天意高远，凡人难解"。目前利塞已订婚，我很好奇，将来如果她有了孩子，会让孩子信教吗？

　　不。*

　　你会让孩子在教堂受坚信礼吗？

　　是的，孩子会在教堂受洗。

　　因为什么……？

　　因为传统。因为人人皆如此。

　　人生大抵如此。紧接着，我进一步追问，既然她本人对基督教核心教义根本不认同，为何又选择让孩子受洗礼。这时她无奈地耸耸肩，重申丹麦人就是这样。另一位受访妇女名为吉特，40岁，在奥胡斯一所幼儿园当老师。她们家祖孙三代皆不信教，她本人也不例外。但她让两个孩子都受了洗礼。我问她坐在教堂之内，听牧师口中念念有词——

---

　　* 楷体字内容为受访者所说的话。下同。——编注

说的尽是她从来不信的上帝、耶稣之类——同时为孩子施行神圣洗礼，她的心中作何感想。她回答说，那些说辞本身对她来说毫无意义，但礼仪的过程是难忘的经历，最终让她明白整个礼仪"不过是文化操演的一个组成部分"。

至于受坚信礼，一如既往，大部分受访者宣称这只是"随大流"。当然，与之俱来的舞会、礼品和零花钱，也是大多数14岁左右的青少年难以抗拒的。由此可见，斯堪的纳维亚人举行从生到死、名目繁多的基督教仪式，很少出于神学考虑。从洗礼到向教会纳税，从坚信礼到教堂婚礼，以及已融入大多数斯堪的纳维亚人生活的路德宗元素，最好被理解为带有宗教点缀的世俗传统。

大多数丹麦人和瑞典人素来以理性而著称。有82%的丹麦人相信达尔文进化论，这在西方国家中比例最高[16]，但与此同时，大部分丹麦人和瑞典人又以基督徒自居。这怎么可能？一个人不相信《圣经》是神圣的，不信耶稣，不信原罪、救赎和复活——甚至根本不信上帝——这样的人怎么能自称基督徒？我在调研过程中反复思考这一问题。绝大部分丹麦和瑞典受访者，当自称基督徒时，他们仅仅是从历史和文化传承的角度来说的。当我进一步追问"基督徒"到底所指为何时，他们众口一词地强调以下几个方面：以善待人，扶助贫弱，以及立身谨严。他们在解释基督徒身份时，根本没有提到上帝、耶稣或《圣经》。当我特地询问他们是否相信耶稣是"神之子"或"弥赛亚"时，他们毫不犹豫地给出否定答案。他们是否相信耶稣是处女所生，并于死后复活？类似提问往往会引发对方爆笑——他们觉得提问者太傻。

以安诺斯为例，他来自奥胡斯，45岁左右，拥有一间街角的小店铺。他不确定自己是否信奉上帝，但他明确怀疑耶稣的神性，也不信天堂和地狱。他确信的是《圣经》乃凡人所作。不过，他仍认为自己是基督徒。

　　我相信人性向善，这是基督教最核心的教义。你不能杀害他人，你必须帮助老人，等等。我相信这是我们赖以生存的信条。从这个意义上说，我就是一名基督徒。

　　再比如埃尔莎，来自瑞典南方的人力资源顾问，56岁。跟安诺斯一样，上帝、耶稣、地狱、《圣经》等，她通通都不信，却自称基督徒。我问基督徒何意，她回答道：

　　做个体面人，尊重他人。呃，这就是好人。

　　跟美国人通常所理解的基督徒并不一样。当然，在美国主流的自由派基督徒身上，人们不难发现上述宗教情感[17]，但对安诺斯和埃尔莎来说，他们的回答更为直截了当——这是典型的世俗人文主义。

　　就宗教而言，斯堪的纳维亚与美国的差异可谓巨大，其事例不胜枚举。在旅居丹麦期间，我时常怀有敬畏之心，时常不由自主会拿奥胡斯与安纳海姆*作对比。在美国，哪怕你接连不断地跳台选台，也难逃广播电视节目中牧师惩恶扬善的布道。即使是一场足球赛或篮球赛，一开始也要向耶稣祷告，而且75%的美国人宣称他们相信地狱存在。[18]在丹麦和瑞典，相比于遥远的神学，人们对家庭、院落、自行车、当地政治、职业规划、气候，甚至英国或巴西的足球明星更感兴趣。至于地狱，只有10%的丹麦人和瑞典人相信它的存在，这也是全球的最低比例。[19]在丹麦和瑞典，古老、可爱的教堂装扮着各地的风景，小学课程也会讲授一些基督教教义，但美国人想要追寻的宗教氛围在此地近乎绝迹。对此，我想再举两个事例加以说明：政治与操场。

　　首先，来谈谈我之前提及的政治与宗教这一话题。在美国，常见的情形是，倘若一位政客想要取得成功，他或她不仅需要做定期去教堂的"虔信者"，还要时常向公众公开表明这一点。当今大多数美国人乐于

---

　　*　美国加州城市。——编注

看到他们的州长、参议员乃至总统信奉上帝，赞美上帝，甚至凡事在祷告并征询上帝后再作决定。反之，无神论者在美国当选总统的概率跟 11 基地组织成员不相上下。然而在丹麦和瑞典，情况恰恰相反。在这两个国家，政客的宗教信仰纯粹是个人私事，最好没有任何宗教信仰。假如一名政客公开讨论他或她的信仰，或者通过祷告作决策，甚至哪怕在公共演讲中偶尔提及上帝，此人必将很快退出政坛，又或者连步入政坛的机会也没有。

不妨看看近期的一则全球范围内的调查报告，报告询问人们是否同意以下陈述："不信上帝的政客不适合担任公职。"对此，64%的美国公民欣然赞同，相反，只有8%的丹麦人和15%的瑞典人同意。[20]问卷的第二个问题是对于以下陈述有何感受："假如更多具有坚定信仰的人出任公职，对我们国家一定大有裨益。"对此，75%的美国人表示赞同，但只有12%的丹麦人和30%的瑞典人同意——丹麦由此成为该选项赞同比例全球最低的国家。按照丹麦首相安诺斯·福格·拉斯穆森*的说法，"宗教是且应当是个人私事……个人信念倘若由宗教法则主导，后果相当危险，因为这意味着个人信念要服从千年之前的戒律和经文，甚至整个社会都要被迫服从宗教教义。因此，在丹麦，我们对宗教和政治做出明确区分"[21]。

关于宗教及其在社会中的地位，美国和斯堪的纳维亚有多么不同，且以学校游乐场为第二个例子。在全美大多数小学，假如有孩童宣称不信上帝和耶稣，必定会遇上大麻烦。很有可能他或她在学校会被孤立，甚至更糟。我女儿六岁上小学，课间休息时，和小伙伴荡秋千玩耍。有同学过来问她是否信奉上帝，我女儿回答"不"。那位同学立刻停止晃动秋千，咒骂我女儿下地狱，并扬长而去——从此再也没和她一起荡

---

* 2001—2009年间任丹麦首相。——编注

过秋千。

与此相反，在北欧，公开承认信仰上帝或耶稣却标志着你与众不同，格格不入，看上去更像是个怪人。萨拉是来自日德兰半岛一个乡村零售店的店员，20岁，她解释说：

> 年轻人认为宗教是一种禁忌。年轻人通常不会说"我骄傲，我是一名基督徒"。你要是这样做，常常会招来麻烦。

因此，在北欧的学校游乐场上，很可能是一名信奉基督教的孩童被孤立，被讥讽，甚至更糟。托本就是这样一名孩童。从五年级开始，他的宗教信仰广为人知，随之而来的讥讽和骚扰也就成为家常便饭。他换了好几所学校，最终才在一所私立的基督教学校安顿下来。"我至今仍心有余悸。"他在接受采访时叹息道，眼泪扑簌簌往下流。他现在25岁了，已婚，正在攻读神学学位。他告诉我，由于官方的丹麦路德教会对同性恋持宽容态度，他几年前退出了该教会。目前，他在一家"自由的"教会做礼拜。他相信《圣经》是上帝的言辞，亚当和夏娃的确存在过，耶稣为我们的原罪而死，魔鬼也是真实存在的，并且所有非基督徒死后必下地狱。我问他是否认为所有犹太人死后都会下地狱。

> 我认为是的。我不喜欢这一结局，但《圣经》就是这样教导我的。

> 那所有的佛教徒和印度教徒呢？

> 同样如此。

许多美国人会相信托本神智健全，但大多数斯堪的纳维亚人认为他的宗教信念过于乖张，令人不安，很可能是精神状态不稳定造成的结果。也就是说，尽管托本的宗教狂热在美国人看来相当正常，在斯堪的纳维亚人眼里，他却属于极其罕见的异类。安德烈亚斯是一位来自欧登塞的公立学校教师，33岁。我问他，在他的班上有多少学生赞同托本的观点。"2%—5%。"他回答说。

关于宗教信仰氛围浓厚的美国和世俗主义盛行的丹麦和瑞典的异

同，具体的细节简直难以胜数。跟美国不同，在斯堪的纳维亚国家，根本没有全国性的"反同性恋权利"运动，没有大型教堂就地安装"耶稣的自动取款机"以方便信徒刷信用卡捐资，没有大名鼎鼎的布道牧师在广播电台声嘶力竭地抨击败坏世风的"罪人"，没有政客宣称他们竞选公职是"出于上帝的旨意"，竞选的广告黄页上没有印刷"耶稣之鱼"的字样，没有校董或学校行政管理人员公开质疑进化论（或限制它的传播），没有法官会根据《圣经》来判案，没有受宗教精神感召的"禁欲"性教育课程，没有蔚然成风的反流产运动，没有家长游说学校和市政委员会从学校图书馆和公共图书馆清除《哈利·波特》，没有"自然史博物馆"竖起亚当和夏娃的巨幅塑像[22]，没有饭店在菜单或者餐具垫上印制《圣经》诗行，在国家队体育比赛之前也没有"信仰之夜"活动（大牌球星要面对整场球迷称颂上帝并弘扬基督教义）——这一切在宗教盛行的美国景观中都不难发现。

在一些与美国极为不同的国家，宗教信仰无迹可寻，上帝作为个人隐私也被排除在公共生活之外，这些国家是怎样的情形？生活在今日丹麦和瑞典的男男女女呢？他们（缺乏宗教意识）如何看待生活？当然，每个社会都有不信教者，即便在基要主义充斥的社会也不例外，但只有在北欧，不信教者才被认为是正常人、普通人，是社会主流。因此，做一名不信教者是一回事，做一名不信教者在一个社会中被认为是常态而不受歧视，在社会学上则具有重要意义。

拉尔斯便是其中一位。

很难界定拉尔斯是否算得上"典型的"斯堪的纳维亚人，但他无疑很接近。在本书引言部分我打算以他作结，因为在旅居丹麦的一年我采访的所有人当中，他给我留下了最积极的印象：怡然自得，通情达理，以及对生活强烈热爱。我很高兴与他相遇。二月中旬一个飘雪的、寒冷的夜晚，在他位于卡特加特海峡边一座温馨舒适的房子里，我们畅谈了一个半小时,探讨他的生活和信仰。

拉尔斯77岁,身材保持得很好。我们谈话时,他的脸上洋溢着光彩和活力。他在哥本哈根长大,目前居住在菲英岛。他在一所规模不大的中学当校长许多年,现在已退休。政治上他属于中间偏右派。他和妻子结婚50余年,有两个女儿。他的父亲是极端虔诚的基督徒,也是当地教会的宗教领袖之一。拉尔斯的母亲却是一位无神论者,正如她本人的父亲一样。拉尔斯记得很清楚,他的外公未能获得提拔恰恰是因为他的无神论倾向——在19世纪初,这一倾向一旦公之于众必然会引起麻烦。

14　　拉尔斯进而谈到,他的父母相处并不和谐。

我父亲是当地最大基督教教会的领导者……他不是牧师,而是教师。他是信众的领袖。而我母亲是无神论者,我四岁时他们离了婚。

拉尔斯和他的两个兄弟主要由母亲抚养,尽管他们有时也能见到父亲,甚至偶尔也和他一同去参加聚会。拉尔斯认为自己也是无神论者,并且宣称他一直是——他说,他甚至拒绝坚信礼仪式,这在65年前是非同寻常的行为。但后来,他还是在教堂成婚。我问他原因,他哈哈大笑:

你知道,这种事一般都是丈母娘说了算。

拉尔斯的母亲2003年过世,我很好奇随着年龄增长,她的无神论信仰是否发生了变化。在弥留之际,她有没有求助于上帝?

没有……她去世时差3个月就108岁了。

她可真高寿!

你可以去看看她的墓碑——就在我们城里——1895—2003年。

她去世才不久……

是的。

她终生都是无神论者?

对，她一直是。

我们更多谈论的是她的死亡——根据遗愿，她将被火化，而不是举行基督教的葬礼。我转头看看年近八旬的拉尔斯，询问他对于即将来临的死亡作何打算。

你认为我们死后是什么情形？

噢……我从前的生物老师一直说，构成我们生命的化学物质价值四个丹麦克朗，你必须尽快偿还，偿还地点就在火葬场。我也这么想……但是……不，不。

你不相信有来生？

不……我不知道。我只知道，对我而言，生命一旦结束，一切便结束。

但如果人认为"生命一旦结束，一切便结束"，那它又有什么意义？生命的意义何在？

生命的意义？我在世上有了一段时光，我的职责是尽可能把它过好。我想当一名好父亲……我活得很精彩。

当生活不如意或悲伤时，你如何面对？会怎么做？

我该怎么说？……我没有悲伤的时候，你懂我的意思。我非常快乐。我想做的每一份工作，我想要的一切——我有个好妻子，两个受过良好教育的女儿，还有四个古灵精怪的孙子孙女。

那你一定很幸福吧。

是的，当然。我也有……不太如意甚至愤怒的时候，但这是你自己的问题，对吧？无论在什么情况下，我从没有想过需要什么作慰藉。

我们还谈了其他许多事情：他回忆第二次世界大战时期丹麦被德国占领，近年来有大批穆斯林移民拥入丹麦，以及他作为校长荣退之时的那一顿晚宴上，500人起立为他祝酒，他把这一幕称为他人生的"黄金时刻"。但最打动我的还是整个采访过程中他所展现出的那一种从

15

容与温情，以及毫不做作的幸福和对人生的满足。他似乎拥有人生一切美好的东西：亲密又长久的婚姻，活泼可爱的儿孙，心满意足的职业，在丹麦绿化最好的小岛上拥有舒适温馨的家园，身体健康——一切都与信仰上帝无关。

结识和了解拉尔斯这样的人是我的迫切愿望，这也是写作本书的初衷。我想追寻和描述他们背后的文化源头。

正如本引言一开始所说，我们当下生活在一个宗教氛围浓厚的社会。这也让我们意识到，像拉尔斯这样并未受到宗教氛围沾染的人更显得特立独行，他们的故事也更引人入胜。唯其如此，对丹麦和瑞典这样堪称"没有上帝的社会"进行一番分析和研究也就显得越发紧迫。

16

第一章

没有上帝的社会

在荷兰……整个国家的文化内核就是无神论。在这里，人们可以（很多人也的确）随时随地反驳上帝的真实存在。人们从各个方面公开质疑宗教信仰……这里的一切几乎都是世俗化的。挪揄上帝是司空见惯的事情……然而，没有人会因此遭受天谴。社会运行与上帝无涉，并且呈现出一片祥和的景象。我受到的教育要求我必须尊重传说中由上帝设计的那一套体系，然而相比之下，人类发明的这套行政管理体制显得更加稳定、安宁、繁荣和美好。

——阿扬·哈尔西·阿里[1]

如果对上帝的信仰若有若无，出席教堂礼拜的频率极其低下，宗教在日常生活中明显被弱化和边缘化，这样的社会该是什么情形？如果人们不再祷告，不再关心灵魂的救赎，不再向孩子们灌输对耶稣的强烈信仰，这样一个相对世俗的社会总体状况会如何？因为最近旅居在一个这样的社会里，我可以非常自信地回答：没有骚乱，没有自私，没有犯罪，社会也没有堕落。正如我在引言中所说，尽管丹麦和瑞典相对世俗化，但是两个国家并不是腐败与无政府状态的堡垒。实际上，正好相反,它们是令人赞叹的和谐社会的典范。

宗教信仰或者信仰的缺失与社会和谐之间的关系错综复杂,这个观念已得到认可。难以明确地认定世俗主义总是有利于社会,而宗教信仰总会对社会造成危害。然而,反过来,同样无法佐证这样的观念:世俗主义总是会对社会产生危害,而宗教信仰总是有利于社会。确实,在某些情形下,宗教信仰为建立和谐、繁荣和幸福的社会发挥着强大而积极的作用。当我们思考哪些因素促进了美好社会时,必须承认宗教信仰可能是一股积极的力量。比如,在美国,宗教理想可以有效地制衡猖獗而泛滥的狂热个人主义。美国的教会是社区的中心,既提供咨询服务,也是日托所。大量的研究表明具有温和信仰的美国人比没有信仰的人感到幸福,对生活和婚姻感到美满,家庭关系亲密,几乎从不悲观厌世。[2]纵观历史,为孩子们建立学校、创办大学,为病人创立医院,为无家可归的人提供住所,关爱孤儿和老人,反对压迫,完善法制,维护秩序,发展民主,这些行为的决定性因素有时正是深入人心的宗教虔诚以及对上帝的信仰和对《圣经》的依赖。然而,在另一些情形中,宗教也可能并无积极的社会影响。在特定的社会里,宗教往往是紧张局势、暴力、贫穷、压迫、不平等和动乱的主要诱因之一。放眼世界各国,你会发现对上帝的普遍信仰以及深厚的宗教虔诚并不一定能确保实现社会和谐。[3]毕竟,世界上许多最虔信的国家同时也属于最危险、最贫困的国家。相反,在某个国家,人们对上帝信仰的普遍缺失,或者说宗教情结的低落,并不一定是社会毁灭的魔咒。事实上,世界上大多数无宗教信仰的民主国家都属于繁荣和成功的国家。

我要关注的正是上述最后一点,也是本章想确立的论点:世界上一些宗教信仰最淡薄的国家,尤其是位于斯堪的纳维亚半岛的国家,同时也位于最繁荣和成功的国家之列。在这里,我要彻底澄清一点:

我并不是主张，宗教情结的低落直接造成了斯堪的纳维亚半岛令人仰慕的高度社会和谐。有人理所当然地以此作为例证，认为人们对上帝和来世的关注越少，就越注重用理性和世俗的方式解决日常生活中遇到的难题，而正是这一点开启了斯堪的纳维亚半岛的人们积极向上的人生态度。这不是我在这里想要证明的观点。恰恰相反，我只想冷静地反驳当今甚嚣尘上的断言：没有宗教信仰，社会必将灭亡。

如果你已闻到我的斧头在这里开始砍伐的气息，说明你的嗅觉非常灵敏。我承认我确实觉得，个人有必要对"没有宗教信仰，社会必将灭亡"这一观点进行质疑和明确地反驳。之所以值得质疑是因为，避开它是无用的社会科学不谈，它还经常成为美国一些公众人物和有影响力的基督教保守派人士高调的政治宣言。这些人物并不能代表，也不能传达美国大多数信徒的心声。但是，他们的声音聚在一起就组成了一曲令人敬畏而且特别高亢的合唱，常常能抵达数百万人的灵魂和思想。比如帕特·罗伯逊，一位成功的电视传教者，美国基督教联盟的创建者，他经常批判世俗主义。罗伯逊公开宣称世俗美国人的存在会慢慢地侵蚀社会的基础，如果学校董事会一意推行违背宗教信仰的世俗学科（secular science）课程，上帝的惩罚必将降临。罗伯逊认为如果一个社会没有宗教信仰，"结局将是暴政"[4]。此外，根据罗伯逊的观点，任何一个接受并容忍同性恋的国家将"遭遇上帝的审判，承受上帝的暴怒"[5]。还有不久之前去世的杰里·福尔韦尔，也是一位成功的电视传教者，"道德多数派"（Moral Majority）的创建人。福尔韦尔公开宣称，正是那些推行世俗主义的美国人激怒了上帝，才导致了2001年9月11日的恐怖袭击。"上帝不该被嘲弄。"福尔韦尔在罗伯逊旗下家喻户晓的辛迪加电视节目《700俱乐部》中宣称："我坚信那些企图把美国世俗化的无宗教信仰者、非法堕胎者、女权主义者以及男女同性恋者——

我要指着他们的脸说——正是你们的推波助澜才导致了恐怖袭击的发生。"

"有道理,"帕特·罗伯逊回应说,"我完全同意你的观点。"

最近,基督教保守派传媒专家安·库尔特在她的一本畅销书中写道:如果一个社会不能领会上帝的重要性,它将走向奴役、种族屠杀和暴行[6];如果达尔文和进化论在一个国家被广泛认可,道德在这里将被抛弃[7]。畅销书作家、家喻户晓的新闻记者和电视名人、保守派基督徒比尔·奥赖利发表过类似的言论:一个没有充分的信仰和精神追求、未能活在"上帝之下"的社会,终将沦为充满暴力和犯罪的社会[8],成为不法分子肆意妄为的场所[9]。奥赖利进一步指出,世俗社会必定是脆弱而混乱的,在世俗文化里,人们唯一的信条就是"个人满足"[10]。超级巨星、保守派电台和电视评论员拉什·林博曾经指出:如果存在这样一个社会,其中大多数居民不相信自己的行为最终会受到上帝的审判,结局将是"国家的灾难"[11]。保守派权威人士威廉·贝内特曾经说过,与社会弊端博弈,"唯一可靠的应对之策"就是广泛传播宗教信仰;没有了信仰,在社会生活和人际关系中就失去了"行之有效的强化美德的最佳方法"[12]。对贝内特而言,信仰是维持"社会生命力"的"基础"[13]。保罗·韦里奇是右翼保守主义智库"传统基金会"(Heritage Foundation)的创始人,他曾经指出世俗的人权主义者对社会的"生存本身"造成了威胁。[14]

但是,传播这种思想的人物并不只有保守的美国基督徒。在牛津大学受过训练的哲学家基思·沃德最近声称,缺失宗教虔信的社会本质上是道德沦丧、没有自由的非理性社会。[15]他声称任何对上帝失去虔诚、毫无宗教信仰的社会,都将是背离道德……和自由,并且最终沦为否认人的尊严的社会。[16]当代哲学教授约翰·D.卡普托曾经宣称,失去了对上帝的敬爱和信仰,人只会是自私的野蛮人,由此暗示由多数无信仰的人组成的社会将是一个毫无爱怜的悲惨世界。[17]

我将在后续的讨论中对罗伯逊、福尔韦尔、库尔特、奥赖利以及其他人的上述言论进行反驳。我要澄清一个观点：在某些社会，宗教观念淡薄不一定导致混乱，实际上它与令人钦佩的社会和谐、繁荣昌盛，以及崇高的道德秩序却密切相关。因为，当我在奥胡斯的小径上骑行时，当我陪同孩子在往返学校的小路上行走时，当我在哥本哈根、斯德哥尔摩、欧登塞、戈森堡和锡尔克堡的街道上溜达时，当我在丹麦的海岸边、瑞典的树林里漫步时，当我频繁光顾日德兰半岛的银行、酒吧、烘焙店和书店时，当我在更为广阔的斯堪的纳维亚半岛到处旅行时，我情不自禁地被那里的社会现实所打动；在那里，宗教的踪迹微乎其微，与此同时社会却非常和谐，运转良好，充满显而易见的理性。

· · ·

"但是朝鲜、曾经的苏联或者世界上第一个官方宣布无神论的阿尔巴尼亚，又是什么情景？毫无疑问，这些漠视宗教的国家难以充当和谐社会的典范。"

每当我开始谈起无宗教信仰与社会的和谐以及繁荣相关时，上述言论就出来反驳我。这一言论似乎符合逻辑，因此，有必要作一番详细的回应。

从阿尔巴尼亚开始，我来谈一谈我的观点。

1960年代后期，阿尔巴尼亚共产党独裁者恩维尔·霍查宣布宗教 20
违法，声明阿尔巴尼亚是世界上第一个无神论国家。他禁止阿尔巴尼亚人民给孩子起教名，下令拆毁教堂和清真寺，宣布《古兰经》《圣经》以及宗教圣像为违禁品。任何携带上述物品的人，一旦被抓获将面临牢狱之灾。像大多数法西斯领导人一样，霍查是极其愚蠢的偏执狂。

他的政治和经济政策都是灾难性的。在他的一手操纵下，他通过高压统治以及让百姓忍饥挨饿、腐化堕落等手段毁掉了他的国家。霍查死于1985年，从此阿尔巴尼亚的人民不再遭受他邪恶的践踏，但是这个国家目前非常贫穷，公共建设一团糟，社会和谐程度低下。说到没有上帝的社会，这可不是什么令人愉悦的图景。

朝鲜的情形与之相差无几。它是当今世界上最不自由、最为贫困的国家之一。与发生在阿尔巴尼亚的事件类似，在朝鲜，宗教受到严重的打压，唯一得到真正认可和合法的"宗教"崇信对象是统治者金正日。曾经的苏联是怎样的一番情形？它对宗教充满敌意，在国民中间企图把无神论提到比信仰更高的位置。苏联以镇压、妄想和非正义的手段掀起恐怖运动，最终导致社会陷入可怕的悲惨境地。

基于以上这些看似反宗教和非宗教的国家——阿尔巴尼亚、朝鲜和曾经的苏联——人们很容易提出一个强有力的论点，即每当宗教信仰遭遇践踏，被无神论或者国家世俗主义替代时，这个社会的结局将是可怕的：贪腐、不平等、贫困、自杀、不公正，以及一大堆其他的社会方面、经济方面和政治方面的弊端将接踵而至。总而言之，完全可以说任何国家一旦背离了上帝，都将自食其果。

不能这么轻易下结论。

所有这些所谓的"无神"国家，还存在一些其他的起着重要作用的共性。在案例中的每一个国家，宗教并不是经历了几代人的自然更替后，被它们的人民自身抛弃的。废除宗教是凶悍的独裁者颁布的法令，他们把无神论强制灌输给主观上不情愿、客观上毫无自由的人民。恩维尔·霍查为了支持无神论，禁止宗教崇信，这并不意味着他成功地扭转了阿尔巴尼亚人民心中的信仰和思想。实际上，在阿尔巴尼亚，尽管经历了几十年官方宣称的无神论，对上帝的崇信从未被阿尔巴尼亚人民自己摒弃。最新调查发现，当今90%的阿尔巴尼亚人信仰上帝。[18]

21

在霍查掌权期间，他们把圣书隐藏起来，为了免遭逮捕，假装成无神论者。然而，他们内心对上帝的信仰是牢不可破的。苏联的情形大抵相同。来自苏联占领区的前共产主义国家的人民，在数十年间一直屈服于强加的世俗主义，但是今日我们发现人民心中对上帝的信仰之火没有被完全扑灭，在许多脱胎于苏联的国家里，人民的信仰之火甚至更加炽热。[19]例如，目前有96%的罗马尼亚人、摩尔多瓦人，还有93%的格鲁吉亚人和87%的立陶宛人声称信仰上帝。[20]

至于朝鲜，非常不幸，我们甚至无法了解那里的民意，因为当政的是极权主义政权，不允许社会科学家进行自由的调查研究。

当我们从宗教信仰的角度观察任何一个国家时，我们的讨论就会引出一个至关重要的事项：它是专制国家还是民主国家？当宗教遭遇独裁压制时——也就是说，当一个非选举产生的政治小集团或者个别极权主义者操控着国家，试图强制消除人们对上帝的信仰时——这样的国家不能被认为是真正的宗教虚无。对待这种由政府强制推行的无神论，我们应该称之为"高压"或"强制"的无神论，不能认定人民自己真正丧失了对上帝的信仰。

为了寻找真正的、名副其实的、**能够验证的**宗教氛围薄弱的社会——在那里，我们可以看到大多数人民坦承不太崇信上帝，不常去教堂做礼拜，不太关心宗教和神学事务——我们必须调研自由、开放、民主的国家，在那里无神论不会在政权的胁迫下强制灌输给不愿接受的人民。在这样的社会里，如果人们失去了对上帝的信仰，遗忘了他们的《圣经》，不再去教堂做礼拜，不再向耶稣祷告，我们可以很有把握地认定这样的世俗化是一个有机的过程。也就是说，大多数人民出于自身意愿不再信教。更准确地说，这样的国家才是宗教气氛真正淡薄的国家。我们只有研究这样的国家才能确立以下事实：非宗教国家不是贫困的堡垒，而是恰恰相反。

· · ·

　　进行大规模的或者全国层面的宗教评估，我们能用的最好的方法是民意调研——一个被认为不太可靠以及充满疑问的方法。宗教信仰程度的民意调查常常因为调查方法的缺陷而布满谜团，其缺陷包括以下几点：(1) 非随机取样；(2) 反馈率低下；(3) 不利的政治或文化氛围；(4) 有歧义的跨文化术语；(5) 肤浅的回答。第一点，如果参与社会调查的人群不是随机抽样的，他们提供的答案对广大民众或者整个国家来说就没有代表性。第二点，涉及低下的反馈率：大多数人对社会调查没有回应。他们挂断电话，把征询邮件扔进垃圾箱，让调查人员吃闭门羹，或者直接绕过站在街角手持文件夹的社会学家。反馈率低下的社会调查可能会得到少数自告奋勇之人风趣的回应，但是不能代表整个社会或国家。第三点是方法的缺陷，涉及特定国家的政治和文化风向。在极权主义国家，无神论由独裁者以官方名义强制推行，被认为不效忠的人会面临风险，个体不愿意承认他们事实上信仰上帝。反过来，在宗教由政府大力推行的国家，被认为无信仰的人也会面临风险（比如沙特阿拉伯或者伊朗），个体不愿意承认他们不信奉真主阿拉。第四个缺陷与有歧义的跨文化术语有关。专有名词或范畴的语意和界定在不同国家的语言之间鲜有准确的翻译。能指（signifiers）如"宗教的""世俗的""信仰"或者"上帝"，在不同的文化语境里具有明显不同的语意和内涵。它们承载着历史的、政治的、社会的以及神学的含义，这种含义是特定的国家和亚文化所独有的。因此，最乐观地看，在
23 截然不同的社会之间进行宗教信仰的跨国比较也有点牵强附会。最后一点缺陷是，由社会调查归纳得出的结论带有明显"肤浅"的特质。试图用民意调查法去辨识人们的宗教虔诚度，这一方法具有严重的缺

陷。打个比方,在社会调查中向人们提问:"你相信上帝吗?"——"我相信"这个答案究竟意味着什么?不同人的回答,各有各的含义。事实上,正如我在社会调研中发现的,针对问题"你信仰上帝吗?",丹麦人和瑞典人在回答"我相信"时所表达的含义与美国人在回答"我相信"时所表达的含义具有本质的区别。简而言之,信仰上帝既是宏大的,又是微妙的,既是私密的,又是开放性的,与文化背景有着千丝万缕的联系。仅仅是"我相信"或者"我不相信"这样的回答其实语焉不详,只触及问题的表面。关于宗教的多数调查,都是这种情形。然而,在我们承认上述方法上的瑕疵时,我们依然认为社会调查并不是一无是处。他们确实提供了有价值的信息,尽管信息是不全面的、有限的,或者说是粗浅的。我完全赞同罗伯特·帕特南的观点,他认为"我们必须设法运用能够寻找到的不完美的证据,而不是抱怨它的缺点"[21]。

也就是说,让我们利用最近的调查数据,对丹麦和瑞典低落的宗教信仰作进一步阐释。虽然丹麦(540万人口)和瑞典(900万人口)是两个独立的国家,有着明显各具特色的风景,但是像任何两个现代化的国家一样,它们依然存在相似之处:它们的语言是互通的,它们的地理和历史是相互交织的,它们的经济、法律和政治体系有着显而易见的相似性;论及它们,我们可以这样说,即使不完全相同,本质上也非常相近。[22]它们都同样缺少宗教虔诚也是不争的事实。

我先谈一谈对上帝的信仰。当超过90%的美国人声称信仰上帝的时候,一份研究报告指出只有51%的丹麦人和26%的瑞典人宣称信仰上帝。[23]另一项研究发现了更低的比例,报告指出只有24%的丹麦人和16%的瑞典人宣称相信一位"人格神"(personal God)。[24]当询问"上帝在你生命中占何等重要的地位?"时(10表示非常重要,1表示无关紧要),选择7—10的人在丹麦和瑞典的占比分别只有21%和23%——处于世界最低水平。[25]相信**躯体死亡之后，生命以另一种形式存在**的人所占比例与美国相比同样很低，在丹麦和瑞典分别是30%和33%——而在美国是81%。[26]只有18%的丹麦人和31%的瑞典人相信存在**天堂**，与之相比美国人中这个比例是88%。[27]只有10%的丹麦人和瑞典人相信有**地狱**，这是世界上最低的比例。[28]至于相信**原罪**的人所占比例，丹麦和瑞典在世界排名再次垫底，只有21%的丹麦人和26%的瑞典人相信。[29]关于《**圣经**》的**本质**，只有7%的丹麦人和3%的瑞典人相信《圣经》是真实的上帝语录[30]，对应的美国人则是33%[31]。论及**宗教事务的出席率**（包括婚礼、葬礼和洗礼），一个月至少出席一次的人所占比例在丹麦和瑞典分别是12%和9%[32]，一周至少出席一次的人所占比例在丹麦和瑞典分别是3%和7%[33]。至于**祷告**，只有21%的丹麦人和20%的瑞典人声称在特定的月份会做几次祷告。[34]只有15%的丹麦人和12%的瑞典人声称有过宗教体验。[35]从不同的国家抽取年龄处于18—29岁的人，提问"宗教是否给予你慰藉和力量？"，只有24%的丹麦人和20%的瑞典人回答"是的"。[36]最近，一项针对丹麦人的调查询问的是：在培养孩子的某些品质时，他们认为哪些目标最重要。其中有87%的人选择"宽容/尊重"，有80%的人选择"独立"，有72%的人选择"儒雅"，有56%的人选择"换位思考"，有37%的人选择"想象力"——但是只有8%的人选择"基督信仰"。[37]

我可以继续提供类似的调查数据，但是这里的任务不过是想表明：论及各种宗教信仰的接受度，以及教堂的出席率，丹麦和瑞典属于世界上宗教氛围最淡薄的国家。其他一些与之类似的非宗教国家和地区包括捷克、韩国、爱沙尼亚、法国、日本、保加利亚、挪威、英格兰、苏格兰、威尔士、匈牙利、比利时以及荷兰。[38]越南可能也是非常世俗化的国家，但是由于当政的共产党严重限制了个人自由（和社会科学研究），我们无法确定。

· · ·

现在我们来研究社会和谐的指标。丹麦和瑞典以及其他非宗教的社会究竟如何？当然，这是一个棘手的问题，因为宗教虔诚和社会和谐是一个主观性的概念。一个人眼中的和谐社会在另一个人眼里可能就是地狱。我们以体罚为例：在瑞典，从1979年开始，殴打孩子就是非法的行为。这是和谐社会的信号还是病态社会的信号？答案取决于你 25提问的对象。如果把妇女权益当作和谐社会的特征，也会遇到同样的困境。我可能认为男女平等是一件好事，然而，其他人（比如沙特王子）并不一定赞同。我还认为严厉的强制限制污染的环境法是和谐社会的一个标志，然而国会议员大卫·德赖尔并不如此认为。我还认为识字率高是和谐社会的标志，然而来自顽固的口传文化（Oral Culture）的人并不同意。到此，你应该明白这一观点了：评判社会和谐是一件不可避免地带有主观性的复杂事务。尽管不同的价值取向是无法回避的，我依然要继续推进，在下面提供一系列在许多人看来十分标准、典型的社会学变量/指标，尝试着阐释哪些国家可以说是呈现了最高的社会和谐度。

每一年，联合国均发布《人类发展报告》，在那份报告中，按人类发展指数排名的国家约有175个。人类发展指数从三个基本的人类发展维度出发，衡量某个国家平均的社会成就：健康长寿的生活（通过诸如预期寿命这类指标来评估）；知识水平（通过诸如识字率、入学注册率这类指标来评估）；体面的生活标准［通过人均国内生产总值（Gross Domestic Product, GDP）这类指标来评估］。2006年，瑞典在世界排名第5，丹麦排名第15，其他一些非宗教国家——包括挪威、日本、荷兰、法国和英国——都排在前20名。

关于**预期寿命**，在预期寿命最长——意味着人均寿命最长——的前20名国家中，瑞典在世界排名第6，而且预期寿命排名前20的国家几乎都是宗教氛围相对淡薄的国家。[39]关于**婴儿死亡率**，丹麦、瑞典偕同挪威、冰岛、日本和新加坡在世界的排名并列第1，婴儿死亡率最优/最低。关于婴儿死亡率最优/最低的国家排名，位于前20的国家几乎都是宗教氛围淡薄的国家。[40]关于总体的**儿童福利**，依据2007年联合国儿童基金会对影响儿童福祉的多种因素，从安全和贫困风险到家庭关系和健康进行的调查报告，儿童福利最优越的、世界排名位于前3的国家是荷兰、瑞典和丹麦——这三个国家都是当世最不信教的国家。[41]

26

论及**财富/GDP**，在人均GDP最高/最强的前20名国家中，丹麦位于第4，瑞典居于第8，大多数是明显的非宗教国家。[42]至于**经济平等**，根据标准的基尼系数，从收入平等的角度看，世界排名第2的国家是丹麦，瑞典位于第4。收入平等程度最高的前20名国家中，大多数也是宗教氛围淡薄的国家。需要引起关注的是，这些经济平等程度高的国家并没有出现经济停滞现象。根据世界经济论坛（论坛对大约125个国家进行排名），瑞典的经济竞争力排名第3，紧随其后排名第4的是丹麦。经济竞争力排名位于前20的国家中，根据国际标准，只有美国（排名第6）是高度宗教化的国家，而剩下的都是弱宗教国家。[43]

性别平等的情况怎么样？联合国制定了性别权力评价标准（Gender Empowerment Measure），它是一个复合的指数，从经济参与度、政治参与度以及对经济资源的决策和控制力来评价性别平等。根据这一评价标准，丹麦排名世界第2，瑞典排名世界第3[44]，其余排名位于前20位的非宗教国家包括挪威（排名第1）、比利时、新西兰和英国。从议会中女性席位占有率最高这一角度来看，瑞典居于世界第2，丹麦位居第4[45]，排名前20的，大多数是非宗教国家。最后一点，在瑞典，女性贫困率等于或者从某些方面看甚至低于男性贫困率，这使得瑞典成为世界上唯一一个女性贫困率不高于男性的国家。[46]

也可以参考其他一些社会和谐因素，诸如**医疗服务**。从每十万人中医师人数来评估，丹麦位居世界第9。[47]在结核病发病率最低的排名中，瑞典与加拿大和塞浦路斯并列世界第2，丹麦与澳大利亚、荷兰、意大利和马耳他并列第4。丹麦和瑞典也位于艾滋病病毒感染率最低的国家之列。论及**教育投资**，从教育的公共支出占GDP的百分比来看，丹麦排名世界第4，瑞典排名第16。[48]学院和大学的入学率最高的前20名国家中，丹麦排名第14，居于前20名的几乎都是非宗教国家。[49]至于**科技活跃程度**，即在某个国家有多少人可以上网成为普通的互联网用户，瑞典在世界的排名是第3，丹麦排名第5，居于前20名的国家大多数是非宗教国家。面临全球变暖的威胁，**环境保护**是一个国家对此事重视程度的明确标志。根据国际非营利环保组织"德国观察"（Germanwatch）和气候行动网（Climate Action Network）开发的气候变迁绩效指数（Climate Change Performance Index），在努力改善环境条件方面做得最突出、世界排名第1的国家是瑞典，仅次于瑞典排名第2的国家是英国，丹麦排名第3。我们再一次发现，排名前20的国家大多数是明显的非宗教国家。耶鲁大学的环境绩效指数从环境保护法的角度对世界各国进行排名，依据其2006年排名，瑞典以第2的身份进入名录，丹麦排在第7。

如果对政治和公众人物的**清廉程度**进行评估，丹麦的清廉程度位居世界第4，瑞典位居第6，排名前20的国家几乎都是非宗教国家。[50]论及**对贫困国家的慈善捐助**，丹麦排名世界第2，瑞典排名第3，其余给予极贫国家大量援助的前20名国家多数是明显的非宗教国家。这两项指标尤其重要，并值得关注，因为信仰往往与人内心的社会公德和伦理行为有关联。经常引发争议的观点是，缺少了对上帝的虔信和郑重的宗教委身，人将不会有道德努力和伦理倾向。讲到这一点，我们发现在斯堪的纳维亚半岛贪腐行为极为罕见，而慈善行为比比皆是——两者都是完善的社会公德的明显指标，却同时出现在十分世俗化的社会里。

　　犯罪率如何？**自杀率**又怎样？很多人特意把后者与斯堪的纳维亚半岛联系起来。然而，在犯罪率上领先的既不是丹麦也不是瑞典。实际上，根据世界卫生组织最新统计的国际自杀率（2003年），在**男性**自杀率排名前20的国家中，丹麦和瑞典并未占有席位。然而，必须承认，许多其他非宗教国家确实位列前20名中，其中包括匈牙利、爱沙尼亚、日本、捷克和法国。至于**谋杀率**，丹麦和瑞典——以及其他非宗教国家，如挪威——在世界上属于排名最低的国家。[51] 但是论及其他犯罪指标——如强奸、抢劫或者偷车——绝对公正的国际排名很难甚至无法实现，因为各种有效犯罪统计数据的积累更能表明的是某个国家法制健全、刑事司法制度牢固、保险制度完善、刑事报告程序透明，而非极高的犯罪率。也就是说，一方面斯堪的纳维亚半岛的各国人民确实遭遇了入室抢劫和盗车行为——这类犯罪行为在近几年有所增加[52]——另一方面总体暴力犯罪率依然是工业化民主国家中最低的。

　　总而言之，论及**总体生活质量**，根据《经济学人》的生活质量指数（Quality of Life Index），瑞典在世界排名第5，丹麦排名第9。生活质量指数对111个国家进行世界最宜居场所评估，考虑多种因素，诸如收入状况、卫生条件、自由程度、失业率、家庭生活、气候、政治稳定性、生活满意度、性别平等等等。在前20名生活质量高的国家中，大多数——正如你现在可以猜到的——是非宗教国家。

• • •

　　在如此短小而密集的空间里，聚集这些统计信息，我意识到这样做可能有点单调乏味。但是为了表明"没有信仰，没有对上帝虔诚和广泛的崇拜，社会必将灭亡"这一常被追捧的理论毫无实证支撑，我觉得这样做非常必要。我寻根究底后想要确立的观点是，世界上宗教氛围最为淡薄的国家也有可能发展成为最和谐、最繁荣的国家。[53]当然，并不是因果关系。并不是说，无宗教信仰必然**导致**像丹麦或者瑞典这样的国家成为和谐繁荣的社会。而只是说，宗教的**缺失**似乎不是一种障碍。

那么，丹麦和瑞典为什么如此繁荣？当然，没有明确而肯定的答案。与之相关的因素可能是它们较小的人口规模，或者是它们历史上的高度同质性，或者是它们集体耕作的历史，或者是它们数世纪与欧洲殖民大国的繁荣贸易，或者是它们福利国家的惊人发展，这些因素通过累进税制把资本主义的优越性与对弱势群体的安全保障融合在一起。这些只是一些显而易见的可能性。与之相关的因素也可能是它们独特的气质和特有的文化，例如它们对平等价值观的强烈信仰。[54]与之相关的因素很可能还有数个世纪以来国家赞助的路德宗的影响。但是，要最终解释为什么当今的某个国家比其他国家更成功，是一件非常复杂而深奥的事情，也一直隶属于社会科学的研究范畴。我所要表明的观点是：有些社会以繁荣与和平为标志，另外一些社会则以贫穷和冲突为标志，其根本原因是历史的、政治的、地理的和社会的，似乎不是精神的。

信仰上帝可能的确会给个体信徒带来情感上和心理上的安慰[55]，尤其在其痛苦、悲伤和迷惘的时刻。历史已经清楚地表明，宗教参与（religious involvement）和信仰上帝时常激励个体或者文化去推动公平正义与和谐社会的发展。[56]但是依然存在这样的事实：在当今世界，并不是宗教氛围浓厚的国家，而是非常世俗化的国家，能够创造出更加文明的、公正的、安全的、平等的、人道的和繁荣的社会。丹麦和瑞典就是两个光彩夺目的例子。最近，依据各国在国内建立社会公平正义取得的成功,德国智库汉斯-伯克勒尔基金会(Hans-Bockler Stiftung)将各国进行了排名。作为两个宗教氛围极其淡薄的国家,丹麦和瑞典并列世界第1。

这是对宗教化社会的巨大嘲讽——没有更适合的言辞:当我们考察蕴含在举世闻名的伟大宗教中的基本的价值观和道德责任感,比如关心病人、弱者、老人、穷人、孤儿、易受伤害的人,对身边的人施以同情、仁慈和善意,培养宽容、谦虚、诚实的品质,关心社会甚于个体的自我,会发现这些传统的宗教价值观当今已经成功地在非宗教国家得以确立,成为在全国施行的社会制度。

$$\bullet \quad \bullet \quad \bullet$$

我想以一次乘车经历作为这一章的结尾。

这是一次非常简单而又寻常的乘行,时间是一个普通的秋日下午,穿行于奥胡斯。但是,正是在这一次短途旅行中获得的一些体会和反思,最终变成了我书写这一章的迫切愿望和动力。

乘行中的所见所闻带给我这样的感受:我感觉到了真正的美好。这种美好的感觉不是根植于身体内部内啡肽的冲动,而是源自对身边怡人社会的领会与观察。那会儿,我正去市中心赴约,深深地感受到一切都井井有条。安静。美好。汽车干净明亮——不像许多大城市的汽车,又脏又阴冷。汽车也非常准点,按照时刻表在每一站准时停靠。所有乘客都安静地坐着。青少年们安安静静地摁着手机键盘,老年妇女手里紧紧地拽着手提袋。一个小女孩心不在焉地轻轻拍打着她的柠檬绿色的背包带。汽车司机专心地开着车。透过车窗,我看到一个公园,里面长满了树,树叶有些发黄,还略带点儿红色,有人在公园里慢跑。一点也听不到汽车的喇叭声,车流顺畅,有序前行。在去市中心的路上，我们经过了冰激凌店、书店、律师事务所、花店、银行，还有烘焙店。各个年龄段的男男女女安全地在汽车旁边呼哧呼哧地骑着自行车。城市建筑多半没有涂鸦。街道上的垃圾少之又少。每隔几分钟，预制的录音就播报下一站的站名。乘客们先下车，后上车。一切都井然有序。非常完美。

那一刻，沉浸在美好的时光里，我想起了帕特·罗伯逊的那些话，尤其是关于"上帝的愤怒"的话语，以及当人们违背了上帝的旨意、上帝感到气愤时，他如何将满腔的愤怒发泄在不服从的国人身上。罗伯逊肯定不是唯一一位拥护这种花言巧语的宗教领袖，从远古时代开始，几乎所有的宗教领袖都在发出这样的警告：一旦上帝被冒犯，或者只是被忽视，他会发飙，我们所有人必受其。数以百万计的人，尤其是美国人，对此深信不疑。然而，在那一次顺畅而又寻常的乘行中，毫无上帝愤怒的迹象。恰恰相反，一切都非常美好。太平无事之美，安详宁静之美。如果真有一个社会可以用"岁月静好"来形容，它将是相对世俗化的丹麦。

随着汽车继续前行，我的思绪也飘得更远，从帕特·罗伯逊的话语，想到认同并支持他的世界观的数百万人。数以百万计的美国人把宗教——更准确地说是他们的基督教——当作道德和社会秩序的唯一源泉。众多的美国人认为如果不严格遵守《圣经》的律法，社会将变得混乱不堪，充满血雨腥风。我心中暗想，**要是他们来跟我一起乘车该多好**。要是我的美国同胞能够看到这番景象该多好：世俗化的社会——至少是同时代的斯堪的纳维亚半岛，以及本章开头阿扬·哈尔西·阿里描述的荷兰——不仅有道德、讲伦理，而且稳定、安宁和繁荣。 31

诸如此类的想法不断地涌进我的思绪，我发现我想到了美国基督徒特有的对堕胎和同性恋权利的困扰。对数以百万计的美国人而言，这些是当世最大的社会罪恶。令美国信仰《圣经》的保守派人士倍感苦恼或者忧惧的罪恶之首,不是凭空发动的战争、系统性的贫困、失败的学校、对儿童的虐待、家庭的暴力、营利的医疗、工人低廉的薪酬、资金不足的医院、饱和的枪支以及地球变暖,而是堕胎权和同性恋权利。然而,当我在奥胡斯乘车时,我在想:如果堕胎和同性恋是万恶之首,那么斯堪的纳维亚半岛的国家一定罪孽深重,这简直太有意思了。堕胎在丹麦和瑞典分别从1973年和1975年起已经成为自由、安全和合法的事情。实际上,丹麦是北欧第一个允许任何妇女在孕期的前12周申请堕胎的国家。在瑞典,医生漠视怀孕未满三个月的妇女的堕胎请求,实际上是**违法的**。如果他或者她对堕胎的请求不能提供帮助,将面临罚款,甚至牢狱之灾。[57] 目前,丹麦和瑞典是世界上对堕胎权最宽容和最支持的国家,只有5%的丹麦人和13%的瑞典人谴责这种做法。[58] 至于同性恋权利,丹麦和瑞典表现得非常开放和包容,丹麦实际上是第一个承认同性恋为正式的/合法的婚姻的国家,那还是在1980年代后期。瑞典的全国医疗系统甚至覆盖了女同性恋夫妇需要人工受精的医疗费用。然而,尽管如此,丹麦和瑞典的道德秩序即使不比其他国家好很多,也是非常稳定和牢固的。

　　沿着这样的思路往下思考,我就想到了把斯堪的纳维亚半岛国家的各种社会因素与美国的各种社会因素作比较和对比。美国无疑是宗教氛围**非常浓厚**的西方民主国家。丹麦和瑞典毫无争议是宗教氛围**非常淡薄**的西方民主国家。那么,下面提到的事情难道不显得奇怪和值得关注吗?在以宗教为荣的美国,枪支泛滥(尤其是手枪和半自动杀伤武器),刑法制度苛刻严厉,死刑每周都会实施,吸毒者被当成罪犯,数以百万计的儿童和孕妇缺少基础的医疗保障,数以百万计的老人无依无靠,工人薪酬低廉、工时过长,精神病患者流落街头、任其病情恶化,贫困率在工业化民主国家中处于最高水平。但是,在宗教氛围淡薄的丹麦和瑞典——大多数美国人认为是无神论的两个国家——找不到枪

32

支,刑法制度相当人性化,宽大而又具有修复功能,死刑早已被废除,吸毒者被当成需要药物和心理治疗的人,男人、女人和儿童都有优良的医疗保障,老人受到精心照料,工人薪酬丰厚、工作量合理,精神病患者得到一流的治疗,乡村地区的贫困率在工业化民主国家中处于最低水平。我对此感到无比困惑。

这些念头引导我去深入地探索,一个被认定为"有道德"或"有伦理"的社会究竟意味着什么。如何确立和应用这些称呼?在某个社会里,宗教或者宗教的缺失与道德水准又有何关联?一个被认为有道德的社会,是因为它的人民非常热爱《圣经》(像美国),还是因为它的人民消除了社会中的贫困(像斯堪的纳维亚半岛)?一个被认为有伦理的社会,是因为它的人民定期去教堂做礼拜(像美国),还是因为它的人民向儿童、老人和孤儿提供了资金充裕的、高度专业的护理,以确保他们的生活幸福安康(像斯堪的纳维亚半岛)?当汽车离奥胡斯市中心越来越近的时候,我脑子里塞满了诸如此类的疑问。

到了我的站点,我走下了汽车。

我看到漂亮优雅的女士们和英俊潇洒的先生们在漫步。我看到儿童们手牵着手在聊天。我路过一个沙拉三明治摊点、一家发出恶臭的奶酪店、一家旅馆、一家咖啡店、一家皮肤病医生的诊所,以及一家小小的音响店,从它开着的前门飘出了多诺万的歌声。在一座旧建筑的墙上画着一条逼真的彩色美人鱼,我看到有几只海鸥环绕着它上下翻飞。到处都停放着自行车。此外,我看到一座巨大的像天使一般的女性雕像,丰满性感的乳房由两根细细的金属丝悬挂在街道的上空。一名大学生从她的下方走过,手里拎着六罐装的啤酒。我看到一位老妇人坐在电动轮椅上沿着人行道不紧不慢地前行。我经过一家旧书店、一家面包店、一家7-11便利店,然后走进一家小餐馆,我约了人在这里见面。餐馆坐落在运河边。河水波澜不惊,缓缓地流向附近的港湾,最终汇入

33

大海。

没有上帝的社会是什么样子？在丹麦生活了一年，还在瑞典有过几次较长的逗留，正如我个人的体验，我认为它是优雅的、安宁的，也是令人鼓舞的社会。在瑞典游览以及在丹麦生活期间，我时常有一种敬畏之感。我在想，像这些现代化的社会，拥有数以百万计的人民，能够运行得如此平稳和公平，这是多么令人赞叹的事情。当然，在非宗教的斯堪的纳维亚半岛，生活并不是完美无缺。我并不希望留给大家这样的印象：小鸟不会在斯堪的纳维亚半岛拉屎；或者，这些社会没有任何弊端。每个社会都有它自己的缺点和裂痕。斯堪的纳维亚半岛天气常常是阴沉沉的，税率是世界上最高的，最近的移民风波导致社会摩擦和文化冲突不断上升，儿童贪吃甜品，自行车失窃率很高，生育率非常低，饮酒到了危害健康的程度。在我居住期间，我个人也见证、亲历以及听闻了很多不愉快的事情。比如某个晚上，小偷闯入了我女儿所在的幼儿园（偷盗了一些现金和一台数码相机）。有一天，我所在的银行遭到了抢劫（犯罪嫌疑人在作案后四分钟就被抓捕了）。我们租住的第一套公寓的房产经理，对住房条件撒了谎，导致我们损失了一笔高额的保证金。我一个亲密的朋友——一位牙医，碰巧来自智利——遇到进入诊所但拒绝让他治疗腐牙的病人，因为他们不信任外国医生。我的研究助理很难找到工作，就因为她拥有波斯人的姓名。另一位朋友告诉我，他的女儿最近骑车时受了重伤；一个少年为了偷她的手机，用力猛拽她的背包，自行车摔倒，导致她的头撞到了路牙上。居住在丹麦期间，我从报纸上看到老人在老年公寓里孤独离世的新闻，甚至没有家人或者朋友去认领他们的物品。我还记得一伙巴基斯坦移民在光天化日之下合谋杀死了一位年轻的姑娘，就因为她与家人不喜欢的一位男士私奔。在瑞典，当我与朋友住在一起的时候，一位朋友的父亲向我讲述了他的看法：他认为美国政府被一个由犹太人组成的阴谋集团秘密地操纵着。

从消极的一面来看，有时我觉得斯堪的纳维亚半岛的文化有点孤立和与世隔绝。有时候，我感到我无法适应他们苦行僧般的生活，人们几乎从不流露感情，当众落泪是一件羞耻的事情。

34

关于斯堪的纳维亚半岛消极的一面，我还可以继续絮絮叨叨说上一堆。但是，与主流的友善、繁荣、聪慧、利他主义以及我居住期间体验到的深厚的社会美德相比，这些消极因素简直微不足道。那个下午，在奥胡斯的一次特别的乘行，让我体验到美德在社会各个层面都有所体现。在小女儿的幼儿园里和大女儿的小学里，我每天也能体会到这种美德。带着孩子去看医生的时候，去上芭蕾舞课和体操课的时候，逛商场的时候，在沙滩上享受自由自在、无拘无束的全裸或者半裸日光浴的时候，我也体察到了这种美德。参加附近的每月举办一晚的啤酒–奶酪男士集会时，我感受到了这种美德。我见证了这种美德，因为我目睹了妻子在受孕之初、怀孕期间，以及生育的时候受到的精心护理（全部免费）。我目睹了这种美德，在市中心一座由公众资助建成的三层楼大厦里，那里被用作创意坊，收费极其低廉，任何人都可以进入，可以进行绘画、雕塑、编织、缝纫等。每天，当我和同事在大学校园内的咖啡厅享用午餐时，都会亲历这种美德。参观一所大型的心理保健机构时，我亲眼见证了这种美德，那里处处彰显着人道与文明。当我与税务局和铁路系统打交道时，当我与记者、警察、公务员、政治家展开讨论时，当我置身于公共游泳池以及豪华酒店时，当我与各行各业的丹麦人和瑞典人面对面地进行交流时，我在亲历一个社会，一个显然无宗教信仰的社会，但首先是一个有道德的、安宁的、人道的、人心向善的社会。

35

第二章

延斯、安妮和克里斯蒂安

除了国际调查给出的有关经济繁荣或婴儿死亡率的指标，以及我搭乘公交车经过丹麦街道所获得的个人见解，我认为，如果想对信仰宗教的人占少数的社会有更全面、更具体、更亲密的感受和了解，很有必要和那些来自社会各个阶层的人坐下来聊一聊。也就是说，为了了解人们的信仰和世界观，你必须通过谈话使各种各样的人接受开放式（open-ended）采访。这些信仰和世界观，可能会使你一窥他们所处的文化和社会。我将在本章分享三次采访的片段。

延　斯

我在一个生日聚会上遇到了延斯。

这是我女儿一个朋友的五岁生日派对。孩子们绕着场地跑来跑去，一口喝下塑料杯里的苏打水，大把大把地吃着糖果。我还记得我看见一个两岁男孩，两只手上各拿着一根棒棒糖在客厅里玩耍。当他正舔着一根棒棒糖时，家里那只毛茸茸的狗紧随其后，眼睛盯着他手里的另一根。

为了躲避庆典的热烈气氛，我走进厨房，拿起一瓶啤酒，开始和早已聚集在这里的三位成年人交谈。对话的主题与时下的"漫画争端"有关。丹麦一家主要报纸最近刊登了几期关于伊斯兰教先知穆罕默德的漫画，由此引发了世界范围内大规模的抗议活动，导致几个国家的人员伤亡和经济损失，许多伊斯兰国家发起活动抵制丹麦产品。厨房里参与对话的包括一位记者、一位心脏病学家和延斯。

他们三位普遍对这家丹麦报纸持批判态度。他们把刊登漫画这一行为视为蓄意煽动和激怒这个国家的伊斯兰教少数派人群。他们声称丹麦正变得越来越仇外，还说刊登漫画的报纸《日德兰邮报》(*Jyllands-Posten*)通过以前刊登的反伊斯兰文章、社论以及现在的这些讽刺性漫画，使那种仇外情绪变得越发强烈。但是，有人指出漫画最早在几个月前，即2005年9月就已经刊登了——甚至曾经被埃及的一家阿拉伯报纸转载——但是那时并没有出现公众的反对和强烈抗议。后来，一名出生于巴基斯坦但居住在哥本哈根的著名原教旨主义者伊玛目将这些漫画（还有其他一些极具煽动性且从未在《日德兰邮报》上刊登的漫画）带上了他的中东之旅，并将这些漫画展示给了中东地区一些宗教和政治领导人，从而引发了12月的抗议活动。

他们三个想要知道我身为一个美国人对于整个事件的看法。我说，我坚信言论自由以及出版自由，这种自由明显包括讽刺甚至嘲笑深受敬重的制度以及广受珍惜的信仰的自由。刊登这些漫画从本质上说可能是麻木不仁，甚至是充满敌意，但也只能顺其自然。如果有特定宗教信仰的人不会处理与他们的先知有关的玩笑、嘲笑以及直截了当的批评，那么他们也无法以一种自由、开放的方式来融入民主社会。

延斯明白我所说的话，但他冷静地反驳了我。他也十分尊重出版自由，但他说一个人不能利用那种理想沾沾自喜地为自己蓄意挑衅的行为辩护。他觉得这家报纸的行为是出格的，这些漫画的出版是没有必要且不友好的。而且，他认为仅仅因为你**可以**侮辱人们的宗教信仰，你就去侮辱，这种行为并非编辑部的明智之举。对于力量较弱的少数派来说，讽刺可能是用来对抗强有力的多数派的一种极好的便捷工具。但是当强有力的多数派用讽刺来嘲笑弱小的少数派时，这种行为显然极具杀伤力。

一周后，我打电话给举办生日派对的那对父母，向他们询问延斯的手机号码。然后，我打电话给延斯，问他是否愿意为了我的书接受采访。他说他不信教，认为自己并没有什么观点可以提供。我向他保证无宗教信仰并没有关系——事实上，我对像他这样无宗教信仰的人最感兴趣——并相信他一定会是适合的受访者。于是，他同意接受采访。

在三月初一个凉爽的晴天，我骑着自行车去他家。他的房子非常
37 独特：看上去破破烂烂，但是别有意趣。房子是木制的，有几层楼高，有很多形状各异的窗户。后来，我发现这座房子建于1908年。它坐落于一条非常狭小的道路尽头。房子尽管位于奥胡斯市的正中心，却被周围高耸的树木与外部隔离开来，环境舒适。

延斯今年68岁。他满头白发，目光敏锐，白胡子也修剪得整整齐齐。他面带微笑，将我迎入家中，之前已准备好一大壶咖啡等待我的到来。我们坐在他的客厅里，高高的墙壁上装饰着各种各样的艺术品。我们开始谈论上帝、生命、死亡、宗教、道德以及斯堪的纳维亚社会。

1938年，延斯出生于日德兰半岛中部的一个小村庄。年轻的时候，他进入奥胡斯大学学习文学。延斯在波兰教了两年书，回到丹麦后便开始与来自东欧的难民一起工作。接下来的几十年里，延斯写作、教书、为电台做自由撰稿人以及和移民一起工作。年轻时他是社会主义者，但最近几年他的政治立场越来越接近中间位置。现在他退休了，在家照顾10岁的女儿。他的妻子几年前死于癌症，年仅40岁。

我首先询问了延斯的家庭背景，了解到他的祖父母们都是虔诚的

教徒。事实上，他的祖父和外祖父都是牧师。*

他们都是真正的信徒，对他们来说——成为一个教区牧师并不只是为了挣钱，还是一种——你们是怎么说的呢？——一种召唤吧。他们是真正的信徒啊……我的祖父有时候被称作"跳舞的教区牧师"，因为他身处日德兰半岛的中心，那里有很多来自海岸地区的虔诚派教徒，祖父指出了基督教光明的一面。微笑着的基督教。是的，欢乐的基督教。那些虔诚派教徒——传教人员——说他们不可以跳舞，不可以打牌等。禁止娱乐！因此——我的祖父非常喜欢在教会里组织很多音乐活动。他召集人们组成一个唱诗班并担任指挥，还组建了一个管弦乐队……因此那有很多音乐活动——在我出生的时候，我们家里弦歌不断。

那么你的父母也信教吗？

是的……但是没有那么虔诚。

你知道你的父母是信徒吗？还是他们只是……？

他们是信徒，但他们深信自己并非传教士。"我们是信徒但是我们并没有四处奔走，告诉人们要像我们一样信教。"所以他们是信徒。我母亲会让我们在睡觉前唱一首歌，然后祷告。　38

你会将自己称为无神论者、无信仰者……还是？

无信仰者。不可知论者或者类似的……是的，我会说我是个无神论者。

好的——但我认为这与所处的历史时代有关——我们可以说你的祖父一代都很信教，都是非常虔诚的信徒……

是的，到我父母那一代信教程度就渐渐降低了——他们仍被视为

---

* 本书以下部分包含大量访谈内容。由于是现场采访，再加上受访者文化程度等原因，语句有重复、不合语法等现象。为保留原貌，未作处理。——编注

信徒,但是不……并不是像祖父母辈那样。

好的,那接下来我们来谈谈你和……

是的,我有三个兄弟姐妹。

你们家有四个孩子?

是的,我的弟弟是一个十足的无神论者,我的姐姐和我的哥哥更甚——他们从不参加教堂礼拜,但他们也不反对。他们是比我更激进的不可知论者。

延斯向我解释说,从孩提时代起,他就失去了宗教信仰,那时他开始思考为什么世界上有那么多问题,为什么上帝不为他们做些什么。在14岁该受坚信礼的时候,尽管那时已经知道自己并不信仰基督教,他还是同其他人一起完成了坚信礼仪式,因为他不想违背其他人的意愿。青少年时期,他通过阅读部分了解了人文主义,那就是相信人性本善是可能的,尽管人当然有可能作恶,但好的哲学应该相信人性本善。19岁时,他搬到奥胡斯上大学,就是在那时他决定放弃国教信仰。

后来我去了圣约翰 [教堂]——找到了这里的牧师——他认识我的父母,因为我的母亲来自哥本哈根的乡村学生组织。然后他说:"所以,你并不想成为教会的一员?"我们只聊了一会儿。然后他说 [模仿一位严格、不满的老牧师]:"汉森先生,该怎样进入天堂现在是你自己的问题!" [并用他的拳头猛敲咖啡桌]

那他在那张纸上盖章了吗?

是的,他盖章了。[笑声]

好吧——你已经68岁了——那么你经历过悲剧吗?

是的,我经历过。

你的妻子死于癌症……你的孩子那会儿多大呢?

39 四岁。

告诉我,如果你不相信天堂、上帝和耶稣,你是怎么应对的呢? 你的情感体验是什么呢？

当然，我是一个理性主义者，因此……举个例子吧。我的妻子去世时，因为事先就知道她会死去，所以我告诉自己：现在你遇到了一些现实问题。你一定会失去她，这没得讨论，呃……首先安慰我自己还有我的家人还有……从周围人身上我感受到了很多正面的、积极的情感和态度，因此，对我来说——我从未想过任何宗教问题——我从未将我妻子的死亡和任何宗教情感以及其他类似感觉联系在一起。当然，这种感觉和面对我父母死亡时的感觉不一样，因为他们已经年老，去世属于生物学上的自然现象。我父亲94岁去世，我母亲89岁去世，他们的死亡只是生命故事的结尾，别无其他。而我妻子的死亡就是另外一种情况了。她去世时才40岁啊。所以这是另一种情况。但是遇到所有这些情况时，我都未曾想到上帝或者——癌症只是一种自然现象。这是生物层面的实际问题。很糟糕，这是人体生物学上某种邪恶的因素。因此……不，我从未有过任何与此相关的宗教感受……我们去教堂，往往只是为了按照教堂的一套程序举行葬礼。

你那样做了吗？

是的。

那样做好吗？我是说，你有什么感受呢？

因为……对于人生中的大事件，你经常需要借助于某些仪式，举行这些仪式只是例行公事，不得不做。因此，这是……但是，不，我从未从宗教中感受到任何慰藉。

说说你的女儿吧，她现在十岁了。她曾问过你这类问题吗？比如，你相信上帝吗？在我们死后会发生什么？对于这些问题，你怎么回答她？

噢……我对她说，人们出生、活着，然后过了几十年，我们的生命会终止，这就是生活。在动物身上，你同样可以看到这种情况。我们家养过几只猫和几只狗，因此……然后我说我们要尽可能地让自己过一种幸福的生活。但是，她母亲去世那会儿她才四岁，那时保姆告诉她，她的母亲已身在天堂之类的。我女儿是个小天使，她把这些事都告诉了我。是的，当然——为什么不呢？六年前她是多么小啊。

有些人，你知道……当他们听到我或其他人说，"好吧，你活着，然后死了，就这样，没有别的什么了"——他们经常说，这一切的意义是什么呢？那么你会对人们说这一切的意义是什么呢？

是的……另一种意义就是去天堂，或者说在最坏的情况下下地狱。但是，我认为我们会在地球上居住很长一段时间，通常会超过80年。开心地度过这一段时间吧，在某些情况下，做一些不同的事情……这不只是为了你自己，也是为了其他人，为了你的家人。与人保持良好的关系，去邂逅美妙的音乐、经典的文学等等——对我来说——我不理解会说以下这些话的人："那还有吗？接下来是什么呢？"我……我认为……呃……只要度过美好的一生——甚至是糟糕的一生就行，生活就是生活而已，即使是糟糕的一生也有积极的方面，因此尽管去获得某种人生——说活着的理由就是为了死去然后上天堂，对我来说［笑声］……这种说法是不能理解的。

作为一个没有信仰的人，你的道德观和价值观是什么呢？

我记得我父亲常说一句蕴含许多道德和伦理的话。他说："己所不欲，勿施于人。"这句简单的话可以通用于大多数社会：己所不欲，勿施于人。所以这是一条好规则，先从你自己做起，然后下一个人也会开始这样做。然后我们就有了某种……伦理上的经验法则。这很简单。［笑声］

作为一名外来者，我认为丹麦人看起来非常有道德。你认同这个看法吗？还是我漏掉了什么？

嗯……我大体上认同，因为有很多人……大多数人知道我们在灵魂上属于路德宗信徒——虽然我是一个无神论者——但是我仍然拥有很多路德宗的信念，比如帮助你的邻居。是的，这是一种古老但良好的道德观念。当然，这也会成为一个问题，当你——当你从一个悠闲散漫的社会来到一个组织有序的社会时，当我们住在房子*里时，你会认识你的邻居，你也认识村庄、乡下的邮递员。但是当你住在一个街区时——就不会出现这种情况。那时你就不认识邻居——虽然在物理距离上更近，但是在社交程度上却更疏远、更加远离对方。

是这样的。

因此……因此……那些来自邻居的伦理或道德，更多地转变为社会意识形态或是……政治理论或是类似的东西，即认为这是合理的。但我们让更多人受教育就会更合理，因为如果我们让所有人都接受教育，就会拥有一个更好的社会——这对我们都会更好。医疗体系也一样。如果我们互相帮助，我们就会……我们就能使这个社会成为一个大单元，成为一个整体——是的——这对我们来说都会更好。因此，我们产生了某种想法（这是一种想法），要使社会对每个人来说变得更好，我们会为了每个人把事情做得更好。

是的，是的。

有人生病是正常的事情。这不是他的错。去医院接受治疗是他的权利。同样，你可以看到——如果人们变老了，那么……每个人也都会这样想。想以体面的方式活着，想被体面地对待，这是大家的权利。情况并不总是这样，但是人们仍然持有这种想法。每个人都接受这种观点。因此——你可以将它称作道德，也可以将它称为合理性，但是我认为，二者兼有之。

后来，我问延斯为什么他认为斯堪的纳维亚人不再像从前那么虔

41

---

* 原文house，指独立成户的房子，与位于街区中的公寓（apartment）相对。——编注

诚了。发生了什么？他们是怎么失去信仰的？毕竟，在他的生活中，他的祖父母们是那样虔诚，他的父母虔诚程度轻了一点，而他和他的兄弟姐妹不是无神论者，就是不可知论者。延斯谈到现代福利国家的好处，以及斯堪的纳维亚国家如何消灭了社会的贫困，而贫困在前几代人中实际上是相当普遍、相当严重的社会现象。他说，过去人们的生活更艰难，因此人们更加虔诚，将此看作一种应对艰难生活的方式。他谈到了日德兰半岛西海岸早期渔民的生活，谈到了他们怎样艰难地谋生以及怎样最终成为丹麦人中最虔诚的教徒。随着福利国家的发展（这意味着所有人都享有由税收补贴的医疗保险、免费教育、职业培训，所有人都买得起房子），人们对于宗教慰藉的需求逐渐减少。但是延斯认为，不只是福利国家的成功使得斯堪的纳维亚地区人们的生活变得越来越好，从而导致失去宗教信仰。他觉得这和人们的心态也有关系。

有一件事我可以确定——那就是斯堪的纳维亚人非常爱怀疑，而且是以一种理性主义的方式怀疑。因此，如果有人——如果某个牧羊人想把羊羔赶进他的羊群，人们就会说："啊，他有什么计划呢？他是什么想法呢？他在想什么呢？"而且——他们可能会说："我们能从中得到什么呢？我们能从中获利吗？"你知道的，斯堪的纳维亚人口也是……我们是北方人，不像南方人那样会说话，所以……我认为北方人对于那些与宗教相关的教父式的（patristic）情感表达更加持怀疑态度。这些东西在北方不如在南方"热销"。

安　妮

安妮的工作对象是垂死的人。安妮是临终关怀护士，我在引言部分提到过她。她总是日复一日地安慰和照顾那些经历人生最后几个白昼、最后几个夜晚以及呼吸最后几口气的人。我特别想采访她，因为我

想知道就她的宗教信仰，或者如后来事实证明的她的缺乏宗教信仰而 42
言，和死亡打交道——并且工作内容如此接近死亡——意味着什么。

安妮是我大女儿一个同班同学的母亲。从另一位家长那里得知
她是一位临终关怀护士后，我立刻给她打了电话，问她我是否可以采访
她。她的回应相当克制，但她仍然十分坦率并且乐意接受采访。她让
我在某个工作日下午去她家，并带上我女儿一同前往，这样在我们作采
访的时候，两个女孩儿就可以一起玩耍。我和我女儿到达安妮家时，我
们都既感到愉快又充满敬畏。屋子里面弥漫着点燃的蜡烛以及新鲜烤
面包卷的香气。非常舒适，非常温暖，非常安静。弥漫的烛光营造出一
种特别的氛围，我和我女儿都非常高兴，喝了一大杯安妮给我们倒的
茶，吃着令人垂涎欲滴的草莓酱面包卷。

等女孩们一道走开去玩耍，我们就开始了采访。安妮今年43岁，
有3个孩子。她丈夫在一家孤儿院工作。安妮在奥胡斯长大。在就读
护理学校之前，安妮上了几年高中。她身材较高大，脸型较宽，眼神坚
定。她表示不愿意用英语接受采访，坚持说她的英语说得不太好。我
向她保证没有关系，让她不必担心。

我首先询问的是她的工作。和斯堪的纳维亚地区大多数医疗工作
者一样，安妮和她同事的工资由国家支付，由税收补贴。房子、食物、医
疗设备以及一切东西都有税收补贴。当然，当人们即将死亡、需要地方
居住时，他们可以免费住在临终关怀医院。安妮迅速指出，这和美国的
临终关怀形成了巨大的反差。在她的印象中，在美国生病或快死亡时，
只有富人才负担得起精心照顾的费用。

后来我问她，喜不喜欢工作对象是垂死的人。

*我非常喜欢，因为他们教给我很多有关生命的道理。我离他们很
近……我们互相信任，爱围绕着我们。*

家人会陪他们待在医院吗？

会的,大多数人会有一个家人留在那里,他们可以住在那里。

家人吗?

家人可以待在临终关怀医院。

43　　令人震惊。

是的,这是非常非常棒的。

你知道,当我岳父快要去世时——他并没有医疗保险,所以情况……

我很庆幸我不住在美国。

你是丹麦国家教会的一员吗?

是的。

那你得向教会纳税吗?

是的。

可以解释一下你这么做的原因吗?

我觉得我有点担心我也许不是——我不知道我自己是不是基督徒。但是,我还是有点害怕,你知道吗?我丈夫,他想退出信仰,但是目前还没有。

你去过教堂吗?

没有,只有收到婚礼邀请或在类似场合下我才会去教堂。其他时候,我不去教堂。

圣诞节的时候你会去吗?

不会。但是在临终关怀医院有个牧师,有时候她会在医院举办教会仪式,有时候我会去那里。她是一个很好的牧师。她会谈论我喜欢的事情……她会谈论生命。

你孩子受过洗礼吗?

没有。

那你是在教堂结婚的吗?

不是。

……这种情况不寻常吗？

不会，现在很多人都不给孩子洗礼。

那他们会受坚信礼吗？

不，不，他们不想要受坚信礼。

好的，真有趣。

我们——呃——他们需要做出自己的选择。

你相信上帝吗？

不。

你是一直不相信，还是小时候是相信的？

还是小孩子的时候，有时候我会祷告。我父亲生病了，在我小的时候他就去世了。所以有时候我会祷告。

好的。但是从什么时候起你认为"我不相信上帝"？我的意思是从什么时候起你……？

在我父亲去世时以及我看到他所经历的所有痛苦时，那时我觉得上帝并不存在。世界上所有的罪恶，我也不理解。

所以你不相信上帝——那你觉得你死的时候会发生什么呢？

我认为我们死去……可能我们的灵魂会回来……我不太清楚，但是我认为我们的灵魂里有些什么东西。我觉得我曾在临终关怀医院看过灵魂。

那些故事，你能告诉我一些吗？

好的，有天晚上，医院里有个男人病重，我们都认为他那晚会死掉。那时，我刚刚看过他，然后我打算去接杯茶。那会儿我看见——我们是两个人，我们两人都看见——他的灵魂飘出去了。我们知道他已经死了，当我们离开时他已经死了。他死的时候，四周很凄冷。

哇，看起来是什么样的呢？

44

影子。

影子穿过房间了还是……？

是的，它穿过了房间。

只有那一次是那样，你就……？

不，在另一个夜晚——总是在晚上——有个女人去世了，她是个强壮的女人。她家人，她女儿还有她的孙女……在谈论她，她们十分伤心，因为她快要死了。她们离开时——一家人离开时——铃突然响了，一盏灯在闪烁。我们从未听过铃声那样响过。铃声很响亮，我们关不掉它。铃声大概响了一个小时，我们不知道要做什么。

是门铃吗？

是她房间里的铃声。

是她想要呼叫你吗？

是的。

好吧。

一开始我害怕走进她的房间，但是当然，她躺在床上，已经死了。但是我认为她是想告诉我们她还在那里。

那她已经死了吗？

她已经死了。

而铃声还响？

是的。

好一个故事。

我觉得当我坐在某些临死之人旁边时，就会发生一些事情……在他们临死之前的几分钟里。

你体会如此深刻，但是你还是没有感受到信仰宗教的必要性，是吗？

没有，没有。

你能稍稍解释一下吗？　　　　　　　　　　　　　　　　　　45

我感觉……我不害怕我一生中会经历什么事。我相信人们之间的爱……我对我的生活很满意。我不知道该怎么解释，但是我有一个大家族。我有两个姐妹、一个哥哥，还有母亲和祖母，以及我丈夫一家子，我的两个姐妹生了很多孩子，我们经常见面。

那真是太棒了。

我也有关系很好的朋友。虽然朋友不多，但是我们关系很好……我的工作对我来说意义重大。

所以，从和这些人……其他人的关系中，你收获了意义？

对，对。

你不需要……？

不，不需要。我认为我现在能生活下去。

那你们医院里的人很需要宗教信仰吗？或者说医院中大多数人去世时都是无宗教信仰的吗？

很多人死去时都没有宗教信仰。

没有任何宗教信仰吗？

是的。但有些老人是很虔诚的基督徒。

好吧。

我觉得对他们来说，直面死亡是很困难的。他们害怕死亡。他们害怕上帝不会带他们上天堂。他们在回首自己的一生，思考自己是不是做错了什么。

他们感到内疚吗？

是，感到内疚。

那些不是很信仰基督教或者说不是非常虔诚的人呢……？

不，只有基督徒有问题。

安妮，这真有趣。当你说自己不相信上帝时，你会自称无神论者吗？你知道这个词吗？

是的，是的。我可能不知道。

你会说自己是一个基督徒吗？还是说你并不确定，或者……？

我不确定……因为我不相信上帝。

但是早些时候你说过，你像基督徒一样生活。那是什么意思呢？

我是在遵守规则——不要偷盗，待人友善，等等。

那你相不相信天堂和地狱或者……？

不，我不相信。

你祖父母辈们比你虔诚吗？

是的，我的祖母很虔诚，至今依然活着，今年89岁。她是由基督徒抚养长大的，会去教堂。那时，我觉得她将要死去，但现在她不会老想到上帝……但是她会思考死亡，因为她老了。她现在就想死去，因为她觉得自己太老了。她的朋友们都已经去世了。是的，她已经准备好迎接死亡了。你知道，我曾照顾过一个在欧洲旅行过的流浪汉，他靠画画谋生。后来，他住在农场里，以那种方式生活了很多很多年。他很——他告诉我很多与生命有关的事情，我很喜欢他。他说过，当他快要死去时，我们要给他播放贝多芬。他想伴着音乐死去。

多好啊。

他自己这么说的。"现在我想要躺在床上，然后你们一定要给我播放音乐。"12小时后，他就去世了。

你们照顾过穆斯林吗？

是的，照顾过。

和他们在一起是什么体验呢？

照顾穆斯林非常不容易，因为……你不能谈到疾病或者说他们快要死去。如果有孩子在，我们绝对不可以和孩子们提到死亡。

是他们跟你说的这些还是……？

是的，他们会说。一天晚上，我和一位快要死去的穆斯林待在一起，他妻子不可以和他待在一起。房间里有一些男人。他妻子非常伤心，但是她不可以待在那里。照看他们很艰难，他们也不想听别人对他们说的话。但是，当然，我尊重他们的宗教。

克里斯蒂安

克里斯蒂安在执法部门工作。他是奥胡斯市的一名检察官，从事这项工作大约15年了。和联系安妮一样，我通过我大女儿和克里斯蒂安取得联系；他女儿也是我女儿的同班同学。克里斯蒂安日程安排很紧，工作很忙，要安排出时间见面很难。但我们最终找到了共同时间。他家是我这一年拜访的众多家庭中房子最大、最贵的一个。他家和安妮家在同一个街区，但是他家房子规模宏大、富丽堂皇，一看就属于富裕阶层。采访安排在"阳光房"，最近刚刚修建，玻璃墙一直延伸到后院。

克里斯蒂安今年39岁。他身材很好：十分健康、肌肉发达。他有两个孩子，妻子是助理护士。克里斯蒂安在日德兰半岛西北部一个偏远地区的小镇长大。和延斯、安妮不一样，克里斯蒂安支持丹麦自由党，这是丹麦一个偏右翼的保守政党。在聊到宗教话题之前，我们谈了一些他工作上的事。我说斯堪的纳维亚因两性高度平等而闻名，我想知道在他的工作领域这是不是真的。

是，是真的。

那以你的工作举个例子吧。你的办公室里有几个检察官呢？

20个。

有几个是女性呢？

百分之八十都是女性。

百分之八十吗？这简直太令人惊讶了。那么……有几个法官是女性呢？

百分之七十。

百分之七十？！所以，女性占大多数？

是的。主要原因在于我的职业——你知道的，对于私人律师来说，工作时间会很长，这是个男性职业。因此……人们都想在政府部门工作，你知道的——比如法官、检察官——我们可以下午3点下班回家。工资比较低，但是我们有安全保障，能够保证家庭完整。

所以当检察官或法官对家庭生活有好处？

找不到比这更好的职业了。我早上8点30分上班，下午3点回家。

刚搬到这里时，我最先注意到的是我一个月来都没有看到过一个警官……我的意思是未曾看到过一辆警车，未曾看到过任何一个男警察或女警察巡逻，什么都没有看到过。街上有很多警察吗？他们穿着便衣还是什么？

不，他们穿着制服。我们的刑警穿着便服，而普通警察穿着制服。我们正致力于提升街道巡警队伍，因为这是公众想要的。

但是我觉得没有警察是一件好事。我喜欢那样。

是的，但是在丹麦，我们喜欢看见警察，保护公众安全是其首要任务之一。努力保护他们的安全，努力保护公共安全，这是我们最重要的事情之一。因此，我们想要变得更加外向，或者说想走出去，但是我们存在资源问题，就和其他人面临的问题一样。这里的警察数量不像美国那么多，这一点是肯定的。

那卖淫是违法的吗？

卖淫……嗯，这要视情况而定。只要纳税就不违法。但是如果——如果是皮条客并且以此赚钱——从妓女那拿钱，卖淫就是违法的。但如果只是一个妓女，并在家门上贴上标记，上面写着"我是一个

妓女，来找我吧，每半小时500克朗"，而且会纳税，那就没问题。只要 48
纳税，卖淫就是合法的。

你们有哪些暴力犯罪呢？

嗯，我们有普通的暴力——街头暴力，你知道的，背后袭击或抢劫。
而且我觉得暴力情况越来越严重。有一大群人都来自其他国家，他们
真的犯下了很多罪行。这是一个大问题，尤其是他们还未受过教育，并
不想让自己适应丹麦社会。因此我认为，如果他们的人口数量占奥胡
斯市总人口的百分之十五，那么就我的工作来说，他们的犯罪率大概占
据了百分之五十。所以，很多问题都出自他们。

犯罪活动是移民带来的吗？

是，是这样的。

大多数是男性做的吗？

是的，大部分是男性。其中有年轻男性——小到10岁的，但我们只
处理15岁以上的罪犯，其余的交给社会有关部门。丹麦犯罪活动的主
要年龄从15岁开始——15岁至30岁的人。这是犯罪的主要群体。

在你处理过的案件中，最典型的是什么案件呢？我的意思是在特
定的某一周或是某个月，最普遍出现的是什么类型的案件呢？

暴力事件。

比如打架斗殴吗？

就比如街头斗殴，是的，人们会在迪斯科舞厅打架——是的，这是
暴力事件。你知道的，这里有很多盗贼。也有逃税情况，有各种问题。

有强奸案吗？

有的，你知道的，你可能听说过发生在节日的强奸事件……在奥胡
斯节日期间，曾发生过一件特别严重的强奸案，一个16岁女孩就在她家
门外被强奸了。她在城镇乘公交车回家，在所住的移民区下了车，然后
正当她走到家门外时，身后有人将她带走。是一个移民，他强奸了女孩

并且差点将她杀害。

他们抓住那个移民了吗？

是的，我们抓到了他。通过调查公交车，我们可以看见图片，24小时后，我们抓住了那名强奸犯。后来，我带他去，你知道的，在24小时内我们得带他到法官面前。所以，我在他们抓住那个罪犯的地方度过周末，做我职责范围内要做的事情。

如果被判有罪，他会受到什么惩罚呢？

会判两年半至四年。

49 就这样？！在美国，这几年根本不算什么。

我知道，我知道，但是一两年前——正常来说是一年前或两年前，强奸案只要是不涉及任何严重暴力行为会被判大约一年半。所以现在——后来政府说对此我们必须做些什么，后来他们说对于这些罪行，需要再多判一年。因此，在丹麦坐四年监狱算很严重的惩罚了。

那你认为他应该得到什么惩罚呢？

嗯，我认为……我认为……我觉得现在罚得不够……我认为应该判5年至6年……但是我是在丹麦社会长大的，所以当我听到美国的判决有15年、20年、100年时，我觉得这是在开玩笑吧。

在美国，你会因为吸食大麻而受到那些惩罚……我的意思是——别说是强奸罪——单是毒品就会让你终身服刑。

在丹麦，如果你走私海洛因或可卡因之类的毒品，那么你……走私2千克海洛因会判18年。因此，相比强奸，很难说哪种行为更恶劣。我认为就某方面来说，强奸比走私海洛因更恶劣，但是在另一方面，强奸也不是那么糟糕。我认为强奸判6年至8年可能是合适的。但是我们从来、从来、从来都不会施予这种惩罚。

我可以换个话题吗？我们来谈宗教吧。

我是个彻头彻尾的无神论者。

好吧,跟我说说吧。

我不是丹麦教会的一员。这主要是因为我不相信上帝。我受过洗礼,14岁时也说过"是",受过坚信礼。但是我从来不相信这些。一生中,我从未有过任何一刻相信过宗教。所以,当我18岁开始纳税时,对于那些我不会用到却要纳税的东西,我会拒绝。但是后来,我在教堂结婚,我的孩子也在教堂受洗,而且我也会去教堂,但是你知道的,这些只是身在这个社会要做的一部分而已……我对宗教的一切都不相信。我相信人类,我相信人性向善,但是我不……我不认为存在着能控制一切的上帝。

当你想退出教会时,你需要走哪些程序呢?你需要……

噢,你只需要在牧师办公室填一张表。从牧师那里拿一张表格,上面写着"我不想再成为教会的一员……"

就这样吗?

就这样。[笑声]噢,他们威胁我。

他们说了什么?

死后不允许你被埋葬在圣地之类的地方。

牧师这么说的吗?

是的——不,是表格下方写着这句话,但是我不在乎。[笑声]因此我们笑笑而已,如果那算一个威胁的话。[笑声]

你14岁时接受坚信礼,告诉我你那会儿为什么那么做?

这是礼物呀。[笑声]

没有别的什么了吗?

嗯,这是来自集体的压力。你14岁了,不想当人群中的异类,每个人都那么做。呃,在丹麦我觉得很多人都不相信坚信礼,但是这是个传统,就像要绕着圣诞树走一样。坚信礼也像这样。这只是丹麦社会的一部分,这是让家人团聚、享受美好时光的好方法。是的,我们开了一

50

个很棒的派对,我收到了很多礼物,而这就是主要原因所在。[笑声]

是的,我问这些问题的唯一原因是,数据显示丹麦和瑞典在某方面特别突出:相比其他国家,这两个国家信仰宗教的人数很少。事实上,最近几份调查显示,在信教程度上,丹麦和瑞典比世界其他各国都低。

在1970年代和1980年代,当时俄罗斯*还是一个强国,铁幕已落下,那时我在某个地方读到:他们正在研究丹麦是怎么做到信仰宗教的人那么少却又对宗教感兴趣的。我认为这是因为我们在宗教领域很独特。

真有趣。你为什么这么觉得呢?

我认为我们国家几乎不存在问题。我们的生活水平如此高,如果人们要相信某种东西,那一定是异于宗教的事物,某种精神层面的东西。我认为更像那样。我在美国住过一年,每周我会去趟教堂,而那种感觉和我说的是不一样的。

你为什么要去教堂呢?

嗯,我家人那么做,因此……

在你年幼的时候吗?

是的,在我15岁至16岁这一年间,我在美国待了一年。我和一家人住在一起,他们是美国普通的基督徒。我的意思是他们每周会去做礼拜,在餐桌上祷告。但我并不理解。我只是坐在那里,嘴上说着"这很有趣"。我是来这里学习的,所以我要融入这里。

你在美国哪里呢?

明尼苏达州。

他们是斯堪的纳维亚人吗?

不,他们只是普通的美国人,大约一百多年前从德国来的。

之前,我问你为什么丹麦人和瑞典人那么不信教的时候,你说

---

* 原文如此。当时俄罗斯为苏联成员国。——编注

因为你们国家不存在什么问题，你的意思是说这得益于你们是福利
国家吗？

我认为是的。嗯……我认为，你知道的，每个人都很忙。我认为说
到宗教，如果你日子真的过得不好，过得穷困潦倒或者怎么样，我认为
这是……这是解释某事的一种简单方法。但是我们都是受过良好教育
的人，而且只是……嗯，每个人都知道达尔文，你们又怎能将这两样东
西放在一起呢？如我所见，我觉得你们的解释有问题。

你在学校学过达尔文吗？

是的，每个人都知道达尔文。

那你父母信教吗？

我父亲是牧师的儿子。

噢。

但是我祖父是一位牧师——显然他是一位信徒。我父亲童年时接
受的教育非常严格……做礼拜、去唱诗班，诸如此类。实际上，我父亲
从未信教并且总是拿基督教的事情开玩笑，当然我是在家听到那些的。
他也清楚地意识到要告诉我事情的另一面，那就是比起上帝在那里控
制着一切，可能还有其他解释。因此……不，我母亲，她是……我认为
她是一位更典型的丹麦基督徒。她认为庆祝圣诞节是一件既舒适又美
好的事情，因此我们会以此为理由来举行各种仪式。如果想以此来举
行各种仪式，我们就需要付出点什么。而这就是她的观念。我说可以，
那我就采用一种经济的方式。我得到了所有好东西，但没有付出什么。

［笑声］

好的，你有两个孩子吗？

嗯。

那你们让他们受洗了吗？

是的。

这么做是因为你的妻子还是……?

不,我觉得……嗯……我认为这是丹麦的文化。我们让孩子受洗,然后我就不是那个要为孩子做决定的人了,因此……随大流是很容易的。像别人那样做,那么当他们年龄足够大时,他们就会说:"噢,我不想要这么做。"然后事情的决定权就在他们手上。但是,像别人那样做,对他们来说更容易一些。那是我一生中非常想做的事情……那么做是为了让我孩子的生活变得尽可能简单。

如果他们长大了,他们18岁、20岁或者25岁了,成了真正的基督教基要主义者,如果他们发现了耶稣,如果他们变得非常信仰基督教、非常虔诚……你会有什么感觉呢?

52 只要他们能接受其他人,他们可以做任何他们想做的事情。他们信教对我来说,没有什么关系。唯一一件令我非常讨厌的事情是,你想把自己的观念强加于某人身上。我不喜欢……如果我想喝啤酒,但他们说:"基督徒是不喝啤酒的。"嗯,我不喜欢这样。但是他们可以说:"噢,不,谢谢,我不想喝酒,因为我是……"但是他们不需要将他们的观念强加于我。

这是当然。

否则我们……我认为我们不是……这会影响我和其他人的关系,除非他们只将这些观念施加于自己身上。我认为那是典型的丹麦问题,你知道的,你可以做任何你想做的事情,只要你不强迫别人也这么做就行。[笑声]

好吧……那你认为死后会发生什么?

什么都不会发生,我只是觉得死亡代表一切都结束了。

你害怕死亡吗?你会为此担心吗?

不……我是担心无法看见我的孩子长大成人,我认为我有很多事情要做。但是我不认为我需要接受审判,你知道吗?我不认为我会在地狱被烧死,或经历类似的事情……不。不,我只是觉得,如果你死了,你就是死了而已,别无其他。

你个人经历过悲剧吗?

嗯,我父母都去世了。他们死于癌症,两个人都是。

即使经历过父母死于癌症这些事情,你也没有因此求助于上帝之类的吗?

不,不,嗯……我觉得在那时候教堂的存在是好事——我们可以在教堂举办仪式,一家人可以相聚在一起。我父亲也不是教会的一员,因此他去世时教堂没有牧师。但是,你知道吗?我父亲的葬礼和我母亲的葬礼一样好,我认为这是因为那时我们只是……我当时作祷告,致辞,然后我母亲也这样做了。那很好。和我母亲的葬礼一样好,我母亲的葬礼是牧师作祷告,由她来讲述我母亲。但是她做得很好。我认为她做得非常好。但是……不管有没有教会仪式,我认为我父亲和我母亲的葬礼都没有什么不同。所以……能把大家聚在一起并说"看看大家,他们爱那个人"就是好事。但是我认为……在某种程度上我母亲的葬礼是好的,因为牧师人很好,她和我们碰了面。她讲述了所有正确的事情,讲述了我母亲的真实情况。牧师做得很好,但是这些事情我本可以自己做。但是能靠在椅背上听别人说这些事情的感觉也好。

当然,这是当然。嗯……你那些最亲密的朋友也是典型的不信教者吗?或者说你的朋友中有人是真正的基督徒吗?

不,他们是……嗯,我们有共同的感受——我认为我们会让孩子受洗,我们会在教堂结婚,但是……我们也会绕着圣诞树跳舞——但是我 53
们很像……不,实际上我们有个朋友是基督徒,这让我非常惊讶。我们认识很多年了,但是某个晚上,我们喝了点酒,然后他告诉我:"我必须坦白一下。"我说:"你说吧。"然后他告诉我他相信上帝。当时我非常惊讶。我一生中从未想过……嗯,你知道吗?当时他已经颇有醉意,所以他有一种告诉我的冲动。

　　但是他不寻常吗?

　　是的,他不寻常。我从没想过有人会告诉我那种事。那时——我差点从椅子上摔下来。我说——［显露出哑剧中那种震惊的表情］——我不知道要做出什么反应,然后他跟我说:"我希望你不会觉得我是一个坏人。"他是那样对我说的,然后我说:"噢,当然了,只要你尊重我,你可以相信任何你想要相信的事情。"这件事情他隐瞒了很久,最终情绪使然,你知道的,在几杯红酒之后,他就想说出来了,你懂吧? 这是一次坦白……"现在我们还是好朋友,我愿意告诉你这件事情是因为这是我心底的秘密。"你知道吧。

• • •

　　作这类研究,其中不寻常的一点是你会同那些你甚至不认识的人进行深入的、有思想的交谈。他们几乎都是陌生人,但是一两个小时后,当你离开他们家时你会觉得自己刚才好像和另一个人联系密切。的确是这样。每次采访后,我都觉得自己成长了一点。过去,我不认识延斯、安妮以及克里斯蒂安。但是,在短暂的相处中,他们向我讲述了他们的生活——他们的信仰、他们的观点、他们的家庭以及他们的工作。(当然,我只呈现了我们对话的部分内容。)

　　在每段谈话中,我都被不同的东西所打动。

　　对于延斯,我为这些而感动:他是多么热爱生活、感恩生活,同时他又实事求是地谈论死亡——年轻妻子早逝、父母死亡以及一般意义上的死亡。他说,事情就是这样。和其他动物一样,我们活着,我们也会死去。他说,我们可以这样想:这一世过后还有更多别的事情会发生。这样想简直不可思议,对此我深受感动。延斯是一个活生生的例子,他向我们证明:活在当下是可能的,发现现世的生活本身能令人满意是可能的,不为即将到来的死亡而困扰也是可能的。

　　对于安妮,让我感动的是:尽管她相信灵魂或人死后会从身上散 54
发出来的某种超自然事物的存在,但这也绝不能使她转而信教,去参与
宗教活动甚至去相信上帝。安妮证明了,除了经验可以证明的事物的
存在,人们可以相信其他更多东西——回想一下安妮在医院看到的穿
过房间的影子,或是响起的铃声,或是安妮对于在刚刚去世的人身边感
受到的寒意的简单描述——同时仍然做一个无神论者。安妮还令我印
象深刻的一点在于她的无私和真诚的同情心。很明显,安妮从工作,即
照顾那些需要帮助的人们中,发现了巨大的意义。我也明显感受到,以
垂死的人们为工作对象使安妮更能协调好她的日常生活,更会欣赏她
家人和朋友生命的脆弱之美。但是,多年来与垂死的人打交道并未使
安妮质疑自己缺乏基督教信仰。

　　至于克里斯蒂安,某天晚上喝多之后,他的好朋友向他承认自己相
信上帝,这一故事非常值得一提。"我希望你不会觉得我是一个坏人。"
他朋友曾这样说!因为自己偷偷信仰上帝,他朋友竟然说了这样一句
话。在我看来,这一逸事揭示了丹麦文化是多么世俗。竟然只有在深
交多年并喝下几杯酒之后,这个男人才觉得可以坦然承认自己信仰上
帝这一"罪恶"。克里斯蒂安、延斯和安妮的例子也可以充分表明,随
着时间的推移,他们每个家族的宗教信仰都在逐渐丧失。三个人都说,
他们的祖父母们比他们的父母或他们自己信教程度要深得多。

　　　　　　　　　　　● ● ●

　　许多宗教学者表明,信教是人类本性的一部分。例如,迪安·哈默
将对宗教(事物)的热衷描述为"人类基因中固定的特征"以及"人类

遗传中最基本的特征之一。事实上，这是一种本能"[1]。罗德尼·斯塔克（在与其他人合著的作品中）说，所有人都需要，也因此要寻找有关死亡之谜的答案，随后人类将对上帝的信仰发展成一种"超自然的补偿"，而人类对于宗教的需求在所有社会和任何时代或多或少都保持稳定。[2]这种观点与安德鲁·格里利的观点相呼应，后者说只存在"基本的宗教需求"[3]，这种需求自冰河时代晚期起就一直保持不变。格里利认为，这些宗教需求是"与生俱来的"[4]。贾斯廷·巴雷特和其他一些人认为，"相信上帝"实际上是人类大脑线路中的一部分，因此是与生俱来

55 的。另外，缺乏宗教信仰是"不自然的"[5]。克里斯蒂安·史密斯说，人类是受到驱动去信仰宗教思想和宗教理论的，因此，"世俗化可能永远都不会走得太远"[6]。

　　我在斯堪的纳维亚待了一年，采访了150位像延斯、安妮和克里斯蒂安这样的人。此后，我开始严重怀疑宗教信仰的天生性与自然性。相信上帝可能在世界各地都很普遍，但是这并不意味着这就是一件自然而然的事，也并不会使其以某种方式成为人类生存必不可少或固有的一部分。绝不能把这种普遍性误当作生物特性。当前，斯堪的纳维亚有数百万男男女女过着多种多样的生活，或者悲伤而孤独，或者美好而充实，但是他们并没有笃信宗教，也没有虔信上帝。实际上，北欧地区的大多数人都是这一类人，在那里，延斯、安妮和克里斯蒂安这三位非信徒都不是反常者。他们不是随意的、反传统观念和习俗的"乡村无

56 神论者"。他们是典型的、普通的北欧人。他们是世俗的北欧人。

第三章

死亡的恐惧和生命的意义

人们常说，宗教的影响之所以如此持久、如此深远，是因为它既牵涉死亡，也牵涉关乎生命意义的存在问题。人们畏惧死亡，所以他们转向宗教寻求慰藉。而且，人们深切关注生命的终极意义，所以他们转向宗教以寻求存在的答案。对我来说，这些说法总是有意义的。人们当然畏惧死亡。人们当然想知道生命的意义。只要宗教声称自己能为这些可能是永恒的普遍问题提供慰藉或深刻见解，人们就会信仰宗教。

于是，我在斯堪的纳维亚待了一年。

通过那一年的生活，我重新思考自己对于当代世界中宗教的理解，尤其是在人类面对死亡和生命意义的态度方面所产生的某些想当然的假设。经研究，我发现，一个"大多数人并不是真的那么畏惧死亡，同时也不会过多思考生命意义"的社会是可能存在的。在丹麦和瑞典，人们普遍认为死亡是自然的、不可避免的，而且大多数人认为除了自己所创造的价值之外，生命并没有什么重要意义。因此，死亡和生命的意义可能终究不属于永恒、普遍的人类问题。数以百万计的当代斯堪的纳维亚人的存在就证实了这一点。他们对死亡普遍缺乏畏惧或担忧，他们对生命的终极意义也缺乏强烈的好奇心或并不太在意，这些不论对于我们理解宗教还是宗教的缺失问题都具有重要的社会学和理论意义。

死 亡

在丹麦生活期间,我最先采访的两个丹麦人是阿尔内和阿格奈泰。他们住在日德兰半岛东海岸的一个小村庄里。他们大半辈子都是农民,但是几年前他们不再耕种,并将自家有着300年历史的农舍改造成度假出租屋。在丹麦的第一个夏天,我的表兄弟姐妹们来看望我们。那时我们看到阿尔内和阿格奈泰在网上发了度假屋出租广告,便租了下来,在那里待了一周。一天下午,我说服阿尔内和阿格奈泰接受采访。最初他们并不情愿,称自己英文不太好,也没有什么趣事要说。但我还是彬彬有礼地坚持说服他们,最终他们勉强同意。因此,夏日一个微风吹拂的午后,我们坐在他们家旁边的一个木桌旁,四周是连绵起伏的麦田。待阿尔内一拿出啤酒,采访就开始了。

阿尔内今年67岁,阿格奈泰今年65岁。他们已经结婚43年了。他们身材虽矮小,但是较结实,满脸皱纹,双手磨破。两个人相比,阿尔内较心平气和,而阿格奈泰更活跃好辩。他们俩在同一个小村庄长大,都上了九年学,都投票给同一个保守的中间偏右政党——丹麦自由党(Ventsre)。他们有两个孩子,皆已成年。女儿是秘书,儿子住在泰国。和大多数丹麦人相比,阿尔内和阿格奈泰去教堂的次数更多,大概一个月一次。然而,当我问他们是否相信上帝时,阿尔内说"哦,不太相信",还笑了。阿格奈泰也说了同样的话:"没那么相信。"当我问他们为什么不那么相信上帝还去教堂时,他们说,去教堂只是因为这是一个好传统,他们喜欢看到村里的朋友,他们还喜欢牧师——一个知识渊博、待人友善的女人。

但最令我震惊的是,他们对我所提出的死亡问题的反应。这段采访给我留下了最深刻的印象，也是那天晚些时候我最想和妻子讨论的。采访内容要是录下来就好了，因为阿格奈泰的想法很难用语言表达出来。但我会努力表达。我问她我们死后会发生什么，她停顿片刻，眼睛紧盯着我，然后用右手猛击自己的脖子，就好像要割开喉咙一样，并发出"嗖嗖"声。接着，她用同一只手迅速握紧拳头，伸出大拇指，指向地面，口头发出一种类似放屁或挤压的声音。这一反应非常简明扼要。这种"不说废话"手势的基本含义是：你死了就表示你回归大地了，仅此而已。我看着阿尔内，想看看他对妻子对死亡毫无掩饰的看法作何反应。他笑了笑，似乎同意阿格奈泰所言，说道：　　58

我觉得我不是从天上掉下来的。

所以你不相信天堂？

不相信。

地狱呢？

不相信。［笑声］

说这些事情的时候他们非常随意，非常坦诚，仿佛不相信来世是一件正常之事。而且我逐渐发现，在斯堪的纳维亚，情况很肯定地就是这样。[1]我采访的绝大多数人——当我问及他们认为死后会发生什么时——基本会回答："什么都不会发生。"或者用39岁的蒂娜，一位来自斯德哥尔摩的化学工程师更详细的话来说：

当然什么都不会发生了！我认为我们离去了。我真的认为死后就只是这样而已。

35岁的雅各布，一位来自哥本哈根的幼儿教师，这样说道：

我觉得死后我们就只是被埋在了地下。

69岁的伊萨克，一位来自斯德哥尔摩的退休医师说：

我们不再存在。就是这样。

用52岁的马斯，一位在屠宰场工作的奥胡斯人的话来说（通过一位翻译传达）：

死后我的身体会溶解，成为自然循环的一部分。

亚当今年28岁，是一家电脑公司的销售经理。他在瑞典南部长大，至今依然居住在那里。他面色冷静，回答道：

我们的能量和任何在自然界中死去的物质所经历的过程是一样的。

本特今年59岁，是一名退休高中老师。他在哥本哈根长大并居住于此。用他的话说：

我们以化学方式溶解了……蠕虫、细菌和病毒会把我变成化学物质。

阿尔瓦是一位61岁的牙科技师，在瑞典的一个小城镇长大，但现在住在斯德哥尔摩郊外。她说：

我认为当生命终结时，就意味着结束。

当你死了，你就死了？

是的。

卡伦是一位34岁的护士，在哥本哈根长大，但现在居住在奥胡斯。她答道：

我们死了。

59　就这样？

是的。

我们死亡时……？

我们死了。

拉塞是一名25岁的医学生，来自瑞典中部。他答道：

我认为什么都没有发生。最终是虚无的。就像前世一样，你懂的。当生命结束时，就结束了。当你死了，你就是死了而已。

我在这里所引用的这些人的话，准确地反映了我所采访的大多数人的态度。尽管我没有明确询问过阿尔内和阿格奈泰——或上述其他人——是否担心死亡或畏惧死亡，但明显他们给我的印象是他们并不担心或害怕死亡。这种印象是通过他们在采访过程中对待死亡的态度、他们的语气和眼神传达出来的。但是，由于我并没有直接询问他们本人，所以我不能肯定。

但我的确问过其他很多人。

金今年55岁。他在哥本哈根长大，现在住在奥胡斯城外的一个小村庄里。他在大学里做技术管理员。金不觉得自己是信徒，但他也不想称自己为"无神论者"，因为这一称呼过于强烈、过于消极。当我问他我们死后会发生什么时，他回答"我不知道"，而且看起来对这个话题明显不感兴趣。当我问他是否怕死或者是否担心死亡时，他简洁回答：

嗯……我并不担心，因为——通常我并不担心无法避免的事情。

汤米今年38岁。他在瑞典的一个小镇长大，至今依然住在那里。他拥有一家小公司，经营古董生意。当我问他是否相信上帝时，他叹了一口气，说其实他没有过多思考这类事情。但他立刻又说："我相信某些东西，但是我不知道具体是什么，真的。"

你觉得我们死后会发生什么？

腐烂。[笑声]生命结束了。

就这样？

是的。

那这种想法会让你担心吗？你害怕死亡吗？

不害怕。

你曾经在某一时刻害怕过死亡吗？

没有，真的没有。从未害怕过。不。如果死亡到来，那就是到来了而已。

约纳斯今年25岁。他在日德兰半岛的西海岸长大,现在住在奥胡斯,在一家杂货店工作。他长得很像克里斯蒂安·斯莱特[*]。约纳斯个人不相信上帝,但他也不会称自己为无神论者。像汤米一样,他说他相信"某些东西",但他无法详细说清这一信念。至于死亡以及死后可能会发生的事情,他说:

关于这方面的事情,我真的没有想太多,真的。

你不担心吗?

不……现在我有很多其他事情需要担心,真的……我认为百分之九十心智健全的人都不担心他们死后会发生什么。他们担心如何支付账单,如何养活家人,如何吃饱穿暖……即使他们很富有——那些就是你所担心的事情。

米娅今年34岁。她在哥本哈根长大,如今居住在奥胡斯,是一家科学博物馆的董事。米娅说她不相信上帝,但是她不会给自己贴上"无神论者"的标签,因为她觉得那个称呼过于极端。她说她相信世上存在着"某种会让我们希望邻居过得好的东西",尽管她承认这种"东西"在生物学上很容易解释,本质上不需要是超自然或神圣的。

你认为死后会发生什么?

什么也不会发生。

什么也不会发生吗?

是的……就只是我被埋了。如果埋葬我时,我的遗体没有被火化,那我就会变成泥土,回到……是的。

这是否会让你担心、惧怕或者害怕呢?或者说你能接受吗?

嗯……哦,我可以接受。如果人们长生不死,这倒是会让我感到害怕。

---

* 美国电视演员。——编注

因此……我是说……看来走在路上时，你不会整天担心自己有天会不复存在，是吗？

不，不，不会。

安娜今年50岁。她在哥德堡长大，现在住在该市北部60英里处的一个小渔村。她是一名平面设计师。当我问她觉得我们死后会发生什么时，她答道：

哦，我们死了。

就这样？

是的。

那你担心死亡吗？你害怕死亡吗？

不，一点儿也不害怕……我们活着，我们死去，对于所有生物来说，都是这样的……无论你是蚂蚁、微生物、人类还是斑马。[笑声]

普雷本今年50岁，在哥本哈根长大。他现在住在奥胡斯，经营一家小旅馆。他说他不相信上帝，当我问他那是什么意思时，他说："我觉得在人间和——嗯……之间存在着更多的东西。我认为大人物在看着我们，你知道吧？"说完这话，紧接着是一阵欢乐的笑声。当我问他觉得死后会发生什么时，他说：

死后可能会存在某些东西。我不知道天堂算不算，但是天堂是可能存在的。有时候我认为对很多人来说，希望天堂存在是很重要的，但是他们只是在给自己讲故事，你懂吗？我的意思是，有时候持这种想法是可以的。

但是对你个人而言……？

不。

你会很担心死后会发生什么吗？还是说关于这方面的问题你并不会思考太多？

哦，我不担心。

还有一位41岁的潜艇军官，居住在斯德哥尔摩，名字叫亚尔。尽管他相信上帝，但他对于来世的看法绝对是世俗化的。

亚尔，你觉得在我们死后会发生什么呢？

我认为死了就是死了。[笑声]

当我们死了，就是死了？

是的，我是这么认为的。

好吧，所以说你不相信……

我不会去……我不相信转世。我真的不知道我们死时会发生什么，但是我也并不想寄予过多希望在死亡上。对此，我并没有作过多分析或者思考太多这方面的问题，但是……可能我应该这么想，但是……

这不是你考虑的……？

是的，我没考虑过这些事。

凯今年44岁，居住在哥本哈根市外，是一名电台记者。和亚尔一样，凯也说他相信泛爱且宽容的上帝。但是，当我问他觉得死后会发生什么时，他回答：

呃，我说不上来。[咯咯笑]我没有——我没有具体的——我认为我和你提到的丹麦人很像……我并没有关注这件事。我认为这不是我们的——我认为我们不应该担心这个问题。如果上帝和来世都存在，我们总会在某个特定时刻感受到……但是如果没有的话……我的意思是如果我们无法对此有所了解，那我们就需要关注现在的生活以及我们和他人的关系。那才是最重要的一点。

赫达今年66岁，是瑞典一个小镇的高校教师。当生命中挚爱之人，比如她的兄弟和父亲去世时，她并不是从宗教中得到慰藉，而是从与大自然的接触中得到了慰藉。她觉得我们死后就什么都没有了。而且赫达并不担心死亡，但她信仰宗教的祖母这样说：

不。这没什么大不了的。但我记得我母亲说我的祖母——她信教——在她快要去世的时候，我母亲说对于即将发生的事情祖母感到非常害怕。也许是因为她觉得上帝不是那么好，而这种想法并不太好，所以上帝应该会惩罚她。是的——我母亲这么说。

莱夫今年75岁，是一名图书出版商。他在哥德堡长大，现居住于斯德哥尔摩。尽管他是犹太人，但他自称无神论者。

你觉得在我们死后会发生什么呢？

什么都不会发生。

那你对此有什么感觉呢？

呃，我并没有觉得很难过。事情该是怎样就是怎样。对此我真的没有什么特殊的感觉。

你既不担心死亡也不害怕死亡吗？

是的，不担心也不害怕。总之，虽然我的健康状况不太好，但是我并不担心死亡。

莱夫的生命即将走到尽头，他顺其自然地接受了这一事实。在采访莱夫之后，他的这一态度让我久久无法忘怀。"事情本就如此。"他平静地说。这种态度几乎带有某种唯灵的或超验的色彩。我们很容易想象到，牧师或拉比在新坟墓旁布道时会说出同样的话。但是对莱夫来说，死亡并不具有任何神秘性、精神性或宗教色彩。对他来说，死后就表示一切都消失了，而那本就是事情该有的样子。即使已经75岁，身体不好，死亡也并没有什么可害怕或担心的。

想象一下我曾经历过数百次与上述内容相似的对话和交流——真的有数百次。那就是我的经历。我采访过一些人，他们都失去过挚爱之人，因疾病去世、自杀而死或年迈所致。我也采访过一些人，他们的工作对象是病人或垂死之人。我甚至还和病人或是垂死之人直接交谈过，比如53岁的西丽兹，她是奥胡斯本地人。采访她时，她正和癌症作斗争。当我问及西丽兹有关死亡的话题以及死后会发生什么时，她平静地说：

> 我觉得我们会化为泥土，你懂吧。我觉得什么都不会发生。

当你一次又一次遇到一个又一个人，他们都对死亡持有赤裸裸的世俗化倾向时，这种经历的确是一种巨大的力量。对我来说是这样的。它不仅让我深刻地反思了自己对死亡的感受，还让我思考死亡焦虑的本质原因。它会影响到每个人吗？显然不是。[2] 是否正如欧内斯特·贝克尔在其备受尊敬的著作《反抗死亡》(Denial of Death)中提出的，反抗死亡和拒绝接受死亡是人类的共性？显然不是。我们是否有可能找到这样一种文化，在这种文化里，大多数人不那么担心死亡，接受死亡的必然性，而且不会因为知道自己终会死去而感到极其忧伤？这显然是可能的。[3] 因此，当宗教社会学家威廉·西姆斯·班布里奇问"人们如何处理自己对死亡的强烈意识？"[4]时，我认为他犯了许多宗教学者都犯过的一个错误，即假设他自己对死亡的恐惧和担忧是普遍现象，但事实显然并非如此。正如班布里奇所言，并非每个人都认为死亡那么令人"无法接受"。

当然，并非所有受访者对自己最终会死亡都表现出平静接受的态度。尽管差别相对较小，但是有些人的反应与上述典型倾向不尽相同。比如，耶珀自称无神论者，他认为"死后什么都不会发生"。但是在担心死亡方面，他承认，随着年龄增长，他在思考死亡问题时，确实表现出某种程度的担忧：

> 我注意到，随着年龄的增长，我也开始思考这个问题。现在，我的思维能力倒退了多少年？我母亲多大了？我父亲多大了？我的基因如何？我能活多久？等等。

托拉今年54岁，是一名实验室工作人员。他在一个小岛上长大，但已经在哥本哈根生活了几十年。和耶珀一样，她称自己为无神论者，还说她觉得在她死后，"什么都不复存在"。但是当我问她是否害怕死

亡时,她回答:

> 如果有人过来跟我说,我病了,而且几个月后就要死了,我会说,是的我害怕——我不知道——但是我知道如果有人跟我说我三个月内就会死掉,我会很害怕……我当然害怕那样。而且,因为我知道什么都不复存在,可能我会更害怕。

并非所有的丹麦人和瑞典人对来世都持这样世俗的看法。当然,并非所有人都认为死后什么都不会发生。我确实也采访过一些人,他们的宗教倾向更强烈。他们相信死后会有某种形式的生命存在。比如,在两位研究生助理的帮助下(他们担任翻译),我采访了奥尔堡市两所不同养老院的8名丹麦老人,其中6名是女性,2名是男性。一个74 **64** 岁,一个97岁,其他人都是80多岁。他们中有5人不信教,有3人信教。其中最突出的是埃巴。在整个采访过程中,她面带甜甜的微笑坐在椅子上,一直抓着一只可爱的白色泰迪熊。当我问她认为死后会发生什么时,她自信地说:

> 上帝会张开双臂,在天堂等着我。

另一天,我采访了57岁的退休社会工作者里克,她来自奥胡斯。之前的大多数时候,里克并不信教。但是去年夏天,为了挺过一个重大手术,她在医院里熬过几周,从此以后,里克开始转向新方向。虽然里克未必相信上帝,但她确实相信存在"某种更高的事物",她进一步称其为"远方某个具有威严的人物"。当我问及里克,她觉得死后会发生什么时,她说:

> 我认为会发生点什么。我觉得生命并没有结束。在某种程度上,我认为我们的灵魂会离去,但是可能还会回来,是的,有点像转世。对,可能是这样。对此我并不确定,因为我的……逻辑告诉我事情并非那样。但是在某些方面,我认为某些情况可能是这样……对。

属于相同情况的还有来自哥德堡的56岁办公室职员艾纳。艾纳相信上帝，以下是艾纳对来世的看法：

> 灵魂会飘向某个地方……灵魂将在某个地方……但是我不知道那个地方在哪里，我也没有去思考这个问题。我曾——我母亲在我还小的时候就去世了——我父亲又找了一个妻子，但她在去年夏天也去世了……现在想起这事时，我都会抬头看向天空，看向天空的某处，知道她可以看见我。我回答不了你的问题，但是我觉得她就在天上，但是具体在哪里——哪个地方——我说不出名字。就在某个地方……就在某个地方。

丹麦和瑞典当然存在诸如埃巴、里克和艾纳这样的人，但是他们只占少数。他们是非典型人员。这使得丹麦和瑞典的文化明显非同一般，并且很可能是世界上唯一一种这样的文化（甚至可能在世界历史上都是独特的存在）。在他们的文化里，大多数人不相信来世，大多数人不害怕死亡，总体上担心死亡的程度相对最低。如本章开头所述，这一事实的社会学含义和理论含义不胜枚举。在此我将会讨论三点。

首先，我们必须考虑：在一个特定的社会中，人们相信来世的程度与他们内心的绝望/幸福程度之间存在的关系。人们可能会忍不住思考，如果在一个国家，大多数人觉得自己寿命应该长达70多岁，然后一切就结束了，这种倾向会导致普遍的悲伤或绝望。对大多数人来说，生命似乎是徒劳的。毕竟，如果一个人的生命只剩下几十年——或者只剩下几年——时间一到，人生就走向终点，对未来不抱任何希望，这样一种信念难道不会导致虚无、沮丧或悲观的感觉吗？然而，我的调查结果显示，情况恰恰相反。当代斯堪的纳维亚人普遍不相信来世，但这并**没有**表明他们高度绝望。相反，我所采访的丹麦人和瑞典人多半感到幸福和满足。他们通常过着一种富有成效、富有创造力、感到满足的生活。他们会追求自己的事业、旅行、上网、建房子、抚养孩子；他们参与各种活动，比如政治、艺术、技术、音乐以及慈善基金会；他们创业、烹

65

任；等等。当然，我采访的人中，有些人患有抑郁症、感到孤独、患有疾病等。没有人会完全免于这些疾病和感受。但是，据观察，我所采访的人以及一年来一起生活过的人，他们通常或多或少都精神状态良好。我的发现也得到了其他研究的支持。比如，罗纳德·因格哈特及其伙伴[5]对来自40多个国家的人进行了以下调查："在过去的几周里，你是否曾觉得自己站在世界之巅/感觉生活很美好？"对于这个问题，回答"是"的比例最高的国家是瑞典：77%的受访者回答"是"。丹麦位居第3，比例为64%。（美国以56%的比例落后于这两个国家）至于生活总体满意度，他提出了另一个问题："综合考虑所有因素，从1（不满意）到10（满意），你对目前的生活总体满意度如何？"在这项调查中，86%的丹麦人选择的数字在7—10之间，总体满意度位居第1，瑞典排在第6。（美国再次落后于这两个国家，位居第8。）总而言之，在大多数人不相信来世的社会，普遍的绝望并不是其特点。事实恰恰相反。斯堪的纳维亚人对死亡的典型态度是相对积极、热爱生活的。43岁的安德斯明确表明了这一点。他有两个孩子，经营一家杂货市场，是奥胡斯人。当我问他觉得在我们死后会发生什么时，他回答：

　　我认为我们就只是死了而已。而那就是为什么在我们还在世时需要珍惜生命的原因……在我意识到之前——它就结束了。因此，你只需要每天好好活着，度过美好的日子就好。实际上，我试着这么做。在这里我过得很开心，而且家庭幸福。我有一些好朋友，以及……我是一个非常幸运的人。

66

　　考虑到斯堪的纳维亚人对死亡所持的非典型态度，第二个值得思考的问题是死亡焦虑的潜在根源。正如本章所强调的，斯堪的纳维亚地区的死亡焦虑情况相对较低。为什么呢？通过研究丹麦人和瑞典人独特的思想或个性，或者更确切地说，通过研究他们的现代社会的本质，我们能找到答案吗？更宽泛地说，对死亡的恐惧和/或担忧（或缺乏对死亡的恐惧和/或担忧）是某种与生俱来的东西——某种源于内心并在内心逐渐生长的东西——还是某种源于社会或文化的东西？当然，答案自然是两者皆有。死亡焦虑肯定有心理因素，还有文化或社会学方面的因素。但是我认为在这种特殊情况下，后者，即文化或社会学因素可能更为重要。毕竟，我们很容易就可以假设出，在一个特定的社会，死亡/疾病/失调的程度在很大程度上会影响人群中死亡焦虑的总体程度。在相对安全的社会，鲜有甚至没有疾病、贫困以及战争，那里疾病和死亡微不足道或者说只是社会生活中很微小的一个方面；与之相比，在遭到疾病、贫困以及战争破坏的社会里，疾病和死亡侵蚀家家户户，遍及世界各个角落，人们对于死亡的焦虑和恐惧可能会更多、更普遍。丹麦和瑞典是世界上在社会生活方面最健康的国家，那里贫穷、疾病、战争、犯罪以及饥荒情况即使不是完全没有，也是最少的，因此人们对于死亡的焦虑——以及随之而来对来世的信念——也很低。我想说，斯堪的纳维亚人对死亡所持的非典型态度，根源并不在于他们的思维、大脑或神经网络具有独特性，而仅仅在于他们所处的现代社会非典型的成功本质。

第三个也是最后一个需要考虑的问题：当代斯堪的纳维亚人相对缺乏死亡焦虑以及总体接受死亡，是如何与我们对宗教的理解或者说对缺乏宗教的理解联系起来的？正如前面提到的，许多学者提出，对死亡的恐惧是宗教信仰最重要的来源之一，甚至就是最重要的来源。据布罗尼斯拉夫·马林诺夫斯基所言，"在所有的信教来源中，生命的最高和最终危机——死亡——是最重要的"[6]。对马林诺夫斯基来说，因为人类注定要生活在死亡的阴影下，因为所有享受生活的人同时也必定"害怕死亡的威胁"，所以人们转向信仰宗教以寻求慰藉，因为宗教给他们带来了永生的希望，并消除了对"自己终将不复存在"挥之不去的恐惧。对于西格蒙德·弗洛伊德而言，人类无法避免"死亡的

痛苦之谜"[7]，因此，即将死去这一消息导致我们产生了一种普遍的无 67
助感。正因如此，人们转向宗教或上帝寻求慰藉。罗伯特·欣德[8]也
认为，人们对死亡的恐惧以及对来世的渴望是他们信仰宗教的主要
原因。夏洛特·珀金斯·吉尔曼将人们对来世的担忧描述为宗教的
"主旨"[9]。迪安·哈默说，没有宗教的存在，人们就会因为"恐惧死亡而
丧失行为能力"[10]。最后，用彼得·贝格尔充满诗意的话来说，

> 宗教的力量最终取决于：在人们临死前，或者更准确地说，当
> 人们不可避免走向死亡时，人们手中所举旗帜的可信度。[11]

我对当代丹麦人和瑞典人对死亡的看法进行的研究表明，上面总
结的理论很可能是正确的，至少在一定程度上是正确的。但是，如果马
林诺夫斯基、弗洛伊德、欣德、贝格尔和其他支持这一观点的人所述的
直接含义是，所有人都害怕死亡，死亡焦虑在某种程度上是人类生存的
一种自然因素或特定因素，那么当代斯堪的纳维亚人缺乏高度的死亡
焦虑显然表明情况并非如此。并非所有人都害怕死亡的来临，也不是
所有的文化都拥有相同程度的死亡焦虑。

生命的意义

如果人们信教不是因为恐惧死亡，那或许是因为他们对于生命的
意义有着深切的忧虑。这一理论本身得到广泛接受，也就是说，人们
转向宗教信仰是因为宗教为生命中最深奥的存在之谜提供了"最终答
案"。用斯塔克和班布里奇的话来说，

> 自古以来，人类就渴望知道存在的意义。我们为什么在这

里？人生的目的是什么？一切将在哪里结束？人们不仅想要知道这些问题的答案，还渴望得到特定的答案——那就是生命是有意义的。[12]

对斯塔克和班布里奇来说，数千年来，对生命意义的担忧一直困扰着人类，而且深切渴望得到这些存在主义问题的答案是人类的共同需求——这种需求会促使人们信教。安德鲁·格里利说，"人类（我指的是大多数人生命中的大多数时光）需要某种最终解释"，因此他们转向宗教以获得意义感。[13]同样，彼得·贝格尔也认为人类"无法接受无意义"，而且"人类对意义的需求"可能是人类最强烈的需求，而这种需求正是宗教存在的意义。[14]肯尼思·帕加门特认为，对意义的探索是"生命中首要的主导力量"[15]。贾斯廷·巴雷特认为，人类只是"被迫"去问，"这意味着什么呢？"[16]马克斯·韦伯对于这个理论的所有探讨都是建立在这样一种观点之上：人们觉得降临到自己身上的坏事情（以及好事情）都有一些深层次的、终极的意义。[17]

既然丹麦人和瑞典人是当代人类中最不可能信教的人群，我想知道他们对于生命终极意义的思考是什么，尤其是考虑到他们对于死亡的共同态度，即死亡真的就意味着结束。我想知道，如果我们只是自然选择和生物结合进化发展的产物，如果我们所处的这个世界只是各种物理特性的混合体，如果死亡真的意味着结束，那这一切又有什么意义呢？当代斯堪的纳维亚人难道不会为生命的存在之谜而感到烦恼吗？我一次又一次地问这个问题。以下是一些回答。

普雷本（之前提到过）是一家小旅馆的老板，今年50岁。当我问他是否思考过生命的意义时，他简洁地回答：

我好奇生命的意义吗？［停顿］不，我想得没那么深。

凯特琳是一名43岁的小学老师，住在哥本哈根郊外。她说她不相

信上帝,而且她也未必觉得自己是基督徒。当我问她是什么让生活变得有意义时,她说:

生活中有好的力量,也有不好的力量。你需要和坏势力作斗争。但坏势力分个体和集体。你需要和纳粹作斗争,你需要和基要主义者作斗争,你需要与许多不同的群体作斗争。还有个体——生而为人,你必须与不好的东西抗争……是的……这样做不只是为了你自己,也是为了别人,为了你家人。因此……对,就是这样。

至于约纳斯(之前提到过),他解释道:

呃……对,生命的意义。我不知道自己是否思考过生命的意义。我认为,生命的意义就在于让自己和自己在乎的人过上美好的生活。所有这些会让世界变得更美好——我不知道。因为作为人类,我们真的把事情搞砸了。无论如何,社会就是不同寻常的——总之,在我看来是这样。非洲的人民一无所有,丹麦的人民应有尽有。只要这个问题存在,我们就会面临战争的威胁……如果你想这么说的话,宗教可能会为这些战争火上浇油。正如你以前经常看到的那样。但是……我不知道……生命的意义?我不知道。

蒂娜(之前也提到过)来自斯德哥尔摩,今年39岁。她告诉我,她对宗教确实不感兴趣,而且当我问她是否相信上帝时,她说"不,不怎么相信",并再次明确表示所有与上帝有关的事情她都不怎么感兴趣,也不是她真正思考过的问题("从来没有!")。至于生命的意义,她说:

但意义无处不在……我的意思是,我认为"上帝就在那里,告诉我们该做什么并像摆弄棋子一样操控我们"这一想法本身就十分可怕。还有另一回事:我不觉得人们真的需要意义。我认为人应该为自己创造意义……如果创造不出来,你最好让自己过上更好的生活。[笑声]

62岁的蒂厄是一名退休店员,他大半辈子都在哥本哈根的可口可乐工厂工作。当我问他死后会发生什么时,他说,"结束——你死了"。

所以我问他,如果情况是那样的话,那么生命的意义是什么呢?

没有什么特别的意义。人们试着去寻找一些特别的意义。我们出生,我们活着,我们死去。有些人过着幸福的生活,有些人过着糟糕的生活。

嗯哼。那对你来说,在你的生活中,有哪些事情是你喜欢的或者对你个人而言很有意义的?

首先,是我的妻子和女儿——我的家人。我的朋友们去世了,但是我的家人是最重要的。

马亚今年28岁,住在奥胡斯城外的一个小镇上。她毕业于法学院,但是目前在家照顾她刚出生的宝宝。采访那天,她身上戴着一个小十字架装饰,但是当我问起时,她说她只是觉得很漂亮才戴着而已——不是因为十字架对她来说有任何宗教意义。马亚不是信徒,但是她说自从有了孩子,她确实更经常思考存在主义问题。至于生命的意义:

我不确定是否有意义。并不一定要有意义。不,我不认为生命都是有意义的。这只是……一些我们将要经历的事情。我不知道为什么。

70　当你想到这一点时,你有何感受呢?

嗯……在某种程度上解脱了,因为这样……因为这样你就不用去思考这个问题了——生活必须充满意义——如果没有意义也没关系。

拉尔斯是一名43岁的记者,在菲英岛长大,现在住在奥胡斯。他自称是无神论者,拒绝在教堂结婚,因为他根本无法接受牧师在这种仪式上所说的话。他承认,或许有时候他也认为世上可能存在着"某些更强的东西"。至于生命的意义:

[长时间停顿]……我不知道,我觉得……生命的意义在于与他人在一起……对他人好,对家人好以及拥有一份好工作。而且我认为自己确实拥有了一份好工作。但是有时候你可以这样问自己,你现在在

这里要做点什么呢？做点什么吧，你懂的，这样当我们的生命走向尽头时，你可以说我为他人做了一些好事。

24岁的柯基丝汀是瑞典西海岸哥德堡大学工程系学生，她在那里长大。她不相信上帝，认为自己"非常理性，以科学为导向"。当我问她我们死后会发生什么时，她回答说：

什么都不会发生。我们就只是消失了。我们只活了很短的时间，死去就意味着什么都没有了。

但如果我们只是活着，然后死去……那这些又有什么意义呢？

呃，对此我并没有想太多。但是我基本上认为，生命的意义就在于我们现在所做的事情，以及那些让我们感到快乐，让我们觉得自己取得了一些成就的事。这就是生命的意义。如果你想要思考生命的意义，那看看动物吧。它们就只是生活在地球上，但它们很快乐。我希望，至少是这样。

关于64岁的耶珀（之前提到过），他是一位退休体育老师，不相信上帝或来世：

我认为生命并没有意义。它的意义在于你所投入的东西。

至于33岁的维贝克，他是一位生物学家，目前处于失业状态，居住在哥本哈根：

生命的意义就是过自己的生活，拥有美好的生活，而且你不应该以期待死后要发生的事这样的心态来过日子。

约迪斯是一名68岁的寡妇，住在哥本哈根郊外。生命中的大部分时光，她都在一家小餐馆当厨师。她是纳税的国家教会成员，但从未去过教堂。从来没去过。她不相信上帝，至于死后会发生什么，她回答，"什么都不会发生"。关于生命的意义（通过一位翻译传达）：

生命没有意义。

那是什么促使你活着呢？

71

友好的邻居、朋友，美妙的音乐、电脑以及一切事物——鲜花，花园。

伊萨克是一名69岁的退休医生，从小在斯德哥尔摩郊外长大，至今仍住在那儿。我之前引用过他的话，"人只要一死，就不复存在了"。伊萨克在某种程度上算是一个不可知论者；他相信人的生存中有某些方面，会挑战人们理性的理解。因为伊萨克对人类生命的生物学知识掌握得很透彻，而且他和病人以及垂死之人打交道多年，我问他对生命意义的理解：

我会说，活着是一件快乐的事。我的意思是，在我的一生中（这段时间很长），我感受过很多幸福的时刻，经历过很多愉快的事情以及很多……是的，当然，你也会伤心，会身处糟糕的状况下，有些人甚至会因为觉得活着不值得而选择自杀。但是从原则上讲，生命是赠予每个人的礼物，拥有生命是一件很美好的事情。你不需要以某种方式延续生命，我也很难理解下辈子会是什么样子？如果有来世，会发生什么？来世的生活又会是什么样的呢？是否世上每个活着的人都会遭受苦难，世上是否存在永生。我的意思是，永生真的是每个人所遇之事中最糟糕的。他们永远不可能死去，即他们一直都活在世界上。这真是可怕。

早些时候，我引用了莱夫的话。他是来自哥德堡的一名75岁的图书出版商。当我问他生命的意义时，他回答：

我不觉得——我不觉得生命有何意义。我享受生活。我喜欢做我所做的事情。半年前，我出版了一本词典——英语-瑞典语-意第绪语的。如果用我自己的话说，我觉得这本词典很棒。我依然是一位出版商……16年前，我妻子中风了，大概昏迷了一年……我总觉得自己是一个非常脆弱的人，但是当我妻子生病后，在某种程度上，我觉得自己变得强大了——我得到了某种力量——我不知这股力量从何而来。我甚至写了一本书——我妻子生病的第一年我记了日记。我没有变得沮衷。我甚至出版了日记,并获得了成功。

人们可能会觉得莱夫——一个既不相信上帝,又不相信来世,也不相信生命有任何特殊或伟大意义的人——会感到与世界脱离,会情绪低落,或者感到非常沮丧,尤其是身为一个老人,老伴儿还处于昏迷之中。但是情况恰恰相反。他享受生活,能够从工作中发现生命的意义。许多和我交谈过的人都说,他们觉得抚养孩子能够让生活变得充满意义。有的人讲到爱好,比如猎捕麋鹿。还有的人提到要活在当下,而不是等待来世。有些人用严格的基因术语来讲述生命的意义:我们来到世上是为了传宗接代。但是在这个话题上,还有其他很多人实际上没有多少话可说。这些人觉得他们并没有过多思考生命的终极意义这一问题。其中一位持这一观点的是亨宁,一名76岁的退休建筑师,住在哥本哈根郊外。他是一个非信徒。当我问他觉得死后会发生什么时,他回答"什么也不会发生"。以下是我们随后关于生命意义的对话。

好的,现在开始,亨宁……我和一些人交流过,他们说:"呃,如果我觉得当我们死了,我们就是死了,一切就化为虚无,那这一切意义何在?"对于这个问题,你的回答是什么呢?

啊……嗯……我觉得我回答不了……

但是你喜欢活着?

是的。

那么,对你来说,你喜欢生活中的什么呢?或者说什么赋予你生命的意义……?

[停顿良久]……呃……[无法回答]

你没有过多思考这个话题是吗?

是的。

经过一次又一次类似上面的谈话,我开始深入思考这个问题。我思考得很认真,但是不是关于生命的意义。更确切地说,我深入地思考了关于生命意义的**深入思考**。简而言之，我开始认真思考，对人们来说，真正"懂得生命的意义"有多大的重要性，有多少意义。这真的是一个迫在眉睫的问题吗？这真的是一个既深刻又普遍的问题吗？我开始思考，也许对于一小部分人来说，他们会持续关注、发自内心关注关于生命终极意义的存在主义问题，这类人可能确实深入思考了这个问题，而且思考了很长一段时间。另外，他们可能会继续攻读哲学或宗教研究学位，而且他们可能和大多数人不一样。[18]

根据我对丹麦人和瑞典人的研究，我开始推断：大多数人在大多数时光里——至少在某些特定的社会——实际上并不太担心，甚至不关心"生命的终极意义"。很多时候，大多数人关心的可能是这些事，比如工作（或失业）、家庭生活、要吃的食物、朋友、性、邻居家的狗叫声等等。居住在斯堪的纳维亚半岛期间，我发现约纳斯早年表达的观点是可信的，他曾经说过，他认为百分之九十的人不怎么担心宗教问题或存在主义问题；他们更关心与自己有关的事情，比如"如何支付账单、如何养活家人"以及其他普通的生活琐事。齐格蒙特·鲍曼在其他场合也提过这一立场，他这样说：

> 对人类来说，唯一重要的事情是人类可能会注意到的事情。人们可能将这样一种前提理解为一种令人悲伤的事或是绝望的缘由，或者正相反——人们将其理解为喜悦或乐观的理由；然而，以上两种理解都只对"致力于哲学反思的生命"起决定性作用……总的来说，日常生活的各个组织独立于哲学上的悲欢以外，而且围绕这类担忧运转，即人们很少（如果有的话）担心人们（作为人类）可以合理（以及有效！）担心的事物的极限。[19]

我只是不觉得思考生命的终极意义是人们经常要做之事或普遍要

做之事。当然，每个曾经活过的人可能都会不时地思考我们存在的原因，有时会在某些特殊时刻思考这一切的意义所在。我将其称为进行存在主义思考的片刻。但是我想说，这些转瞬即逝的时刻来来去去，未必是人们构建生活或者投入过多精力的时刻。至少当代斯堪的纳维亚人不是这样，他们的存在证明了：对生命终极意义的探寻不必成为人类内心深处或令人烦恼的一种执念。[20]

在本章结束时，我有必要强调，正如前面讨论的人们对来世的信仰程度较低一样，丹麦人和瑞典人对生命终极意义的深切关注明显比例较低，但这并没有滋生普遍的冷漠。丹麦人和瑞典人并不认为，既然生命可能毫无意义，那我们就可以浪费生命或不把生命当回事。丹麦和瑞典文化的特征都不是普遍的虚无主义。丹麦人和瑞典人关心政治，例如，他们的选举参与率是世界上民主国家中最高的，这一事实就证明了这一点。他们也深切关心他国人民，比如，他们向贫穷国家提供的慈善捐款和灾难救济援助在工业化、民主化世界中也是数额最高的。丹麦人也倾向于加入各种组织、各种协会；典型的丹麦人平均每人会加入 3.5个志愿协会，三分之一的劳动年龄成年人定期从事某种志愿工作。[21] 此外，他们上大学、旅行、抚养孩子、拍电影，他们是医学进步的先驱，他们创造爱，他们发展技术——简而言之，明显不信教的丹麦和瑞典社会的特征是有着众多忠诚和乐意参与活动的公民，令人钦佩。显然，即使在对"终极"意义关注相对较少的社会中，人们也可以过有意义的生活。

74

75

第四章

莱娜、桑尼和吉特

让人们同意接受我的采访并非总是那么容易。我不可能只是站在街角,或者走进一家杂货店,拦住陌生人,打开录音机,让他们坐下来和我谈谈他们的个人信仰(时间持续一小时左右),别人就会同意接受采访。大多数情况下,只有和某些人有"联系"时,我才能放心询问他们是否愿意接受采访。这些"联系"通常是通过朋友、邻居、亲戚、同事或者通过我女儿的学校和课外活动所认识的人建立的。但是,还存在其他难题。许多人对宗教这个话题十分反感。通常,当那些人听到我的研究与宗教有关时,他们会表现出各种不情愿。他们要么说自己并不信教——在这种情况下我会说,"没关系,我对不信教人群也同样感兴趣"——要么会说,坦白说,关于宗教这个话题,他们真的没有什么可说的。这种冷漠态度势必不利于做出有意义的采访。其中一个有力证据是,我在奥胡斯的一个朋友在办公室问周围是否有人对我的研究感兴趣,最初他的同事都表示愿意接受采访,但是一听说我的研究涉及宗教问题时,他们就没有参与的兴趣了。最终他招募到两个愿意接受采访的人,但是他们都不是在这个话题上有相当多发言权的典型代表。我朋友的大多数同事干脆选择退出了。我多么希望可以采访他们。

这是我在斯堪的纳维亚时一直好奇的一个理论问题或方法论问题：如何研究事物的相对**缺失**。你如何研究普遍**缺失**的东西？特别是，人们如何研究宗教的缺失或缺乏问题呢？对于典型的、普通的或"正常"的丹麦人或瑞典人来说，宗教并不是他们生活的重要部分。他们并未过多思考这一问题，也没有什么可以分享/提供的看法。那么，我怎样才能找到这类人，让他们谈一谈他们不怎么感兴趣，相对也没有什么可说的东西呢？部分答案在于——正如我上文所言——我必须找到某种"联系"。毫无疑问，实际上我采访的大多数人只是因为认识我——或者认识某个认识我的人——才愿意接受采访，否则，他们可能根本不想就宗教问题坐下来进行一个小时的谈话。构成本章核心的三个人符合这一描述：他们对宗教都相对不感兴趣，但是无论如何，他们还是同意接受采访，算是帮我一个忙。[1]

莱　娜

我之所以能采访到莱娜，是因为她是我一个住在哥本哈根的表妹的老朋友。在秋日一个阳光明媚的早晨，我们在她的一栋位于哥本哈根市中心的三层公寓里进行采访。莱娜今年32岁，是一名平面设计师。她单身，有一头金色的头发——几乎是白金色——说一口流利的英语。采访开始时，她递给我一些茶和几块巧克力糖。

你相信宗教吗？

一点也不相信。[笑声]

那你去过教堂吗？

嗯，呃，我的确去过。这很有趣，我在教堂受洗，我也——受过坚信礼，是的。而且我在教堂唱诗班唱了三四年。但这是有偿歌唱。[笑声]之后我们吃饼干，喝茶，做诸如此类的事，我的朋友们都在那里，因此充满了乐趣。从那以后,只要有人受洗或结婚,我就会去教堂。

但是你星期天从不会去教堂吗?

不会。

那你父母会去吗?

我父亲从来都不会去教堂。我母亲平安夜有时会去教堂。

跟我讲讲你父亲吧。

他是一个老共产主义者,[笑声]现在他把票投给社会民主党(Social Democrats),所以他一点也不相信那些。如果我决定在教堂结婚或做些其他什么事,他可能会去教堂,否则他自己是永远不会去教堂的。

如果结婚,你会把地点定在教堂还是……?

77　　实际上,可能不会。

你的大多数朋友——你会说他们的选择和你一样吗——你最亲密的朋友们?

是的,大多数朋友可能和我一样,但是有些确实在教堂结婚——我觉得他们这样做只是为了浪漫……是的,当你结婚时,可能确实会考虑某些因素——许多人认为有些事确实需要在教堂完成或者出于其他什么原因需要在教堂进行,但是如果你问他们具体是什么,他们中大多数人无论如何都不相信上帝,因此……

如果我问你是否相信上帝,你会说什么?

不相信……但是我确实相信曾经也许有个叫耶稣或其他类似名字的人,我相信耶稣有某些特殊技能使其行为能够像今天某些人所做的那样,而且——或者耶稣可能只是一个优秀的演讲者。或许他有一些好主意或其他什么。于是某些人决定写下一些事情,这些事完全解释了某种东西。他们编造出这一上帝或者其他别的什么……但是我不相信上帝。

你会称自己为无神论者吗?

会。

那你觉得你的大多数朋友也会?

是的。我有几个朋友说自己相信上帝,但他们很少谈论这件事……而且我的几个家庭成员也是这样。比如,我最喜欢的侄子,他在基督教氛围中长大——呃,他母亲是虔诚的基督徒,他们经常去教堂,他也相信基督教。这真令我伤心。[笑声]

为什么?

因为我觉得他们向我侄子讲述了不真实的故事。他们在试图使他相信那些不真实的东西。

在你成长过程中,你父母是否会明确向你说出这样的话,比如"我们不相信这些东西"?

不会。实际上我们并没有真正谈论过这类事。

既然你父亲是个共产主义者,不相信上帝,你母亲也不是那么信教,那么为何你会接受洗礼和坚信礼呢?

因为当我哥哥决定不去教堂时,我奶奶哭了。[笑声]我奶奶相信上帝,我母亲说她其实也相信上帝,但是她不像奶奶那样虔诚,而且她可能变得越来越……但是她从不做祷告之类的事。而我不这么认为。

你觉得我们有灵魂吗?

嗯……这很难说。我确实相信某种超自然事物的存在,但是我不相信这些事物和上帝有任何关系,或许是这样。我确实相信人类拥有第六感,相信灵魂的存在,相信如果我们非常幸运,可能会有来世。来世可能不存在,但是如果我们真的足够幸运的话,来世或许是存在的。 78但是你最好认真对待这一世,因为可能不存在来世。

那么你觉得我们死后会发生什么呢?

实际上,我不确定。[停顿良久]我不确定。但是你有时也会听到人们看见光之类的故事，这可能有点关系，但是我不知道会发生什么。不，我说我不知道，是因为我也有点相信鬼魂的存在。[笑声]这主要是因为我听过一些故事——比如我有一个女性朋友，她的老房子里有鬼，我相信她不是在骗我。他们让两个不同的人进入房子，两人都有第六感，能看到某种事物、听见某种声音。他们让两个不同的人进入房子，双方都不知道对方的存在。但这两个人都讲述了同样的事，与鬼魂有关，而且她女儿实际上也能看见这个人。

这是你朋友的故事吗？

是的，这是我的一个朋友。之所以让两个人进入房子是因为她女儿可以看见鬼魂，所以一直很害怕，因此他们才让这两个人进入房子检验是否有鬼。而这两个人对于房子里"那个人"的描述一模一样——不论是长相还是行为等。而且那时他们也——两个人都说她去世的父亲也在卧室里。她也有同样的感受，当自己和丈夫在卧室时，有人正看着他们。

你朋友的女儿吗？

不，不——我朋友说她家的房子里好像有两个鬼魂。一个是她父亲，坐在她卧室的椅子上，还有另一个是她女儿害怕的家伙——大多数时候这个家伙都很友善，但是有时候他会戴上面具，吓吓这个小女孩。那就是她有时候所看到的——女孩表示那里存在什么东西，但是其实什么也没有。艾玛什么也看不见，所以他们让这两个人进入房子检测，结果和她女儿讲得一模一样。

那你朋友一家做了些什么？

她搬家了。[笑声]他们把房子卖了，搬走了。

然后呢？

然后——没什么。他们离婚了，但是新公寓里什么也没有。我不知道她现在住在哪里。

简直难以置信。你有过这样的经历吗?

没有,我自己没有经历过这样的事情,没有。

你只是听说过是吗?

是的,我听过这类故事,然后我就想,嗯,为什么不可能呢? 可能有些联系。但是对我来说,这些与上帝或宗教依然没有任何关系。这不一样。

79

你曾经调查或研究过东方的宗教吗? 或者像瑜伽之类的东西……?

是的,因为我经常在亚洲旅行。如果要我选择一个宗教,如果我必须要选择一个宗教,我很可能会选择佛教。不是因为我十分了解佛教或者什么,我从未真正读过有关佛教的书籍,只是因为佛教看起来很不错——它看起来更像是哲学而非宗教。

你喜欢冥想或者参与宗教活动吗?

不喜欢。我有时会做瑜伽,但是我从未冥想过。我似乎做不了这事儿。[笑声]我的大脑和思维活跃,注意力没法集中。

假如有了孩子,你打算怎么抚养他们? 你会让他们受洗吗? 你会告诉他们,他们是基督徒吗?

我可能会让他们受洗……但是……我不会用宗教的方式来抚养他们。我只会努力把他们培养成好人。基督教和其他宗教中蕴含着一些关于如何对待他人等诸如此类的美好品德。和我侄子在一起的时候,我认为他学到了这些美德,这很好。当他阅读《圣经》时,他可以从中学到有关生活或其他事情的优良准则。但他实际上相信有人在七天之内创造出这个世界等诸如此类的事情。我讨厌他相信这些事。但是宗教中的确存在一些很好的生活法则之类的。

那你会告诉他你觉得那是一派胡言吗?

告诉我侄子吗?

是的。

等他再长大一点，我可能会跟他这么说，嗯，但是现在我不确定他——告诉他这事可能会有点令人讨厌，因为实际上他非常像……他认为他比我们懂得多，他觉得我们不信教，所以有时候他会责备他的祖父母或者其他不信教之人。他会说，"难道你连《圣经》都没有读过吗？每个人都必须读《圣经》"，他就很像——当他这么说的时候，我有时候就会说，"并非所有人都有同样的信仰，但这也没关系，你不需要"……我不喜欢他那样做。[笑声]尽管很少，但有时候他还是会这么做。但是我侄子有权拥有自己的信仰等。我只是觉得很遗憾，有人在抚养孩子时会教他们这些东西，因为孩子真的没有选择——或者这么说，我觉得对孩子来说，作选择更困难，因为长大后他必须放弃一些东西，而不是接受一些东西。不考虑自己的信仰对他来说是困难的，因为这是他童年学到的东西。

你为什么觉得丹麦人和瑞典人如此世俗或者不信教呢？如果你必须想出一些理由……

我们不总是这样，对吧？我的意思是，多年前人们还是信教的。
80 我不知道……我不知道为什么实际上……发生了什么。嗯……[停顿良久]可能我们大脑运转方式不同。可能我们吃了太多鱼肉或其他什么东西，我不知道[笑声]……不，我不知道。我不知道发生了什么事。

桑 尼

桑尼是我大女儿所在小学的代课老师。有一天，我向他谈及我的研究，他同意接受采访。除了是奥胡斯地区小学的一位随叫随到的代课老师外，桑尼还兼职做奥胡斯的小型电影和电视制作行业选角代理人。采访地点选在他的办公室，位于造船厂旁边的一座制作大楼里。那是圣诞节前几天，他的办公室里一片寂静，几乎空无一人。书桌后偌大的窗户外，海上的天空灰蒙蒙的，一片寂静。

桑尼给我冲了杯咖啡，接着我们开始交谈。桑尼今年31岁。他在距离奥胡斯南部大约一小时车程的小镇长大。他目前已经订婚了。在打开录音机之前，我们谈了一会儿电影。

你能跟我说说你的成长经历吗？比如你的兄弟姐妹们？

嗯，我有一个哥哥，我父亲实际上在我四岁时就去世了。

啊？发生了什么事？

他的肾脏出了一点问题——你们是怎么说的呢？——他的肾脏受到了一点感染，以至于其中一个肾衰竭了，于是另一个肾不得不更加努力运作以支撑身体，于是另一个肾也衰竭了，于是……

啊，真是太不容易了。

是的。当时他在军队里——他有一个演练任务，你懂的——天气实在太冷了，就在那时他受到了感染……

在你四岁时——哟。你母亲再婚了吗？

没有，她没有再结过婚。但是她有别的男人，是的。

那她做什么谋生？

是的，日子十分艰难，因为1970年代的丹麦，你知道的……妇女们不——不允许妇女工作，但这事并不常见，所以我母亲的工资非常非常低。这对男性和女性来说都是非常不公平的，因此她做一些清洁工作，也做一些——她在一家酒吧的厨房里做事，所以她有两份工作，有两个孩子。我们的生活不容易。他们告诉我说我们都不容易。

她因为丈夫去世得到过政府的任何救济吗？

呃……她确实得到了一些救济。我们国家有儿童津贴。但是没有其他额外补助，我认为是这样的。所以她必须，你知道的，确保自己能

81

付得起房租、我们上得起幼儿园，另外她必须拿到驾照，在没有钱的情况下买到车。

她努力和生活作斗争吗？

是的。

她现在还好吗？

嗯，还好。她最近刚买了一辆新车。[笑声]

嗯，如果可以的话，我们来谈一下宗教吧。

可以。但我还没完全准备好。

你是教会的一名纳税者吗？

是的。

告诉我原因。

你知道的，这个问题我问过自己很多遍。事实上，两周前新闻曾报道——如果选择退出教会，在30年内实际上你可以省下100万克朗。

从你的税额中省下吗？

是的，从你的税额里节省下来。税率因你所居住的国家不同而不同。我觉得税率最高是1.7，最低是0.4之类的。但是假如你的平均收入是25万丹麦克朗，那么在30年内，你就会省下100万克朗。将那100万放入你的养老金是相当不错的，因为钱会增值。你省下来的100万在30年里因为利息会变成400万。

这是新闻报道的吗？

是的。

那人们当时在谈论这事儿吗？

在。

你和你的未婚妻讨论过这事儿吗？

讨论过，但是我们那时就要结婚了，而且我女朋友想在教堂里结婚。现在我们有了一个孩子，我们想让她受洗，因此你知道的，这有点矛盾。

呃,或许在你给她施洗之后?

是的,那会儿我们就会退出教会。你知道的,15年来我一直在向教会纳税。我确实纳税了——并不是在欺骗或者怎么样。但是这有点矛盾,因为你想要得到教会提供的各种好处,但是你又不想纳税。你知道那是——尽管每个圣诞节我都会去教堂。

哦,是吗?

82

是的,实际上我们是在家里过圣诞节,但是那是——那里很舒适——去教堂是一个传统。并不是因为我信教——只是因为……

去教堂感觉很好?

是的。

那教会仪式怎么样?会发生什么?主要是唱歌还是也有布道呢?

也有布道,但是很低调。这很……"然后就是耶稣怎么怎么怎么说",接着我们会唱首歌,再接着"巴拉巴拉巴拉",有很多孩子也在,人们想回家吃圣诞烤鸭或别的东西。我觉得这只是表面现象……因为,正如你可能知道的那样,如果你在平常的周日去教堂,教堂里可能只有5个人或10个人。

平常的周日你去过教堂吗?

没,没有,从没去过。实际上,除了准备自己的坚信礼,我认为自己从未去过教堂……可能还有复活节的时候——是的。

那你会在教堂结婚吗?

会。

这主要是你妻子的意愿吗?我的意思是你会——或者说你自己也有一点这种意愿吗?

是的,你知道的,我结婚的照片将会在教堂,而非市政厅拍摄。实际上,这又是一个矛盾点。实际上我不相信婚姻。我也可以不结婚,但是当你结婚了，你就会得到某些权利。当你有了孩子，你不得不拥有那些权利，否则你——因为如果你突然去世了，你知道的，像我父亲那样——那么你需要那些权利……为了你的孩子和妻子。

你会说自己相信上帝吗？

不会……呃……但是微妙的是，我想要相信……我想相信世上存在某些更高的事物，某些比我们都高级的事物，但是所有理由都表明并不存在这类事物，而且我这辈子都没有这么肯定过一件事情。而且你知道的，我更偏向科学——我知道——我认为自己知道事情是如何开始的，而且我相信这一点。因此，我的信仰与"上帝是全能的"这一说法简直是一个相当大的矛盾。我认为上帝之所以存在，是因为当人们经历某些悲痛之事或者某些人们无法解释的事情时，他们就会编造出某种全能的东西以解释他们自己无法解释的事物。因为他们之前并不那么聪明，但现在我们更聪明，现在我们可以解释事物了。

你相信过上帝吗？甚至当你还是孩子的时候，你相信上帝吗？

是的，实际上当我祖母去世时，我经常祷告。我想那时我十岁。嗯……是的，我确实祷告了。但是我再次思考自己为何会那么做。当你处于悲伤的情绪之中，我觉得你会有点——你会靠近上帝，但是当你并未处在悲伤之中时，你就会忘记上帝的存在。如果我正经历某种创伤带来的悲痛，而且找不到她为何必须死去的原因时，我就会选择去相信上帝；因为没有答案，我就会开始相信某些事物……因为我自己没有答案。

你祖母信教吗？

不信教。

外祖父母呢？

不信教。

那你母亲信教吗？

不信教。

你父亲去世时,你母亲转而信仰宗教了吗?

没有,据我所知没有。虽然我觉得她本该如此选择。

如果转向宗教,会有所帮助吗?

是的。但是话说回来,如果家里没有任何传统,那就太奇怪了。也许我的外祖父母曾去过教堂什么的。

但这并不是她成长过程的一部分,是吗?

是的。

所以说,你母亲不信教,你的外祖父母也不信教,他们都不信教是吗?

是的。而且我父亲也不信教。

有趣,好的。

这真有趣,因为——我为何向上帝祷告? 当然,我曾去过教堂,实际上我去过主日学校。是的,我去过。

所以在某种程度上你听说……?

是的,是的,我听过,而且在学校的时候我被告知……在学校我们也有宗教信仰。

但是在什么时候你会说,"好吧,我绝对不相信这些东西"? 我的意思是,当你还是十几岁时,当你还处于20多岁时——什么时候你会说,"我就是不相信上帝的存在"?

我认为,实际上,我从未相信。并非因为我——我不记得我想过,"就是这样,他不存在"……但是故事很好。

故事很好,好吧。你有最喜欢的故事吗?

嗯……是的,是关于——我不知道你们用英语怎么说……撒玛利亚人……

"好撒玛利亚人"?

是的。我觉得那是一个好故事。是的,关于宗教的故事是这样的:即使我不信教,但是我所有的价值观都是基于宗教建立的。那么——用英语你把这些故事叫什么呢?

84 《圣经》故事?

嗯,因为那些《圣经》故事是我们所拥有的价值观的基础,也是我们制定法律的基础。这也是这些故事有趣的原因所在,因为里面讲述了很多关于社会的故事以及社会如何建立起来的故事。

是的,当然。而且——比如你在丹麦长大,你的父母并不那么信教,你的祖父母也不那么信教……这样是否表明没有人会真正思考这些事情?或者说其他孩子信教吗?你们在校园里是否会有这样的对话:"呃,你相信上帝吗?还是你不相信?"……还是说这些话题都不是你们生活的一部分?

实际上……嗯……如果相信上帝,你会有种被孤立的感觉——"你真奇怪,伙计,竟然相信上帝"。

好吧,相信上帝很不寻常吗?

是的,真的是这样。

所以你更属于典型人物吗?

是的,我是典型人物。

还记不记得在你们学校里有哪些孩子的确相信——告诉我一些故事吧?

实际上我们曾经——作为一个班集体——去过一所教会学校,在那里,我们不得不谈论宗教事宜……他们也必须向我们讲述上帝之事。

那时你几岁?

我觉得那时我们大概12岁,我们观看了一部关于耶稣之类的戏剧。我们,你知道的,我们嘲笑那部戏剧,因为——耶稣——相信这些事是多么愚蠢的一件事啊!我的意思是,故事是个好故事,是的,但是相信故事……这就像……我们还讨论过，两个学生和一个老师向我们讲述了这部戏剧及其含义……象征意义。然后我们就开始谈论上帝……"上帝创造了地球。"然后我们开始谈及，"但是我们都知道地球是如何产生的，并非上帝创造了地球，你们怎么能相信存在万能之神呢？"他们想出了一些答案，我们却嘲笑这些答案。实际上，这很卑鄙。

所以，你们多数人在嘲笑少数人？

嗯，是的……"耶稣爱人类"。[笑声]

当你说我们知道地球或者世界是如何被创造出来的——这是怎么回事？你的回答是什么？

你知道的，伴随着宇宙大爆炸和太阳系的出现，地球诞生了。

好吧，现在如果有人问你，"是什么创造了宇宙大爆炸"，你会说什么？

实际上我有——我的答案是，我觉得我相信宇宙膨胀、内爆，这就是爆炸。

但是宇宙是从何而来的呢——在最初的时候？

85

是的……这个问题我们……你知道存在理论吧，即世界上存在着其他宇宙。我有一个疯狂的猜想，并非因为我相信这个猜想，只是一种理论。因为如果原子的核心稳定，周围就会有某些电子环绕其运行。这是关于太阳系的一个事实，而且如果你看到银河系——银河系的形成，也是以同样的方式。因此，如果有其他宇宙，存在其他我们不知道的宇宙，围绕着其他宇宙旋转，那么实际上，你——你知道的，太阳系中就存在着行星，它们是卫星。它们环绕运行。不过，这会很有趣。

这就是模式吗？

是的。

比起相信上帝，你更愿意相信这一猜想吗？

是的，如果必须做出选择，我会选择这一猜想。

有些人可能会问——如果我们只是围绕另一个宇宙旋转的原子，围绕另一个宇宙旋转——那么这一切的意义是什么？你想过这个问题吗？

嗯，是的，想过。我认为在某些事情上，每个人都是哲学家。嗯……但是我不认为生命存在意义。没有意义就是意义所在。我认为这一切的意义是为了你自己。我必须用我所坚守的价值观来创造生命的意义。而且我觉得家庭就是生命的意义所在。你知道的，实际上这非常简单，去获得——吃饱喝足，去生孩子。

吃饱喝足，去生孩子？

就像——苍蝇——小苍蝇，你懂的。用英语怎么说呢？叫作"一日苍蝇"，你知道的——它们的寿命只有24小时。有一种南美苍蝇的寿命只有24小时——不，实际上是48小时，但是大家称其为一日苍蝇，因为它来到地球上，从蛹、卵中获得生命，而且它——它由母苍蝇喂食，接着它开始飞翔，获取更多食物，然后它和异性苍蝇交配，产卵，然后死去。雌蝇比雄蝇的寿命长1到2小时，产卵后会死去。接着下一代又开始了48小时的世界之旅。真是太神奇了……我认为这就是生命的意义所在。

那你认为你觉得我们身体内有灵魂或者灵性吗？还是你觉得我们只有躯体？

我真的希望我们有灵魂……嗯……因为我无法想象死了之后，我就离开了这个世界……嗖地一下就离开了。但是有时候你会觉得自己有前世……嗯……实际上我最近刚刚学习驾驶并拿到了驾照……对我这个年纪来说，这事并不寻常……嗯……第一次开车时，我觉得很容易。我的意思是，我只是和我的教练交流过，然后我们就出发了……在某种程度上我觉得自己以前开过车。真奇怪，这真的很奇怪。你看这

些人都觉得他们可以看到过去,看见未来,但是实际上——曾经有一个
节目,我知道这只是一个节目,而且你不相信你所看到的一切——但是 86
有个节目会催眠你,让你感觉回到过去的生活。这个女人,我现在认识
她——但在这个节目之前我并不认识她——她向我详细描绘了在法国
的生活:她住在一个小城市里,那里有一座城堡、一条河流、一片森林和
一块墓地,当地教堂和市政厅是用一块块石头搭建起来的,你知道的,
而且她的描述——非常非常详细。后来她去了那里——她之前从未去
过那座城市,而那里的生活就和她在催眠状态描述的一模一样。真神
奇啊。

所以你觉得可能存在……?

我不认为我相信——我认为我必须亲身经历才会相信——但是我
想去相信。

吉 特

我和吉特之间的联系在于她的丈夫马丁。他是我在奥胡斯大学
的同事。五月的一个晚上,我开车驶往他们在市郊的家。马丁不在
家——和他的摇滚乐队演奏音乐去了。他们的两个孩子已进入梦乡,
因此房间里一片安静祥和的氛围,客厅里弥漫着花草和茶的香气。我
之前从未见过吉特,但是我们很投缘。我们的对话以马丁、他的研究、
他们的孩子、我新出生的婴儿等话题开始。吉特今年40岁,在奥胡斯长
大。她是一名幼儿园教师。采访以询问她的成长经历作为开端。

大概在25年前,我母亲去世了,她是一名护士。我父亲今年67岁,
是一位印刷工,现在已经退休了。

你父母的家乡都在奥胡斯附近吗?

不,他们都来自海湾的一个小岛——萨姆斯岛。你说你去过

那里?

是的。我想这是我所去过的丹麦各地中最喜欢的一个地方。你对你的(外)祖父母们了解多少?你知道他们是做什么的吗?他们来自哪里?

嗯,知道。我母亲的双亲都是农民,而且外祖父还——我不知道英文单词是什么,但是我可以解释给你听。比如,如果农民们对农业生产有疑问——他不是医生,但他会走过去说:"这头母牛很适合生小奶牛,这头公牛也适合交配。"对玉米,不同品种的玉米,他也是这样。我的外祖父就是这样一个农民顾问和指导员。

好的,这是你母亲那边的情况。那你父亲那边……?

我的祖父经营过一个农场,但是因为战争,农场遭到毁坏。在接下来七年里,祖父做过好几份不同的工作——在萨姆斯岛,他们也住过好几个不同的地方。后来他去世了,我的祖母——她继续在学校做清洁工之类的工作。

你知道你的(外)祖父母们——我的意思是——他们中有人是信徒吗?

我唯一知道的是我的外祖父。他是一个非信徒,但他又是国家教会的一员。他经常跟我说,年轻的时候,他的祖母居住在丹麦西部,那里的人是非常虔诚的信徒。他还常常说他——他——很抱歉,我已经很多年不讲英语了。他招待他的祖母——因为他祖母说:"当我死去,我要去上帝那里,上帝会照顾我。"他经常这样对我说。大概90岁时,我的外祖父去世了。在人生的最后几年里,他常常对我说:"我非常佩服她,会相信上帝,因为现在我很想像她那么做。"

但是——他那么做了吗?

不,他没有。

那你了解他妻子的情况吗?她是信徒吗?

我不知道。

跟我说说你父母吧。他们是信徒吗？

嗯……我不确定。我觉得他们不是信徒。他们可能和大多数丹麦人一样——是国家教会的成员。我母亲去世的时候——是的，23年前——我父亲开始去教堂。并非每周日都会去，大概一个月一次这样子。

去教堂的次数比你母亲在世时多吗？

是的，而且时间可能持续了一年还是两年——然后他又不去了。

你曾问过你父母，他们是否相信上帝吗？

没有。

从未进行过此类对话吗？

或许在我小的时候有过，但是我都不记得了——不管是问题还是答案。而且我对这个问题或许从未如此感兴趣。例如，我父母从未去过教堂，我也从未——我知道有些人他们——每天晚上睡觉前都会向上帝祷告，并以同样的方式教育孩子。但我父母从来没有教我祷告过。当我还是一个小女孩，大概六七岁的时候，我的曾祖母去世了，我从她那里得到了一本用玻璃制成的小书，书上印有祷告文。因为对阅读感兴趣，所以我学习了这篇祷告文。

88

嗯，好吧，我明白了。

但是他们依然是在教堂里结的婚，我是基督徒，我哥哥也是基督徒。

能否冒昧问一下，你母亲是因病去世还是死于意外？

不是意外，她病了，得了癌症。

好吧，所以她知道她会死？

是的，她是个护士，所以她当然知道。

情况怎么样？她还好吗？还是——我是说，你从未见过她求助于上帝或祷告吗？

是的，从未见过。

所以，她是在没有宗教信仰的情况下面对死亡的吗？

是的。

你说你父亲后来去了教堂，可能是？

是的，但是后来——现在我仔细一想——也许他只是在寻找着什么，但是并没有找到自己想要的东西，或许是这样。

我很好奇——你的父母，也许还有你是如何面对死亡的，在不认为——你不认为你的母亲会去上帝那里——你是怎么想的？

我不知道我是怎么想的。我认为这真的是坏运气，［紧张的笑声］为什么这事会发生在我们身上？为什么不是其他人呢？但我不责怪任何人——我不责怪上帝或其他什么。这就像"好吧，厄运不总是会找上邻居，有时候也会找上你"。

你会称自己为信徒吗？

不会。我不是信徒。但是我仍然是国家教会的成员，我们的孩子也曾在教堂受洗。

好吧，那你会称自己为无神论者吗？

不会。［笑声］我也不知道原因。如果我是无神论者，我觉得我一定会拒绝加入国家教会。对我来说——当你离开一个集体或——不是集体，而是——我该如何解释呢？我不相信上帝，但是对我来说——我希望教堂可以保留下来，将它好好保留下来，这样如果人们想去教堂就可以去，也是为了保护文化而保留教堂。

嗯，好吧。所以你觉得如果称自己为无神论者，自己需要离开教会？

是的。

但是即使你不相信上帝，你依然赞同这一观点——国家教会的设立是为了人民和……

是的,而且我觉得教会属于丹麦的一种文化。另一个原因在于——当我的孩子们——我不知道你们怎么说——就是可以受坚信礼的时候,我可以和他们一起在教堂里见证这一过程。

89

所以你希望你的孩子们这么做?

嗯,我是这么认为的,尤其是我的儿子。他现在11岁,他告诉我们他想要接受坚信礼。

你为何想让——我的意思是,如果你不相信上帝,你父母也不相信上帝,甚至你的祖父母们也不相信上帝,那么受坚信礼对你来说意义何在? 你为何想让你儿子通过受坚信礼来证明他相信上帝呢?

是的,很奇怪……[笑声]

对于丹麦人来说,这似乎是一个非常重要的传统。

是的……我自己也接受了坚信礼。也许在那个时候——我相信上帝。是的,我想当我10岁还是12岁的时候——在某种程度上我是相信上帝的,是的。

你还记得祷告或……之类的活动吗?

嗯,我记得。上床睡觉时——我自己作祷告——祷告自己和这个人或那个人成为好朋友——是的。这种状态好像维持了半年或者一年,差不多是这样。

你从什么时候开始真正意识到自己并不相信上帝? 我是说,你还记得吗,是你十几岁还是二十几岁的时候呢?

不,我不记得了。

你不记得什么时候了?

是的。我只记得早些时候,在我真正——也许我曾希望自己相信上帝,但是失败了。

你的孩子放学回家后是否曾问过你:"你相信上帝吗?"

或者……?

没有。

你们还没进行过此类对话吗?

没有。我们有时会讨论这个问题,我们八岁的女儿苏菲有时会说:"我不知道我是否相信耶稣或佛陀。"当然这也是因为马丁的工作与此有关(马丁研究佛教)。我们不讨论自己的个人观点,而是更多地讨论不同种类的宗教。也因为拉斯穆斯将要和两个穆斯林一起上学,所以他会问这是什么、那是什么,我们试图向他解释……所以我认为他们知道很多不同的宗教,但并非个人观点——更多是从理论上了解到的。

在星期天,你通常会做什么?

周日,我的安排通常是这样:吃一顿丰盛的早餐,阅读报纸。我们哪儿也不去,只是待在这里,孩子们到处玩耍……我们就放松自己。

好吧。那么我猜,你会觉得自己因为不信教而错过了什么吗?

不会。

这是你生命中的一个缺憾吗?

不是。有时候我在想如果未来我变老且感觉很孤独,那么我可能会转向宗教寻求慰藉——或许能给予我某些慰藉,是的。

90

• • •

之前(回到第二章),我注意到许多社会科学家将信仰宗教视作某种自然而然或与生俱来的行为。他们认为所有人都有基本的、不可改变的宗教需求。我反驳这一观点,像丹麦和瑞典这样的社会尽管属于罕见现象,但它们的存在表明情况并非总是那样。这一观点经得起反复检验。当戴维·海表明宗教是"生物学上的自然现象","植根于我们思想中"[2]时,当罗伯特·贝拉断言宗教是"人类生命"的一部分,对个人自我定义十分重要时[3]，我们必须将莱娜、桑尼、吉特这样的人牢记于心。宗教远远不能对他们的自我定义产生至关重要的影响，对于他们的自我意识来说，跟宗教有关的忧虑、概念、意识形态、活动参与度以及宗教信仰都只是相当边缘的考虑因素。怀疑论者也许很容易声称，莱娜、桑尼和吉特身上存在某种异常、另类或者其他不自然的特征，导致他们明显有世俗化特点。但是，考虑到这些人在他们国家的文化里完全**不奇怪**，而是数百万同胞的看法和观点的典型代表，那么维持这一立场就显得很困难。当你想象在这样的现代社会中，数百万的人们对宗教漠不关心，通常对上帝也不感兴趣，把信仰宗教理解为人类某种与生俱来的行为就是十分困难的。迫使世界上大多数人选择信仰宗教的原因，一定与某种文化、社会、政治、心理、情感、经济或哲学等因素有关。但原因显然不可能是"天生的"或"自然而然的"。没有上帝的社会可能只不过是一种罕见、不寻常或非典型的文化现象——人类文明的银幕上转瞬即逝的一幕——但他们的存在对任何假定宗教对人类必不可少、与生俱来或者广泛适用的理论都构成了强有力的挑战。齐格蒙特·鲍曼一针见血地指出："在人类普遍的困境中，宗教'与生俱来'或'自然'存在这一点……还未得到证实。"[4]

我想以莱娜、桑尼以及吉特的一些具体观点来结束本章。　91

首先，在与莱娜和桑尼交谈之后，让我印象深刻的是，虽然都是非信徒，但他们似乎都对超自然现象存在的可能性持开放态度。莱娜谈到了她的一位房子闹鬼的好朋友（顺便说一下，后来我采访了这个朋友并了解到所有可怕的细节）。桑尼提到自己观看一个电视节目的经历，节目中一个女人能够详细描述前世的某些细节。虽然对这个节目的说法仍持怀疑态度，但他似乎也对这件事是否属实持开放性态度。我采访的大多数人不相信宗教或者没有经历过任何超自然现象，但还是有很多人相信——甚至包括那些或多或少不信教的人。例如，一位女士告诉我,在她男朋友的祖母的葬礼上,他们正唱着她最喜欢的一首关于蝴蝶的歌,就在那时,一只蝴蝶飞了进来,绕着教堂飞来飞去。另一个女人告诉我,在十几岁时,一天晚上,她和一个朋友在墓地里喝伏特加酒时,看到有两个幽灵(没有腿的男人)飘过。一位女士告诉我,十几岁时,就在她的母亲因癌症在家附近的医院病逝时,独自待在自己房间里的她经历了一种奇怪的黑暗。一位男士告诉我,他的母亲肯定她曾经见过天使。另一位女士告诉我,她的一位密友在一次划船事故中丧生。葬礼几周后的一天,她强烈地感觉死去的密友就在身边,不知怎地她好像听到了他的声音,告诉她一切都很好。还有一位女士告诉我,母亲临死前,她就在母亲的床边;在她死去的那一刻,她看到她的身体里出现一道光,向上升起。还有个人给我讲过一个美妙的故事:在一个寒冷的冬夜,他牵着狗去散步。突然他停了下来,抬头望向月亮,看见月亮被一圈圈奇怪而美丽的云雾笼罩着,那时他强烈感受到存在"某种东西"。

所有例子的意义仅仅是要表明,尽管丹麦和瑞典属于没有强烈宗教信仰的社会,尽管丹麦人和瑞典人都受过良好的教育,充满理性且多疑,但他们并没有对这个世界不再抱有任何幻想。鬼魂之类的东西并没有从斯堪的纳维亚文化中完全消失。然而,围绕超自然现象的谈话几乎完全脱离了传统的宗教世界观。我采访过的有点相信超自然现象或有所经历的人,大多数不认为他们的经历与上帝有任何关系,这种经历也不会让他们产生任何"宗教"感。他们称这些经历为有趣的、感人的或难忘的,把这些经历界定为世上存在"其他东西"的例子,但很少把这些经历描述为促使他们更加信奉基督教或更认真地看待上帝存在可能性的原因。

上述采访中第二个值得注意的细节是,桑尼和吉特都说他们小时候祷告过,在某种程度上相信上帝。桑尼记得,10岁时祖母离世,之后他经常祷告。吉特回忆说,12岁左右时,她也曾祷告过一段时间。我之所以强调这一点，是因为他们小时候会祷告以及/或者相信上帝这一情况，实际上在我采访过的许多人中是相当普遍的现象。我采访的大多数人几乎都说了同样的话：童年某个时候，他们尝试着相信上帝、尝试祷告。有时他们向上帝祷告，祈求上帝帮助他们赢得女孩的芳心；有时他们为刚去世的祖父或祖母祷告；有时他们向上帝祷告的理由是"只是因为"。几乎每个人都说，这个信仰宗教的阶段并没有持续很长时间，最终失去对上帝和祷告的信仰只是时间问题。每当人们告诉我他们小时候信仰上帝时，我总是想听他们是如何失去信仰的。但我很少听到这类故事。几乎没有人能叙述出他们信仰破灭的戏剧性时刻。很少有人能回忆起某些特定的事件或特定的事例，这些事件或事例导致他们成为非信徒。没有人能举出自己因读过某一本书，或学过一些历史或科学的知识，或受到老师或朋友的影响而放弃宗教信仰的例子。相反，我一次又一次听到的是，他们对上帝的信仰只是随着年龄的增长而消逝了，并没有艰难曲折，也不值得大惊小怪。哥本哈根的蒂厄和奥胡斯的西丽兹是这方面的典型代表。当我问62岁的退休店员蒂厄，他如何失去了童年对上帝的信仰时，他回答说：

就这么失去了。

当我问他是否有决定性的因素促使他转变为一个不信教的人时，他努力思考了一会儿，然后说：

常识。

53岁的艺术家西丽兹经营着一家提供住宿加早餐的旅馆。她说自己小时候信仰上帝，但成年后一直觉得自己是无神论者。我问她是什么时候成为无神论者的，她回答说：

93

长大后。

然后我问她是否发生了什么特别的事情让她放弃了信仰。她的回答是：

你会成熟起来，开始思考事情。

宗教信仰在某种程度上是幼稚的，虔诚的祷告是只有孩子才会做的事情。信仰上帝只是一个人在童年时会涉猎的东西，当一个人长大成人后，最终会从这种信仰中成长起来。这种观念会让大多数美国人觉得极其不快。但对数以百万计的斯堪的纳维亚人来说，情况就是这样。

94

第五章

世俗化状态

在我的世界里，我不认识任何有宗教信仰的人。

————布里特，37岁，在斯德哥尔摩的一家唱片公司工作

世俗化是什么意思？"世俗的"这个词到底意味着什么？词典上给出了各种各样的定义，包括"世界的或与世界有关的""世间万物而不是精神的""与宗教无关的""并未公开或明确表示信仰宗教的""与宗教没有任何关系的"，等等。与其他形容词一样，人们找不到一个大家共同认可的意思，这个意思可以表达出其单一、明确或绝对的含义。相反，其意思十分模糊不清，并且会随着时间变化以及语境不同而变化。但是一般来说，当我们提到某事物是世俗的之时——不管是指人、歌曲还是政府——基本上我们都是指它不具有宗教性。那么，"有宗教信仰的"是什么意思呢？委婉地说，这个问题的答案有很多。成千上万篇文章、成千上万本书籍的主题都与信仰宗教意味着什么有关。令人印象深刻的是，大量杂志和学术期刊都致力于研究宗教信仰。世界上有成千上万所学院和大学都设有专门的部门和研究所，研究对象包括宗教界人士、宗教习俗、宗教经文和宗教史等。总而言之，人们无数次

挥洒笔墨或敲打键盘,来描述并解释信教的含义。

但是那些不信教的人又如何呢? 他们被严重忽视了。正如本杰明·拜特-哈拉米所意识到的,"那些对现代人类科学有重大影响的人一直专注于解释宗教现象和宗教虔诚。所有有关宗教信仰缺失的解释对他们来说都不重要"[1]。正如塔拉勒·阿萨德所指出的,社会科学家们"几乎都没有注意到'世俗的'这一概念"[2]。我没听过有哪一家学术期刊专门研究世俗性。关于世俗化的书籍显然寥寥无几。[3]据我所知,全美只有一个研究世俗主义的研究所,那就是位于康涅狄格州三一学院的社会与文化世俗主义研究所。但该研究所2005年才成立。

事实上,如果说人类社会中有哪一块领域被社会科学家们忽视了或者研究得不够充分,那就是世俗化这一块。与许多美国人的想法相反,他们觉得"块"(chunk)是一个合适的术语,可以用来表示当今在世的世俗者或至少是非信徒的人数。几年前,为了确定世界上到底有多少无神论者和不可知论者,我仔细查阅了能够找到的尽可能多的关于人们宗教信仰——或缺乏宗教信仰——的国际调查。在汇总完每个国家的数据后,我得出的判断是,当今世界上无神论者、不可知论者或非信徒人数大约为5亿到7.5亿。[4]这些数字意味着非信徒人数大约是摩门教徒的58倍,犹太教徒的41倍,锡克教徒的35倍,佛教徒的2倍。在全球普遍信仰体系排名中,"不信仰上帝者"这一群体的人数实际上位居第4,仅次于基督教(20亿人)、伊斯兰教(12亿人)和印度教(9亿人)。这是人类社会中的一大块领域。

可以肯定的是,关于世俗化的文章有很多[5],描述了宗教弱化、宗教衰落或失去霸权地位或公共意义的历史进程。多年来,许多学者一直在激烈地讨论世俗化这一话题。尽管在此主题上有那么多书籍和文章,但所有的这些——至少我所知道的——本质上通常是理论化的或者广泛意义上是基于历史的,并没有检验万千不信教的男男女女当下所过的世俗生活，或者说他们没有检验不信教人群之间世俗世界观的细微差别。当然，也有很多书在论战中主张世俗主义胜过宗教信仰，比如萨姆·哈里斯、理查德·道金斯和克里斯托弗·希钦斯最近出版的畅销书。[6]但是我要再次说明，以上这些并非关于世俗生活或世俗之人本身的书籍。事实上，很少有研究只是试图描述以及理解过着没有宗教信仰生活的男男女女，这真令人震惊。世俗文化、世俗的生活方式、死亡、性、政治、爱情、抚养孩子、政府等等，以及各种各样的世俗经验都被社会科学所忽视。为什么不信教的人受到如此忽视呢？考虑到世界　96上大多数人都有宗教信仰，这难道不会使人们更迫切希望研究世俗化男女吗？既然大多数社会的人都自称拥有强烈的宗教信仰，研究那些并没有多少强烈宗教信仰的成员所在的社会不就变得更有必要了吗？

· · ·

在斯堪的纳维亚生活之前，我相当了解那里的宗教信仰程度较低。我钻研过许多著作，也熟悉已发表的调查所揭示的结果：有这么多百分比的人相信或不相信这个或那个，有这么多百分比的人一个月一次都不去教堂，等等。但是，如果我把对斯堪的纳维亚缺乏宗教信仰的研究限定于阅读这样的文章和调查，就会错过很多信息。正如前面一章所述，调查结果只能告诉我们这么多而已。它们可以为我们提供信息——当然是有用的信息——的快速写照，但这些信息通常只是对特定人群各个方面匆匆而局部的一瞥。相比统计调查能揭示出的关于世俗化的含义，作人种志研究，也就是和我试图研究的人们一起生活，以及通过过去一年和尽可能多的人进行面对面、深入的采访，我能够得到更丰富、更微妙以及更清楚的了解，了解到在一个相对世俗的文化里，世俗化意味着什么。

通过定性研究，我最终在斯堪的纳维亚"发现"了之前从未想过或预料到的有关信教和不信教的信息。他们的世俗性有那么多有趣和引人注目的地方，这是我之前从未考虑过、从未经历过、从未思考过的，甚至从未真正知道有这种可能——直到作了这一研究。

在这一章，我想勾勒并呈现斯堪的纳维亚世俗化的三个具体方面。我将第一个方面称为"不情愿/沉默"，将第二个称为"和善的冷漠"，将第三个称为"彻底的忽视"。之所以呈现这些材料，有两个原因。第一，我只是想证明世俗性不止有一种形式；世俗性形形色色、程度不一，正如宗教的虔诚也形形色色、程度不一。[7]第二，我试图清楚说明斯堪的纳维亚社会的某些部分在多大程度上可能是世俗的。

不情愿/沉默

与丹麦人和瑞典人相处时，我所感受到的他们对宗教最常见的倾向是不情愿/沉默寡言。人们常常不愿意与我谈论宗教，或很犹豫，即使同意这样做，他们通常也很少就这个问题发表意见。沉默是最常见的反应。你可能还记得，我在前面几章开头就已经提到过这种不愿谈论宗教的态度，记得对我来说要找到愿意坐下来和我谈论这个话题的人是多么困难。

但我不是唯一一个有过这种经历的人。

只要问问丹麦国家教会就知道了。

2003年，丹麦国家教会决定举办一次周末静修。想法是让来自全国各地的人们在一个周末聚在一起，花一两天时间讨论丹麦的教会和宗教状况：人们对教会的看法如何？他们喜欢什么？他们有什么问题？还有什么可以改进的？宗教的哪些方面对他们来说是重要的？就是类似这样的话题。周末静修活动费用全包（安排交通和膳食），静修地点特意选在国家的中心地带，以便所有受邀之人尽可能都感到方便。教会向从全国范围内随机挑选出的6 000名男女发出了邀请。这些人是随机挑选的，这一点在社会学上具有重要意义，因为这意味着收集到了一个真正具有代表性的丹麦社会样本。邀请函发出后，几乎没有人登记报名。国家教会非常担心参加的人太少，于是随后在各大报纸上刊登广告，公开邀请任何想参加的人参加。最终，静修活动确实举行了，但只有80人参加。在6 000名受邀者，再加上数千名通过晨报上的活动广告非正式受邀之人中，只有80人愿意在周末花时间讨论教会的状况、讨论宗教在他们社会中所起的作用。在6 000名受邀者中，有80人参加，我们得到大约1%的回复率。这清楚地说明当代丹麦人对宗教和教会事务兴趣极低，或者至少说明他们十分不愿意花大量的空闲时间去思考以及与他人谈论宗教事务。

98

　　这也正是我所发现的。即使他们克服了最初的不情愿，我也说服了他们接受采访，但采访一旦开始，宗教的话题很少能引发深入的谈话、强烈的观点、有趣的细节、个人的不满、独特的忏悔，也很少能带来深思熟虑的辩论、戏剧性的故事，或启发性的沉思。对于这个话题，与我交谈过的大多数人几乎没什么可说的。对许多甚至大多数当代丹麦人和瑞典人来说，宗教并不是人们会讨论或分析的话题，并不是人们会辩论或揭穿的话题，也并非人们会抵制或害怕的东西。相反，它是完全不同的东西：**一个非话题**（non-topic）。当人们不把宗教当成现代社会重要部分中的一个话题时，我们面对的是一个非同寻常的社会现实：世俗，出类拔萃的世俗。

　　当然，很有可能我经常遇到的不情愿/沉默状况并不一定是深层的文化世俗性的结果。它可能是由于另外两个因素所致，第一个因素是语言，第二个因素是宗教在丹麦和瑞典文化中被认为是"私人事务"。

　　在语言方面，我所有的采访几乎都是用英语进行的。这一点自然使我采访的斯堪的纳维亚人在语言上处于劣势地位；他们无法像用母语接受采访那样清楚、自在、生动地表达自己的观点。我在研究中所遇到的受访者对宗教话题的沉默态度，一部分原因很可能在于人们觉得自己用英语表达想法的能力较差。在宗教问题上，这一点尤其可信，因为这是一个涉及哲学和存在主义的话题，涉及微妙的含义、个人情感和细微的区别，如果没有充足的词汇量，任何人都会在交谈中处于不利地位。然而，我所经历的沉默并不能完全归因于语言因素。我之所以这么说有以下几个原因。首先，我采访的大多数人都能说一口流利的英语，能够自如地、生动地与我谈论其他话题，包括政治、童年、教育、工作、税收、性、性别角色、移民等。然而，每当提到宗教时，我注意到始终会出现明显的沉默，这种沉默在我们讨论其他话题或问题时并没有那么明显。其次，我用丹麦语进行了12次采访，请研究生或同事担任翻译。几乎在所有的这些采访中，每当提到宗教这一话题，他们的沉默就显而易见。例如，在奥尔堡市的一所老年之家，我在一名翻译的帮助下采访了几位丹麦老人，采访时关于宗教的讨论几乎没有得到什么回应——只有几句"是"和"不是"，真的。没有回应对我（和我的译员）来说很尴尬，因为无论怎么努力，我都无法让他们多说些什么。最后，有一次，我问他们为什么对宗教这个话题几乎无话可说时，其中一个年长的男人说："因为这是在胡说八道。"我希望他能解释一下："是说宗教是胡说八道，还是谈论宗教是胡说八道？""两方面都有。"他简单抱怨道。第三，在某个学期，我和八名大学生一起主持了一个关于世俗主义的研讨会。我要求他们就宗教身份（或没有宗教身份）对几个人进行采访。采访的对象都是丹麦人，并用丹麦语交流。但是学生们也汇报说，让这些人谈论宗教是多么困难，他们在这个问题上几乎没有什么要说的。最后，对于语言因素可能是导致沉默的原因这一点，我不是唯一一个发现斯堪的纳维亚人在宗教问题上并不健谈的人。1971年，丹麦社会学家佩尔·萨洛蒙森出版了一本书,此书依据的研究与我所作的研究相似:关于宗教身份所进行的面对面的深入采访。[8]萨洛蒙森的采访用语是丹麦语,但他仍然发现采访的男性和女性存在着类似的沉默现象。他用来描述丹麦人讨论常见宗教问题的词语包括"词不达意"和"含糊不清",并在研究的英文摘要最后指出:"对于宗教话题,受访者普遍交流较少,所提供的信息也少。"[9]

简而言之,用英语采访那些人这一点,不论是在采访质量还是采访时长上都势必对采访有影响。但我不认为这是人们不愿与我谈论宗教的唯一原因甚至是主要原因,我也不认为这是采访一旦开始,人们就保持沉默的唯一原因甚至是主要原因。

在试图解释为什么那么多人对宗教几乎无话可说,而且常常不愿意接受我的采访时,第二个可能要考虑的因素是,大多数丹麦人和瑞典人认为宗教是属于个人的、私密的问题。在一年的研究中,人们一次又一次地告诉我:宗教是一件非常私人的、私密的事情。我采访过的其中一位牧师是36岁的约库姆,他是奥胡斯郊外一个小村庄里一个小教会的首领。他这样说:

在丹麦,"上帝"一词是人们说出口的最尴尬的词语之一。你宁愿光着身子走遍全城,也不愿意谈论上帝。

里克今年57岁,是一位来自奥胡斯的社会工作者,已退休。她说:

丹麦人非常开放。你可以谈论性,也可以谈论很多其他问题。但是每当说到信仰时,我们从不会谈论。即使是和非常好的朋友,你也很少和他们分享这些东西。我觉得这有点好笑,但我认为这是非常私密的问题。

汉斯和特赖因今年都40出头。两人结婚了,有两个女儿,住在奥胡斯最好的社区之一。他们都说自己不信教,当我问他们在这方面是否具有代表性时,特赖因答道:

100

我认为我非常具有代表性,但实际上,我真的回答不了这个问题,因为——这不是你谈论的事情。我认为对于丹麦人来说,比起谈论宗教,谈论爱和性更容易。这个问题——这个问题有点私密,不是吗?

汉斯:是的,没有词语可以形容它,我的意思是——

特赖因:我们没有语言可以用来描述这一话题——谈论这一话题并不常见。这不是你们讨论的问题。我认为人们对宗教都有自己的看法,这是一件非常私密的事情。人们并不会讨论这个话题。

我问汉斯他的祖父母是否信教,他回答说:

我不知道。但是他们会去教堂。不是每个星期天都去,但是每隔一周的星期天就会去,类似这样。

你说你"不知道"——这是因为你真的不太了解他们,还是因为你们没有谈论过宗教?

我们从未讨论过宗教。我非常了解他们。但宗教从来就不是对话的主题。不。我很容易就可以和他们谈论性。我的意思是,我和他们非常亲近——但宗教不是一个可以讨论的话题——对我来说,和他们讨论宗教是很奇怪的。我和外祖父的关系非常亲密,我们讨论过很多事情,但我们从未讨论过宗教。

鉴于约库姆、里克、特赖因和汉斯的这些说法,以及和我交谈过的其他许多人表达出的类似情绪,毫无疑问,在斯堪的纳维亚社会,宗教并不是人们经常谈论的话题。大多数人告诉我,他们从未与祖父母讨论过宗教,不记得曾与父母讨论过宗教,也很少或从未与朋友、同事、恋人或配偶讨论过宗教。因此,以上结论就更加显而易见。但是,对于宗教是一件非常私密的事情这一一直以来的主张,又怎么说呢?在进行了数月采访后,我开始质疑,并且开始怀疑这种说法。而且采访的人越101 多,我就越怀疑。毕竟,在丹麦和瑞典文化中,坚持"宗教属于私事"实际上意味着,人们内心深处**的确**有宗教信仰,只是并不公开这一事实而且不喜欢和别人讨论这一话题。这一观点由丹麦的一位主教扬·林哈特提出，他曾将丹麦人及其宗教信仰比作彩票：也许光看表面，你看不到过多的虔诚性，但只要稍微往深处探寻，你就会发现他们有一颗信仰宗教的心，藏在世俗主义的外衣之下。

我花了一年探寻。探寻，探寻，我一直在探寻。

我发现宗教并不算特别私人的话题，而是一件**无足轻重之事**（non-issue）。在我看来，大多数人在回答我的许多宗教问题时表现出的沉默，并不是因为宗教这一话题过于私密。相反，它似乎源于人们对宗教问题基本不感兴趣或者完全不曾思考过。我是怎么知道这一点的呢？一个重要的指标是肢体语言和整体的行为举止。和受访者交流时，我很少感受到他们的紧张（那种带着防备感的紧张）——在提及私人或个人问题时通常会有这种感觉。更典型的感受更类似于**舒适的空白**（comfortable blankness）之类的。我的意思是，当我提到这个话题时，大多数人似乎都很自在——不紧张、不尴尬，也没有防备——而且回答我的问题时通常都很开放。他们只是没有太多话可说。他们倾向于脑中一片空白。

让我以24岁的梅特为例，她在我小女儿上的幼儿园做助教/日托人员。采访地点安排在大学的一家咖啡馆。采访以谈论她的工作开头——她有很多话要说。她谈到了我的女儿、幼儿园里的其他孩子、其他孩子的父母、其他老师等等。然后我们谈到了她的男朋友——一名卡车司机——以及他的民族主义政治情结。我们也谈了会儿移民以及她对于丹麦社会存在的种族主义的看法（她觉得外来移民往往比丹麦人更具有种族歧视倾向，这种看法可能是源于最近她和几个男性移民在迪斯科舞厅有过不愉快的经历）。我们还谈到她祖母最近去世一事。在这部分采访过程中，梅特是个深思熟虑、活泼、相当活跃的交谈者，其间还用逸事和观点对她的叙述做出补充。但到了讨论宗教的时候，气

氛就变得十分安静。她明显变得沉默寡言。几乎可以说是感觉很无
102 聊。这并不是说她谈到宗教和自己（个人）的宗教信仰时会感到紧张或
尴尬。更确切地说，这就好像谈论的话题突然——不幸地——转向纸
箱的价格。我小心翼翼地问她问题，但她的回答十分简洁且毫无活力，
至少和之前的话题相比是这样。我问她，在成长过程中，她自己或父母
是否去过教堂。

没有。

那在你成长过程中，你父母提过宗教吗？他们会教导你要相信上
帝吗？

不，他们从来没有跟我说过——存在上帝这回事。当然，当然，
当你还是个孩子时，你听说过上帝的存在……但是他们从来没有那样
说过。

这不是你生活中重要的一部分吗？

不，不，不是，不是。

那么——人们会更多地谈论体育吗？

是的。

当你祖母去世时，你或者你的父母有没有转向宗教以寻求……？

没有，没有。

你跟你父母谈过这个吗？比如——上帝是否存在之类的话题？

没有。

那你的朋友们呢，你有没有和他们谈论过上帝或者……？

完全没有。

你觉得丹麦人为什么对宗教不感兴趣呢？

我不知道，因为……我们不在乎。

接下来的20分钟左右，采访基本上都是这个主题、这种语气：简短
的回答，没有过多阐述、思考或考虑。当然也没有逸事或任何强烈的观

点要表达。只是有点沉默,但这种沉默显得很自在。

简而言之,尽管在采访时我经常感受到的这种不情愿/沉默可能与必须用英语对话有关,而且似乎解释为"在丹麦和瑞典的文化中,人们认为宗教是一件非常私人的事情"也是合理的,但我认为还有一些其他因素,其他一些潜在的文化因素:赤裸裸的世俗性。我怀疑,许多人之所以沉默是因为宗教是他们文化中处于边缘的一部分,是他们日常生活中十分微小的一方面。用卡勒姆·布朗的话说,当谈到宗教话题时,他们的表述中缺少一种"叙事结构",因为这个话题他们很少思考,讨论得更少。[10]

不可否认,我偶尔确实采访过一些人,他们会解释"宗教是一件私事"这一观点。有少数几个男人和女人对谈及自己的宗教信仰这一话题明显表现出不舒服的感觉,这种感觉在某种程度上是可以预料到的:他们变得紧张,觉得有点尴尬,表达自我时变得笨拙,等等。例如,当我采访大学里一位60岁的秘书,谈到上帝和宗教时,她变得有些焦虑。在整个采访过程中,她一直双臂交叉。当我问她是否经历过任何与宗教相关的事情时,她说是的,但她说这个问题过于私密,不适合讨论。然而,这种对话极为少见。事实上,从来没有其他人告诉过我,谈论宗教信仰这一话题"太私人"或"太私密"。而且别人的肢体语言、面部表情或举止也很少透露出这种感觉。大多数人在举止和宗教倾向上更像梅特:不紧张、不尴尬,只是很平静,不太感兴趣,相对来说没什么可说的。

和善的冷漠

在斯堪的纳维亚进行研究之前,我没有料到人们对宗教会产生一种特别有趣的倾向——我觉得这种倾向有一半是通过我的样本体现出来的——我称之为"和善的冷漠"。这个阵营的人并没有特别反对宗教。事实上，他们认为宗教还不错。好。不错。很好。因此，要说他们对宗教的感觉，如果有的话，是有点积极的（因此可称为"和善的"）。他们认为教堂的建筑美丽又宁静，或者至少可以作为文化和宗教遗产的古老建筑象征来欣赏。他们认为圣诞节和复活节的教堂仪式令人感到舒适，即使他们并没有总是去参加。他们认为大多数牧师都很善良、体贴、正派，不论男女，即使他们不经常与其交流。他们认为宗教——至少是斯堪的纳维亚的路德宗——基本上是一项无害且无伤大雅的事业，甚至偶尔会做一点好事。那些信仰上帝的宗教人士呢？这对他们来说没什么关系。这很好。谁能肯定上帝是否存在，是吧？至于耶稣这个人呢？嗯，也许他并未在水面上行走，也并未让人起死回生，但是他肯定是个好人，教给人们一些良好的品德。那么《圣经》呢？嗯，里面充满了美好的故事和良好的道德品质，不是吗？这就是我总结的他们对宗教的总体看法。除了这些大家共有的看法，宗教并不是大多数丹麦人和瑞典人真正感兴趣的东西。他们对此了解不多，思考或谈论得也不多，自然也没什么可说的。

"和善的冷漠"这种宗教倾向是我在美国绝对感受不到的。在美国，即使一个人没有宗教信仰，他或她在这个问题上通常也有很多话要说。大多数不信教的美国人能够说出宗教的哪一方面是他们不喜欢的，会认真解释自己不相信上帝存在的原因，会分享自己对当前的宗教问题以及相关争论持怀疑态度的理由，会通过个人的亲身经历讲述自己如何失去宗教信仰及其原因，或者会对自己缺乏宗教信仰和/或参与度给出深思熟虑后的解释。许多不信教的美国人也有些**反**宗教，通常认为宗教令人反感、教条化、虚伪、无知或具有威胁性。丹麦人和瑞典人不是这样。虽然也有一些例外——比如前一章提到的莱娜，她不喜欢她的侄子那么笃信宗教——大多数丹麦人和瑞典人的不信教根本就不算**反**宗教。他们纯粹是不感兴趣。宗教根本不是他们世界的一部分，他们没有过多思考宗教——所以不足以"反对"宗教。毕竟，"反对"某物表示人们仍然关心它，仍然会与这一事物有关系，仍然与它共舞，会在意它。通过研究，我发现很多人对宗教只是完全——甚至是和善地——漠不关心。

拉斯穆斯是哥本哈根大学一名32岁的研究人员。正如他所解释的：

我不相信上帝……但我并不反对宗教。我认为宗教是非常令人欣慰的，对很多人来说都有好处……宗教——以某种温和或合理的方式——我支持它。我自己无法去相信，但是……是的。

我之前提过的特赖因是一个非信徒，但她并不介意别人是信徒：

我并不厌恶宗教这一话题，但宗教对我来说没有任何意义。

来自瑞典的25岁医学生拉塞：

在瑞典，我不认识任何相信《圣经》的人，除了我的阿姨。我认识几百个人——几乎没有人相信《圣经》。也许更多人有点相信的是上帝。但我的大多数朋友都是无神论者。他们绝对是，百分之百地。但他们仍然尊重那些有信仰的人。而且——你知道的，这没什么大不了的。

这种和善的冷漠是世俗主义一个迷人的化身，而且在一个宗教真正边缘化、相对没有影响力的社会里，这种冷漠大概是可能招致的——更不用说是可以想象的——必然结果。因为在一个大多数不信教人士同时也是反宗教人士的社会中——就像在美国——这表明宗教依然是一种需要认真对待的社会力量或文化力量。但是，当数以百万计的人们对宗教只是表现出和善的漠不关心时，我们就可以真正把宗教视为在那个社会中无足轻重的东西。或者，如果不算无足轻重，那就只是有些古怪。

彻底的忽视

在研究过程中，我发现了体现斯堪的纳维亚人世俗化状态，而我从未料想到，甚至不知道其可能存在的另一个方面是：彻底的忽视。这种倾向当然很少见，但在少数丹麦人和瑞典人当中的确存在并可以辨别出来。它类似于和善的漠不关心，但在性质上更为极端。让我以一个例子开始：火车上的三个瑞典女人。

一天晚上，我乘坐从哥本哈根驶向奥胡斯的火车，全程共三个半小时。我碰巧和三个35岁左右的瑞典女人坐在一节车厢里。她们交谈着，氛围一片和气，她们显然是好朋友。尽管很累——花了一天的时间在哥本哈根大学作了一个演讲，还和同事们见了面——我还是不能错过这次机会，采访她们对于自己宗教身份的想法。我等了好一会儿，然后便开始和她们交谈。我问她们来自哪里（马尔默市），她们的职业（都是物理治疗师），为什么要去奥胡斯（参加一个物理治疗师会议）。她们善于社交，乐意和我交谈。她们问我在丹麦做什么，问我的妻子和孩子们是如何适应丹麦的生活的。最后，当我向她们解释我在斯堪的纳维亚所作的研究的性质时，她们都同意接受集体采访。于是我取出笔和一个黄色便笺，开始一小时的讨论。

"集体采访"第一个值得注意的部分是，我问她们是否相信上帝。其中两个人立即回答"不相信"。另外一个女人卡塔琳娜，在回答之前犹豫了。她坐在那里，陷入沉思。我们静静地等待她的回答。她望向窗外，当时夜色朦胧。然后她说她之前真的没有想过这个问题。她不知道自己是否相信上帝——不是因为她自身是哲学上的不可知论者，而是因为她发现这个问题有点不同寻常。她要求我再给她一些时间思考这个问题。几分钟后，她终于得出了结论：不，她不相信。她的回答之所以让我印象如此深刻，并不是因为答案是否定的（我已经习惯了），而是在已经承认自己之前没有过多考虑这一问题后，她依然需要时间去认真考虑。对此，我感觉有一丝震惊。从来没有想过相信上帝——又是这句？一个人怎么可能到了30多岁还没有形成自己对上帝的看法呢？

卡塔琳娜并不是我遇到的唯一一个这样的人，对她来说，宗教问题并不那么紧迫，甚至不是他们现实生活中的一部分。还有一次，我花了一整天时间采访瑞典医学院的学生（单独采访，而不是集体采访）。我询问这些20多岁的年轻人在医学院的经历，询问他们处理尸体时的感受。是的，他们都解剖过尸体，并在尸体上进行过各种各样的操作。然后我问他们对人类的看法，也就是说，他们是否认为人类只不过是骨头、肌肉、组织、化学物质、氨基酸等的集合体，或者是否认为人类之外还存在其他东西，其他非人类的东西，超过单纯生物成分的东西——也许是灵魂——那是我们身体的一部分吗？当问到这个问题时，一名女医学生的回答与卡塔琳娜在火车上的回答相似。听了我的问题，她停下来，想了一会儿，然后说：

嗯……我之前从未考虑过这个问题。

我再次想起那个答案。一个在医学院待了那么久的人——花时间肢解尸体——怎么会从未思考过这样的问题呢？并不是说这样有什么不对；如果一个人从来没有思考过灵魂或者上帝的存在，当然也是好的。在此，我并不是在作任何价值判断。但我觉得这很不寻常。那天还有一个瑞典医学生，23岁的阿斯特丽德，回答一些基本的问题对她来说也很困难，比如是否相信上帝，相信来世或者耶稣的神性。她的回答几乎都是否定的，但是在回答之后几乎总是加上一句"我没怎么考虑这个问题"，这句话贯穿了整个采访过程。我问另一个瑞典医学生，28岁的约兰，他对上帝、《圣经》和耶稣的信仰。他作了简短回答，但随后承认，对他来说这是一次极不寻常的谈话。他解释道：

107

这次谈话并不具有代表性……我真的不知道,我该如何回答这些问题。我从未认真思考过。

我采访的另一个瑞典人蒂娜今年39岁,是斯德哥尔摩的一名化学工程师。当我问她与上帝有关的事时,她说她只是对这个话题不感兴趣,从未过多思考。当我问她是否认为人类拥有灵魂或灵性时,她回答说:

我以前从未真正想过这个问题。

另一个瑞典人埃里克也有类似经历。他今年26岁,是一名潜艇军官,在哥特兰岛长大。埃里克不信教,他说自己"身上没有一根骨头里含有信教的基因"。但当我问他是无神论者还是不可知论者时,他就难以回答了;当我问他就缺乏宗教信仰这一点,如何定义自己的身份,他回答说:

我不知道。真的,我没有太关注这个。

这不是你会多多考虑的问题吗?

一点也不会。

后来在采访中,我问他对来世的信仰、生命的意义,以及他是否觉得生命中有什么东西是神圣的,他直截了当地承认:

这些问题我想得不多,所以我不知道。

纳娜今年16岁,丹麦人,在奥胡斯读高中。最近她才搬到了那里,之前大部分日子都在乡下的一个小镇度过。她明显不信教。我问她是否和朋友谈论过宗教。

没有。

那在家呢?

没有。完全没有……这就像——我们真的不怎么谈论这个话题。在学校不说,和朋友在一起时不说,和家人在一起时也不说。

利塞是一名24岁的计算机技术员。她说,她家从不谈论关于上帝、耶稣或宗教的话题。我又问她,读高中时的朋友是否信教,她说她

确实无法回答,因为正如她简要解释的:

我们从未讨论过这个话题。

安纳莉丝今年47岁,住在奥胡斯,是一家电信公司的经理。她强调了宗教这一非话题(non-topic)在她生活中所占的比重。

我们从不谈论宗教。

你父母相信上帝吗?

其实我也不知道。我们从来没有讨论过宗教。因此实际上我不知道……从来没有人讨论过。

你为什么认为丹麦人如此不信教或者对宗教不那么感兴趣呢?

我不知道……我真的不知道,实际上……我真的从来没有想过这件事……听到这类我从未想过的问题很有趣。

本特今年71岁,在哥本哈根长大,一生中的大部分时间她都是办公室职员。在采访中,她对宗教话题没有什么话可说。当我问她是否相信上帝时,她说不相信。她也没有什么可说的,除了简单解释她的宗教取向:

我只是对上帝或者他是否存在的问题不感兴趣。

其他人——不是很多,但是占我采访人数的15%左右——都表达了类似的感受:对宗教完全不感兴趣,其特征不仅表现在缺乏宗教信仰上,**甚至对最基本的宗教问题都明显缺乏思考**。在我的样本中,这样的人显然属于少数,但确实存在。他们彻底忽视宗教,说明世俗主义这一极端支流已流经当代斯堪的纳维亚半岛的各个角落。

在一个充满宗教色彩的世界里,这些人怎么可能对宗教问题如此不感兴趣、如此冷漠呢?是什么使得宗教在斯堪的纳维亚如此弱势,以至于对许多人来说,它根本不算是一个问题?为什么丹麦人和瑞典人是世界上最不信教的民族?

下面我要转向这些不容忽视的问题。

第六章

为什么？

> 我强烈地感受到宗教一直都无处不在；需要解释的是其缺位而非在场。
>
> ——彼得·贝格尔[1]

如今在一些特定的国家——其中很多在西欧——宗教发展得不是很好。[2]当然，人们还是会偶尔读到一座灵恩派教堂成功地出现在这里或那里的消息[3]，但是20世纪，在大多数西欧国家，宗教的明显衰落才是压倒性的趋势。比如在德国，大多数人都不再去教堂，德国人数百年来定期去的教堂如今正被改建为餐馆、咖啡屋、舞厅和公寓。一项研究预计，在接下来的数年里，50%的德国教堂都将面临这样的世俗化命运。[4]但表明德国宗教发展状况糟糕的不仅是教堂活动参与度的下降，宗教信仰的发展也趋向衰落——比起数十年前，相信基督教超自然信条的人变得更少。[5]荷兰也出现了相似的情况。一百年前几乎每个荷兰人都归属于教会，然而随着大多数人口脱离宗教，目前只有40%的荷兰人是教会会员。[6]如今，只有很少一部分荷兰人仍然坚信上帝和基本的超自然基督教教义。[7]1958年，法国有91%的婴儿接受洗

礼，但到1990年这个比例已经下降到51%。[8]在英国，基督教很可能也
奄奄一息了：教会会员数量在过去的一百年中急剧下跌，至于传统的
基督教信仰——相信上帝，相信耶稣是上帝之子，相信来世，相信《圣
经》的神圣，等等——已经很大程度地被腐蚀，在最近数十年中显著
衰败。[9]

当然，在20世纪，丹麦人和瑞典人对宗教的虔信度也明显下降
了。[10]帕姆和特罗斯特将瑞典称为"世界上世俗化程度最高的国家之
一"[11]。安德鲁·巴克泽将丹麦称为"现代社会世俗化的宗教社会学典
型案例之一"[12]。实际上，在过去的50年里，丹麦人和瑞典人中相信上
帝的人数已经显著下降[13]，教会活动参与人数也是如此[14]。正如本书想
要说明的，丹麦和瑞典的宗教状况处于弱势地位。

问题是：**为什么？**

这是最紧迫的问题，但不幸的是，也是最难回答的问题。任何社会
呈现出的任何主要的特征、特点、趋势，都必然是各种极度复杂和极度
特殊的因素的合力所造成的，这些因素包括历史发展、经济动态、文化
特点、政治形态、性别结构、独特的表达方式、地理特征、天气情况、家庭
结构等。它们以无数种方式互相影响，互相作用。尽管如此，我仍打算
向前推进并尽我所能为斯堪的纳维亚显著的无宗教现象提供社会学解
释，或者更确切地说，提供多种解释，因为这个难题没有唯一的答案和
解释。当然，存在着很多可能的理论，所有这些理论都可能或多或少地
启发我们，但是没有一个理论可以单独地彻底解决这个难题。

懒惰垄断理论

这个理论起初来自罗德尼·斯塔克和他的同伴所作的研究。[15]用
我自己的话阐释，这个理论大概是说：如果一个社会中有很多不同的

宗教，其中没有任何一个是受国家资助的，那么人们对宗教的兴趣以及宗教参与度就会很高。相反，如果一个社会只有一种主导的宗教，人们对宗教的兴趣和宗教参与度就会比较低。为什么会是这样？根据斯塔克的说法，当有许多不同的宗教存在，而且其中没有任何一个是由国家资助的，"自由市场"竞争现象就会出现；宗教组织要想保持传播，就必须与别的宗教竞争从而为自己争取教徒。宗教组织因此变得擅长营销自己，通过提供诱人的产品和服务来激起人们对宗教的兴趣并参与其中。[16]然而，当一个宗教组织是"城里的独角戏"，也就是说如果一个

111 宗教组织在特定社会中处于国家资助和霸权主导地位，类似于垄断，没有任何竞争，它就会变得懒惰。因为它不必营销自己，所以变得无聊、陈旧、没有吸引力，人们最终会对它失去兴趣，而且会因此对宗教失去兴趣。我们由此可以通过观察特定社会宗教经济的供给侧来解释宗教虔诚的程度：这里有多少种宗教？这个社会中有很多种不同的宗教互相竞争吗？还是只有几种？或者只有一种？此外，国家扮演的是什么角色？政府是站在宗教经济之外的中立者吗？还是积极地介入，偏爱甚至动用财政支持其中一个宗教组织呢？斯塔克认为，宗教高度多元化并且无国家干预的社会拥有健康的宗教竞争，"消费者"也会有更多的选择；在拥有如此多样和"免受监管的"宗教经济的社会情形中，唯一的结果就是宗教兴趣和参与度的提高，美国就是一个例子。然而，如果一个社会的宗教经济是被垄断的，而且是国家资助的宗教垄断，结果将会是人们对宗教的兴趣和参与度的总体降低。

丹麦和瑞典的情况似乎非常符合懒惰垄断理论。[17]多个世纪以来，路德宗在两国一直是绝对主导的宗教。而且，路德宗一直受国家约束并由国家资助。如今，为了保持国家教会的正常运行，83%的丹麦人每年仍然自愿缴纳会员税/会费，而在2000年，瑞典国家教会正式与瑞典政府分离，将近80%的瑞典人仍然是其国家教会的出资会员。[18]因此，

丹麦和瑞典的宗教经济几乎是没有竞争的。国教性质的路德宗教会形成了真正的垄断。当然，并不是绝对的垄断。大约4%的丹麦人[19]和5%的瑞典人属于独立教派，即所谓"自由的"基督教派，无论是浸信会派、灵恩派、卫理公会派还是耶和华见证会。[20]其他1%的丹麦人和2%的瑞典人属于天主教。[21]丹麦和瑞典也存在更小型的宗教运动，比如巴哈伊信仰、犹太教、科学论派（Scientology），更不用提新生的并且日益发展的伊斯兰教。然而，当和其他西方国家对比时，路德宗在过去多个世纪的整体统治地位一直是非常显著的。丹麦和瑞典的路德宗很大程度上是由国家税收资助的，这就意味着教堂会得到很好的粉刷，燃料费能及时交纳，草坪能得到修剪，牧师的工资能够正常发放——无论每周有500个人还是只有5个人去教堂，都没有关系。由于国家支持这项事业，牧师就没有什么动机向会众作"推销"。如果周日人们来教堂，很好，如果不来，也不错。国家路德宗教会没有什么动机去使自身变得吸引人，因为它基本上是唯一的宗教选择。很可能是因为这样，丹麦和瑞典的国家教会才变得懒惰。

　　这个理论受到了一些批评[22]——最重要的是，在世界的其他大部分地方似乎并不准确[23]——但仍然有道理的是，这些教会不需要为争取教徒与别的宗教竞争，所以它们从不怎么推销自己，之后人们也认为这一做法理所当然。在过去的20世纪，丹麦人和瑞典人因此对宗教基本上失去了兴趣。

安全的社会

　　这个理论来源于皮帕·诺里斯和罗纳德·因格哈特的研究。[24]对于为什么有些社会比其他社会的宗教性更弱一些，他们的解释本质上是这样的（这里仍用我自己的话阐释）：当一个社会中大部分人群的安

112

全感较低时,他们的宗教观念就会更强一些;反之,当一个社会中大部分人群的安全感较高时,他们的宗教观念就会淡薄一些。安全感意味着什么?这个词是指这样的问题:大多数人是否有足够的食物?是否有安定的居所?是否有纯净的水源?是否有工作?是否能病有所医?在面对自然灾害,比如干旱或者洪水时是否不堪一击?是否觉得个体或者集体的生命面临危险?根据这个观点,当一个社会中充斥着贫穷、疾病和混乱时,我们可以说大多数人都过着相对不安全的生活——他们的宗教观念也会更强。反之,如果一个社会中几乎没有贫穷、疾病和混乱的存在,我们就可以说大部分人都过着相对安全的生活——他们的宗教观念就会淡薄一些。用诺里斯和因格哈特的话来说,

113

> 在成长的过程中经历自我层面风险(给自身或者家人造成直接的威胁)或者社会层面风险(对群体造成威胁)的人们,比生长在更安全、舒适、可预测的环境下的人们宗教观念更强。在相对安全的社会中……宗教的重要性和生命力,以及曾经存在的对人们日常生活方式的影响,都逐渐被侵蚀了。[25]

这当然不是一个新理论:卡尔·马克思在19世纪40年代就主张,当生活艰难时,人们会向宗教寻求慰藉。[26]创新的是诺里斯和因格哈特的社会科学的精度和深度;他们的理论由精准的数据支撑,这些数据将无数可能的变量都考虑在内,并且依据大量的国际间的对比。总而言之,他们的系统性分析非常有说服力。更重要的是,他们的理论,即高度安全感与淡漠的宗教观念相关联,能直接适用于丹麦和瑞典的情况。

在过去的多个世纪中,丹麦和瑞典是贫穷的国家,贫穷、传染病和饥饿对这里的大多数人来说都是常态。尼尔·肯特将近代早期的北

欧地区称为"欧洲最不健康的地区之一"，以高死亡率和生命"接近生存的极限"为特征。[27]唐纳德·康纳里将19世纪的斯堪的纳维亚人称为"遭受贫穷袭击的大众"[28]。但在20世纪，丹麦和瑞典不仅变成了世界上最富有的国家，而且是世界上最平等的国家。由于民主世界中发展最好的福利制度的成功[29]，斯堪的纳维亚的财富以惊人的方式平均分配，惠及全体国民；在丹麦和瑞典，富人和穷人之间的贫富差距比其他任何一个工业化民主国家的都要小。在这两个国家，"富有"被预期为一种共同富裕的情形，用丹麦国家偶像和文化偶像N.F.S.格伦特维的名言来说，即"几乎没有人拥有过多财富，而拥有过少财富的人就更少了"。在丹麦和瑞典，贫穷和饥饿几乎已经完全被消灭，饥荒属于历史。几乎每个人都拥有体面的居所、医疗服务、食物和教育，以及躲避大自然无情灾害的避难之所。正如第一章所讨论的，丹麦和瑞典人口的平均预期寿命位居世界上最高的国家之列，艾滋病感染率、孕产妇死亡率、肺结核发病率均位居世界上最低的国家之列——这些只是丹麦和瑞典社会状况良好的部分指标。[30]而且我们可以参考最近发布的全球和平指数（2007年）[31]，这项指数根据每个国家的和平和安全程度在国际范围内对121个国家进行排名。诸如谋杀率、暴力犯罪等级、对人权的不尊重程度、暴力示威活动的可能性、政治不稳定性、公民之间的不信任程度等因素，都被考虑在内。丹麦排名第3，位于世界上最和平的国家之列，瑞典排名第7。（第1名是附近的挪威；美国排名第96。）

　　就诺里斯和因格哈特讨论的安全感和不安全感等级来说，丹麦和瑞典无疑位居世界上最"安全的"国家之列，而且也许是近代工业化民主国家历史上最安全的。这或许可以很好地解释为什么他们不信教的程度如此之高：有着如此安全的生活和健康的社会，人们对宗教起到的镇痛和安慰作用的需求就会减退。

114

职业女性

这个理论来源于卡勒姆·布朗的研究,他是一位英国历史学家,一直试图解释20世纪基督教在英国社会的衰落。[32]根据其说法,在英国,"以往的宗教人群忽然完全抛弃有组织的基督教,并迅速投入真正的世俗状态"[33]。根据布朗所言,英国人宗教虔诚性急剧下降的原因可以通过对女性的观察找到。他认为以往是女性促使她们的孩子和丈夫对宗教感兴趣,参与宗教事务。当女性选择脱离宗教时,她们的丈夫和孩子也会跟着照做。正如布朗所说,"女性曾是为有组织的基督教提供大众支持的堡垒……正是她们在20世纪60年代打破了自己与基督教的关系,从而引起了世俗化"[34]。根据这一理论,在20世纪60年代发生了一个重要的文化转变,改变了女性认知自我、生命以及她们在这个世界上的可能性的方式。传统的基督教女性气质受到了质疑——或者用布朗的话说,有一种"女性气质的去虔信化"[35]——接着新的女性形象便形成了。这场女性性别建构的文化转变的关键组成部分就是英国女性对宗教的兴趣的下降,基督教信仰对她们的身份来说不再那么重要和必要;当这一代世俗化的英国女性不再去教堂或不再关注上帝时,男性也就不会这样做了。

如果对宗教稍有了解,我们就应该知道:女性在所有方面都比男性的宗教观念更强。[36]无论从哪个方面证明——参加教会活动、祷告的频率或者对上帝的信仰——女性的得分都高于男性。[37]这在所有的社会中似乎都是真理,包括在斯堪的纳维亚。[38]如果女性真的是促使丈夫和孩子在星期天早上起床去教堂的人,如果她们是促使丈夫和孩子在晚上忠诚地祷告和学习《圣经》的人,如果她们是向自己的家人灌输虔诚、保持信仰的烛光常亮的人,那么如果她们对宗教的兴趣和参与度下降，宗教信仰在整个社会的普遍丧失就能说得通了——诚如布朗所言。但是是什么引起女性宗教观念产生如此大的改变呢？布朗没有做出过多的解释，但不难看出主要的原因是越来越多的女性参与到有偿劳动中。正如奥勒·里斯从以往大量的研究中所得出的，"有收入的职业女性比家庭主妇的宗教观念淡薄一些"[39]。

在20世纪60年代之前，绝大多数丹麦和瑞典女性作为母亲和家庭主妇承担着没有报酬的家务劳动。但在过去的40年里，女性在参与劳动方面发生了巨大的变化。据统计，1960年，超过80万丹麦女性作为家庭主妇在家工作；20年之后，这个数量已经下降到25万。[40]换句话说，1969年仅有超过43%的女性作为有偿劳动力在外工作，但是到1990年已经增加到78%。[41]如今，绝大多数丹麦和瑞典女性在外工作。[42]实际上，在全球劳动力市场上，目前丹麦女性受雇率最高。[43]而且根据丹麦雇主联合会最近发布的一项报告，女性在有偿劳动力中的占比即将超过男性。[44]因此，在丹麦和瑞典，很有可能是女性在有偿劳动力中的极高占比导致了人们宗教观念的淡薄。正如布拉德利·赫特尔得出的结论：

116

> 在妻子做全职工作的家庭中，较少的教会成员身份以及较低的参与度和宗教认同感可能会——很可能会——转而导致父母对孩子的宗教训练不够重视。如果是这样，工作造成的已婚女性宗教参与度的下降可能会对其孩子长期性的宗教参与产生消极的影响。[45]

大量女性参与到有偿劳动中不一定导致了丹麦和瑞典社会的世俗化，但肯定促进了其加速和深化。一旦女性忙于工作，关注有偿就业，她们对宗教的兴趣和精力都会减少。她们的丈夫和孩子也会跟着这样做。

其他可能性

在试图解释为什么丹麦人和瑞典人相对无宗教信仰这个问题时，我认为以上三种理论是最有说服力的社会学答案。我认为，当我们将其结合在一起，即懒惰垄断、安全的社会再加上职业女性，斯堪的纳维亚世俗化的谜题就基本解释得通了。但是，还有其他可能性。

当解释斯堪的纳维亚的世俗主义时，第一个需要考虑的额外因素来自史蒂夫·布鲁斯[46]和戴维·马丁[47]的研究。这和一种可以称作**缺乏文化防御（cultural defense）的需要**的东西有关。布鲁斯和马丁认识到，宗教通常是国家、民族和文化认同的关键组成部分。当国家、民族和文化认同受到威胁，受到威胁的群体通常都会团结起来。即当一个社会或民族感受到威胁或压迫时，不论是来自外部统治力量还是邻国的威胁，宗教通常会成为种族的、公共的、国家的或者文化的防御的支柱。爱尔兰可以作为经典案例来解释这个现象，在过去的数个世纪中，天主教和爱尔兰民族主义在那里相互促进了对方的强大。[48]另外一个经典的案例是非裔美国人，历史上他们向黑人教会寻求庇护和支持以对抗对他们充满敌意和压迫的白人占多数的文化[49]，这在解释美国黑人在所有方面都比美国白人宗教观念更强这一点上有很大的帮助[50]。这与丹麦和瑞典有什么关联呢？简单地说，丹麦和瑞典社会明显**缺乏文化防御的需要**。在过去的几个世纪中，丹麦人和瑞典人从未受到外来征服者，尤其是有不同信仰的外来征服者的大规模压迫和统治。虽然丹麦在19世纪60年代曾在与普鲁士人的对抗中遭遇耻辱的军事失败（造成了土地和人口的重大损失），虽然二战期间丹麦曾遭遇德国数年的侵占，可以肯定地说，在过去的几个世纪中，无论丹麦还是瑞典都未曾大规模地受到来自不同信仰的外来文化的威胁、统治或压迫。用社

117

会学家本顿·约翰逊的话说，

> 当文化/宗教的垄断地位不受外来势力的威胁时，教会的懒惰和公众脱离宗教的现象最有可能出现。当它受到威胁，就像爱尔兰天主教几个世纪以来一直处在英国人的掌控中，或者像波兰几个世纪以来一直处于外国人的统治之下一样，宗教垄断就可以成为民族身份的增强剂和制度上的反抗中心。信奉路德宗的欧洲，除了沙皇统治下的芬兰，已经很久很久没有感觉到自己受到文化或者宗教上的威胁，也许久远到瑞典人不再是欧洲宗教战争中的新教军事巨头时。[51]

随着极度虔诚的穆斯林移民人数在丹麦和瑞典的不断增加，这种情况很有可能在未来的几十年中发生变化。他们的存在可能会导致人们对路德宗虔诚度的提高，成为斯堪的纳维亚文化防御的当代表现。但这还有待观察。同样有可能的是——也许是更有可能——如果斯堪的纳维亚人面对新移民强烈的伊斯兰宗教信仰，觉得需要某种程度上的文化防御，其形式将会是更多地拥抱和接纳理性的、民主的世俗主义，而不是传统的基督教信仰和实践。

另一个可能有助于解释丹麦人和瑞典人这种明显的不信教现象的因素是**教育**问题。丹麦和瑞典是第一批成功推动全民识字的两个国家。事实上，丹麦是世界上第一个为全国所有儿童，无论其社会地位如何，合法实施免费义务小学教育的国家，那时还是1814年。[52]多项社会学研究表明，一个人受教育程度越高，他或她接受超自然宗教信仰的可能性就越小。例如，最近一次哈里斯民意调查发现，在没有受过大学教育的美国人中，86%的人相信耶稣复活，77%的人相信童女生子，74%的人相信地狱的存在。但是，在那些拥有研究生学历的受过高等教育

118

的美国人群中,相信这些事情的人明显要少得多,其中64%的人相信耶稣复活,60%的人相信童女生子,53%的人相信地狱的存在。[53]最近的一项盖洛普民意调查发现,在没有受过大学教育的美国人中,44%的人认为《圣经》是上帝话语的真实记录,但在拥有研究生学历的美国人中,只有11%的人对《圣经》持这种观点。[54]一些国际排名进一步加深了强大的教育背景和淡薄的宗教观念之间的关联。例如,2002年联合国儿童基金会的一份报告[55]显示,在青少年学生阅读、数学和科学能力排名前10的国家中,除爱尔兰外,其他所有国家都是相对不信仰宗教的国家,如韩国、日本、英国和捷克共和国(瑞典排名第9)。丹麦和瑞典都有资金充足、组织良好的学校系统和受过高等教育的人口。根据国际学生评估项目2000年的一份报告,瑞典和丹麦青少年的阅读素养、数学技能和科学知识在世界排前20位。[56]此外,丹麦和瑞典位居世界上成人识字率最高的国家之列(估计为99%)。[57]因此,受过良好教育的人口与随之而来的低水平的宗教虔诚程度之间,很有可能确实存在某种关联。

造成丹麦和瑞典世俗主义的最后一个可能因素,是社会民主党在20世纪的大部分时间里对丹麦和瑞典社会建设的重要影响。社会民主党人在主导丹麦和瑞典议会方面比其他任何政党都要强势,但近年来他们近乎霸权的力量却在不断减弱。社会民主党一直以来都是相对反宗教和反神职人员的,有时试图削弱或淡化宗教对整个社会的影响。这方面的例子不胜枚举,例如改变公立学校的课程,不再以传福音或忏悔的方式,而是把基督教作为几种宗教传统之一以更具"社会科学"色彩的方式来讲授。此外,多年来社会民主党一直有权力任命自由主义者、进步主义者、非基要主义者和"现代思维"人士,担任主教或者与国家相关的宗教机构的其他高级职务。因此,多年来社会民主党的世俗和反宗教议程可能影响或加速了丹麦和瑞典的世俗化进程。将社会民主党归结为丹麦和瑞典不信教根源的唯一问题是它引出了以下疑问：为什么丹麦人和瑞典人会允许社会民主党人淡化或者削弱他们的宗教信仰？毕竟，如果宗教对他们那么重要，他们一定不会一年又一年、十年又十年地选举社会民主党。也许，社会民主党采取世俗化和相对的反宗教立场，而不是**形塑**人民的意志和情感，实际上恰恰**反映**了选民的需求。

过去的宗教和无宗教

在丹麦的这一年中，有一个问题一直困扰着我，我也一直在思考这个问题。当我思考为什么丹麦人和瑞典人是世界上最不信教的人群这个问题时，我发现自己经常思考一个特定的历史可能性：**也许丹麦人和瑞典人的宗教信仰从来就没有那么坚定**。好吧，也许"从来就没有"是一个模糊的说法。但是我想提出的重要问题只是，在过去的几个世纪里，丹麦和瑞典人信仰宗教的程度有多深。人们普遍认为过去每个人都很虔诚，这种虔诚在现代已经衰退和减弱。[58]但也许这是一个没有强有力的证据支持的推测——至少就斯堪的纳维亚人来说是这样。也许典型的丹麦人和瑞典人从来没有真正相信过上帝，从来没有完全相信耶稣，从来没有真正相信或者完全理解原罪和救赎，在过去的几个世纪中去教堂仅仅是因为社会责任或者来自地方当局的压力。如果是这样，丹麦人和瑞典人淡薄的宗教观念就不是现代社会各方面带来的新发展。相反，它可能只是丹麦和瑞典文化的一个延伸，这种文化的相对世俗化已经持续了好几个世纪。

当然，这就引出了之前所有猜测的关键问题：我们怎么知道？我们怎么知道10世纪、13世纪或者16世纪的丹麦人和瑞典人有多么信仰宗教？我们如何确定在过去的几个世纪里宗教或灵性（spirituality）　120

143

对丹麦和瑞典农民意味着什么？事实是，我们无法知道。那时没有社会学家或人类学家在丹麦和瑞典的村庄游历，就宗教身份采访他们，因为绝大多数丹麦人和瑞典人直到19世纪才识字，几乎没有留下能证明500年或700年前宗教信仰状况的信件和日记。因此，我们当然不能确定。

当然，我们确实对遥远的过去，对几千年前的宗教有所了解，而且存在着相当多的证据，至少可以用来总结出一些有限的特征。例如，我们知道，一千多年前斯堪的纳维亚人有他们自己的信仰、仪式、传说和习俗，这些可以被认为是宗教性的。[59]通过解读考古发现（石雕、护身符、铭文、艺术、墓葬等），分析写于11世纪和12世纪的冰岛传说，研究早期来到斯堪的纳维亚的基督教传教士的作品，我们可以很好地了解古代北欧民族古老宗教的方方面面，其中包括对众神（奥丁、托尔、弗蕾亚、提尔等）的崇拜、对世界的创造和终结富有想象力的描述、关于来世和超脱尘世的信仰、对自然的敬畏、对祖先的关注以及各种各样的祭祀仪式和季节性节日。我们还了解到斯堪的纳维亚修建了几座神庙，大概是用来纪念不同的北欧众神——建在瑞典乌普萨拉的神庙是其中最重要也是最引人注目的之一。鉴于流传下来的各种各样的地名［比如丹麦的欧登塞（Odense），字面意思是"奥丁的神殿"］，或丹麦语和瑞典语对一周不同日子的命名中众神名字的存在（丹麦语中表示周三的是Onsdag，来源于奥丁日，表示周四的是Torsdag，来源于托尔日），我们可以推测某些异教神祇在古老的北欧文化中具有重要的意义。

然而，尽管有关斯堪的纳维亚人古代宗教的资料相对丰富，我们仍然不能断定这种宗教在人们的心中和思想上究竟意味着什么，也不能确定它在人们的日常生活中有多么重要。我们永远无法了解他们对奥丁和托尔的"信仰"有多深，或者这种信仰是否类似于——或者非常不同于——如今的基督徒信仰耶稣的方式，或者穆斯林信仰安拉的方式。

我们永远无法得知，对参与者来说古老的集会和节日的"宗教性"有多强；也许这种聚会既是精神性的，也是社会性的、政治的、经济的和娱乐的。至于古代的护身符和珠宝，例如维京人脖子上戴的托尔的锤子，我们无法知道这些锤形项链是具有深刻的宗教意义，还是迷信的护身符，又或只是被认为是一种时尚。[60]正如理查德·弗莱彻所说，"我们对古代斯堪的纳维亚人在基督教之前的宗教信仰了解得太少，以至于最终无法得知相关的信仰、仪式、组织、这种宗教生活的状态及其要求的虔信程度"[61]。

当然，古代斯堪的纳维亚人可能是十分笃信宗教的群体，深深信仰和崇拜各路异教神灵，领会他们在每件事情背后的旨意和操控；他们可能笃信来世，定期参加神圣的典礼和仪式，并以严肃的态度来看待这些仪式；他们的日常生活充满超自然的信仰和宗教实践。但是，同样很有可能的是古代斯堪的纳维亚人宗教观念淡薄，对神灵的信仰不坚定、无组织，极少思考存在的问题，参与典礼和仪式更像是对社会、文化和传统的一种表面尊重——也许是迷信——但不一定是现代意义上的"宗教性的"。

之后基督教传到斯堪的纳维亚。基督教传教士最初在9世纪开始试图改变丹麦人的宗教信仰，但是收效甚微。第一位具有重要意义的改信基督教的人物，是丹麦国王哈拉尔·"蓝牙"·戈尔姆森。根据一项看似可信的解释，哈拉尔改信基督教是因为一次魔术戏法；一位叫作珀波的基督教牧师不知为何可以徒手握住滚烫的铁块而不受伤，哈拉尔国王对这件奇事印象十分深刻，于是后来改信基督教。[62]在10世纪60年代的某段时间，哈拉尔将丹麦"统一"为单一的基督教团体——或许故事是这样发展的。截至1150年，丹麦大约有2 000座教堂。至于基督教向瑞典的传入，传教士在9世纪也曾试图在瑞典建造教堂，但是没有成功。最终，一位瑞典国王奥洛夫·舍特科农在1008年接受基督教洗礼,但是这件事对大多数瑞典人几乎没有影响。国王企图把基督教强加于该国的几个地区,结果却遭到抵抗,引发了一系列异教起义。[63]瑞典人是最晚受到基督教影响的日耳曼民族,直到12世纪初仍然是"坚定的异教徒"[64]。乌普萨拉伟大的异教神殿最终于12世纪10年代被摧毁,一座基督教教堂从废墟之上建起。到1164年,瑞典有了自己的大主教,管理整个国家新教堂的建造。[65]

总而言之,基督教于9世纪被传教士首次引进丹麦和瑞典,但是花了几百年才成为主导宗教。用H.R.埃利斯·戴维松的话说,到12世纪,基督教站稳了脚跟。[66]

但真的是这样吗?

说基督教"站稳了脚跟"是什么意思?鉴于我对斯堪的纳维亚历史的有限阅读,在我看来这实际上意味着丹麦和瑞典的一些国王成了基督徒,从而使他们的权威与罗马天主教会的权力和财富相联系。但几乎没有证据证明,大多数丹麦人和瑞典人真的变成了"基督徒"。丹麦历史学家帕勒·劳林认为,在整个中世纪,教会和市民之间存在着明显的"鸿沟":

> 农民在其定居地继续追求自己的生活……在春季和收获的节日,人们仍然可以看到古代异教的遗迹,教区生活也带有古代定居农民的信仰的印记,这种信仰并没有消失。罗马离得很远。在"夜不能寐的夜晚",村里的年轻男女带着啤酒桶去教堂跳舞玩乐。因此,教堂里的夜生活并不完全是基督教的。[67]

事实上,斯堪的纳维亚的基督教化并不是由人民自己发起的,不是出于对耶稣深厚和广博的爱或者对《圣经》的理解,而是通过首领和国王的意志实现的。约翰·弗林特解释说,基督教并不是通过"个人主观信念现代意义上的转变而传遍斯堪的纳维亚的"，"这种转变是由首领的决定造成的"[68]。正如P. H.索耶所言，"在各方面，统治者都起了带头作用；没有证据表明这种转变是大众需求的结果"[69]。至于不同的国王最初皈依基督教的原因，深层的精神信仰或发自内心的宗教信仰似乎并不是主要的推动因素。缺乏深厚的神学热情似乎也与斯堪的纳维亚在16世纪接受路德宗有关。很显然这次仍然不是按照大众的意愿所为，而是遵从当权者，包括首领、贵族和国王的意志。而且再一次地，这场重要的宗教改革——丹麦和瑞典的新教改革——与其说是出于神学的动机，不如说是因为它在政治和经济上都有优势。[70]例如在宗教改革之前，丹麦王室拥有的资产占全国总资产的六分之一，但和罗马关系破裂以及没收天主教会的土地之后，丹麦王室拥有的土地面积增长到全国总面积的一半以上。[71]在瑞典，路德宗改革是由古斯塔斯夫·瓦萨一手完成的；他与罗马的决裂不仅极大巩固和加强了其政权，而且推动了教会财富向瑞典王室的大量转移。[72]需要明确的是，接受新教的是有权力的精英，而不是未受教育的丹麦和瑞典民众。正如T. K.德里所言，在斯堪的纳维亚宗教改革时期，"如果认为路德宗关于因信称义，甚至关于圣礼性质的教义对普通信徒意义重大，那就不切实际了"[73]。

123

　　这里我试图表明的可能性是，在8个世纪或10个世纪之前，尽管丹麦和瑞典在名义上或官方意义上信仰基督教，却并不意味着普通或典型的丹麦人和瑞典人在当时或在随后的几个世纪中十分虔诚和笃信基督教。很有可能的是，在基督教名义上被引入北欧之后的大部分时间里，基督教的实际信仰并没有深入生活在乡村的大多数男女的心灵和思想中。根据B. J.霍夫德的说法，"直到18世纪末，斯堪的纳维亚大众从未经历过真正的宗教觉醒。基督教是被强制引入的……（不是）出于人们对宗教表达的深切需求"[74]。H.阿诺德·巴顿认为，直到18世纪末，大多数丹麦人和瑞典人对基督教的信仰都不是建立在神学或《圣

经》基础上,而只是更大的世界观的一部分:

> 在农民的世界里,基督教的神和魔鬼与他们的祖先共存;那是一群超自然事物的集合,包括巨魔、精灵、水妖、仙女、幽灵。教会以救赎为宗旨的终极关怀,与安抚农场、森林和溪流的古老神灵的迫切需求相互制衡。"智慧的"老人负责医治人和野兽,并负责与另一个无形的世界进行各种各样的交流。[75]

当我们发现在前几个世纪,政府通过实施制裁或惩罚制度将基督教信仰强加于平民百姓时,问题变得更加复杂。例如,我们知道,丹麦全国各地建造的许多早期教堂主要是通过当权者强加给民众的土地什一税来筹集资金的。[76]几个世纪以来,在丹麦,不去教堂可能会导致罚款、体罚甚至流放;对于想获得公民身份的人来说,参加诸如洗礼和坚信礼等教会仪式是必须的。[77]例如,1683年,一项丹麦法律要求每个人都要参加教堂礼拜仪式。[78]在瑞典,如果一位男士或女士不能背诵路德宗教义问答,当局可能不会允许他们结婚。[79]而且,一年至少接受一次圣餐礼是强制性的,弃权的人不能成为正式公民。[80]虽然有充足的证据表明,丹麦人和瑞典人在17世纪和18世纪肯定都是迷信群体——相信鬼魂,迫害女巫,敬畏圣泉,向"狡猾的术士"寻求帮助以消除诅咒,相信恶魔会导致疾病[81]——他们真正信仰基督教的程度有多深却是不确定的。布赖恩·威尔逊的话在这里尤其重要:

> 我们根本不知道过去有多少人积极地赞同、消极地默认或悄悄地反对他们所生活的社会中制度化的官方信仰体系。我们偶然了解到一些人的事情,他们积极挑战官方信仰,甚至在某些时期干脆拒绝服从;我们之所以知道这些,是因为一些官员记录了他们在

试图诱导或强迫人们接受宗教信仰以及对异教徒的罪恶进行分类方面所花费的时间、精力和资源，这些官员的职责是确保意识形态和仪式的一致性。然而，我们对不信教的实际发生率知之甚少。[82]

也就是说，到18世纪末和19世纪，毫无疑问，虔诚的基督教信徒在当时丹麦和瑞典的大部分地区普遍存在。许多虔诚的、民间的宗教运动蓬勃发展，尤其是各种流行的虔敬主义（Pietism）。基督教禁欲基要主义的强大支脉在乡间蔓延开来，在那里，参加教会活动成为日常，学习《圣经》非常普遍，对上帝发怒的恐惧十分真挚，世俗的享乐，如赌博、跳舞和饮酒，都被强烈地斥为有罪。但是我想知道，这一时期斯堪的纳维亚的宗教复兴和福音派的虔诚是否实际上是基督教信仰和热情被抑制的信号，可以和几个世纪前宗教热情的相对缺乏，以及后来的几个世纪里宗教虔诚程度的明显下降归为一类——上述的合力将我们带到如今相对世俗的社会。

诚然，斯堪的纳维亚或其他地方的人过去究竟有多虔诚，这是一个庞大而复杂的话题，有待详尽的推测和讨论。我想要这样阐释：虽然在这里我大大简化了，可能关于丹麦和瑞典的宗教历史，人们可以想象出两个版本的"故事"。

其中一个版本是这样的：很久以前，丹麦人和瑞典人坚信并坚持北欧异教，这种宗教有丰富的精神信仰和神圣的仪式。后来基督教传入，在随后的许多世纪里，丹麦人和瑞典人开始强烈地相信基督教的具体教义，虔诚地崇奉上帝，参加许多基督教仪式。然后，在20世纪，数千年来广泛存在的宗教信仰几乎在一夜之间突然衰败并枯萎。

另一个版本是这样的：很久以前，丹麦人和瑞典人传播各种异教神灵和英雄的传说，参与季节性的仪式和丰收的节日，却从未真正虔诚地或深深致力于今天我们称之为宗教的古代北欧文化事业。然后，为

125

了政治和经济利益,国王引入基督教。人们从来没有真正笃信基督教的实际教义,大多数人参加各种各样的基督教仪式和去教堂只是因为,如果不这样做当局会找他们的麻烦。只有在很短的一段时间里——主要是在18世纪末和19世纪——深厚和虔诚的基督教信仰才一度流行,在丹麦和瑞典的历史上,这段时期被形象地描述为相对无宗教轨迹上的一个例外或异常。

126 　　我不知道这两个版本哪个更准确,也许北欧世界的宗教和世俗化的"真实"故事处在这两个极端之间。但我的确知道的是,自从社会学家开始收集丹麦和瑞典的宗教数据——当然,时间并不是很久以前——明显的趋势是宗教信仰和参与度都在下降。几乎所有我采访的人都说,他们的祖父母和曾祖父母比自己更为虔诚。的确,大多数人通常认为过去的人们更加虔诚,因此人们可能倾向于将一定程度的虔诚归于前几代人,而事实可能并非如此。但我意识到了这种可能性,所以当人们说他们的祖父母或曾祖父母比自己更为虔诚时,我就会向他们追问细节和例证。大多数情况下,我会得到一些例证。人们会说他们的祖父母和曾祖父母经常祷告,经常学习《圣经》,经常去教堂,世界观更为虔诚。一个很好的例子是基尔斯滕,奥胡斯大学一名35岁的教授。她不信教,但她住在丹麦北海岸一个小岛上的祖母却是虔诚的信徒。或者,正如基尔斯滕向我解释的那样,用"信徒"来形容太苍白无力:

　　我的祖母——她不是一个"信徒"。她确信上帝是存在的。我的意思是,她的信仰坚定到这种程度:"不要那样做,否则上帝会惩罚你。"很显然她是信徒,但远不止是这样——比"我确信"程度更深……我的意思是,我认为这种信仰在强度和坚定程度方面是不同寻常的。

　　基尔斯滕关于她祖母的宗教信仰的观察非常重要,因为在宗教信仰的统一体中肯定有一个重要的范围。人们也许"相信"上帝,或者,就像基尔斯滕的祖母那样,人们可以"确信"上帝的存在。前者(相信)

在某种程度上意味着一种选择，或者是信仰上的小小飞跃。后者（确信）更类似于一种确定理解的坚定方向，其基础是一种能感知到的不容置疑的真理和事实。

　　如今在丹麦和瑞典，很少有人**确信**上帝的存在。本章一直试图解释其原因。127

第七章

多尔特、劳拉和约翰妮

如果我给人的印象是丹麦和瑞典如今没有人信教，或者只有老年人——例如基尔斯滕的祖母——信教，我就是在传递一种非常错误的印象。在丹麦和瑞典，几乎可以肯定的是，所有年龄段的男性和女性都可以很容易地被描述为是有宗教信仰的——即使没有宗教信仰，也肯定是有精神信仰的。[1]他们相信上帝，或在宗教或者精神性事物中找到慰藉，或认为耶稣是圣人，或相信《圣经》充满神圣的智慧，或认为教给孩子基本的基督教信条十分重要，或时常参加教会仪式，或只是认为宗教信仰或灵性会导向好的、健康的和令人满意的世界。作研究的一年中，我采访过许多这样的人。可以说四分之一的受访者都在不同程度上信仰宗教或者灵性。当然，大多数人都不是美国那种基督教基要主义者。[2]事实是，大多数人都不相信《圣经》是上帝的圣言，很少有人相信耶稣真的由处女所生以及耶稣死后复活，或者人们死后要么上天堂，要么下地狱。不像笃信宗教的美国人，我在斯堪的纳维亚采访的绝大多数信仰宗教和有精神信仰的人都不认为同性恋是一种罪恶，也不反对堕胎；他们认为在解释人类起源方面，进化论比《创世记》的故事更为合理，还常用隐喻或特殊的术语谈论上帝和其他基本的宗教概念。

然而,他们也并非完全不相信任何形式的宗教或灵性。

本章致力于了解丹麦和瑞典的一类数量众多的人群,他们绝对不是世俗的,而是发现宗教或灵性是自己身份中有意义的一部分。例如,38岁的精神病学家耶斯佩尔,他在日德兰半岛北部长大。结婚几个月后,他发现妻子有外遇。这个发现对他来说是毁灭性的,于是他转向宗教寻求慰藉。 128

> 我太绝望了。我的精神如此崩溃,以至于认为我唯一能抓住的希望就是向上帝祷告,你知道,他会帮我渡过难关。所以通常在感到沮丧、伤心、挫败和绝望时,我祷告……我经常在睡觉时祷告。我还在这样做,因为我认为——呃,我不知道上帝是否真的回应了我的祷告——但我觉得生活真的给予我很多。所以我现在有点感激。对我来说,祷告真的是一种安慰……我觉得,对我来说,上帝与爱和秩序有关,你知道的。我们应该努力善待彼此,否则我们会成为野蛮人。我觉得对我来说,上帝就像建立在爱基础上的秩序。

还有达格,一位住在瑞典南部的36岁的瑞典军官。虽然他从不去教堂,认为耶稣只是一个普通人,并且相信进化论,但他的取向并不完全是世俗的。他向我解释说,他在波斯尼亚和黎巴嫩担任维和人员的经历有助于巩固他对一种更高力量(higher power)的信仰:

> 我相信这背后一定有某种目的和意义或者某种东西,不管你叫它上帝或者什么——另一种力量——我不知道,但一定有某种东西,因为有奇怪的事情发生……我见过令人完全难以置信的事情——至善。一定有某种——大人物——如果你观察人类的运行和本质——一定有某种目的,某个大人物在背后……这不仅仅是巧合。

亚尔,住在斯德哥尔摩,是瑞典海军的一员。他41岁,是一名潜艇军官。尽管从不去教堂,认为人死后什么都没有,但他的确有自己的信仰:

我相信有一种比我更高的力量。我还不确定是不是上帝,但我的确相信——有一种更高的力量。有一些事我可以放手,随它们去——更高的力量会关照它们。与其说我是信仰宗教的人,不如说我是有精神信仰的人,我会说……我选择相信这种更高的力量。我认为它与类似上帝的某种东西有关,而且你不得不相信它的存在,我相信这是事实……这是我的信仰。我认为理性地解释这种信仰非常困难。我的意思是,这就是重点。我的意思是这在某种程度上是无法解释的,你不能用数学理论来解释,或者你不能证明它的存在;但我相信它是存在的,因为我认为生活中会发生一些我不能解释的事情,这些事情的确发生了。可能是开心的事情,也可能是令人难过的事情,无论什么……某种程度上我在定义属于我自己的上帝和更高的力量。我不会说我已经做到了。我还在探索。

我还采访了安纳莉丝,一个47岁的奥胡斯本地人,一家电信公司的经理。当我问她的父母是否有宗教信仰时,她说实际上她不知道,因为他们"从未谈论过宗教"。安纳莉丝从不去教堂,即使在圣诞节也不去。她认为《圣经》中的故事都是些古老的传说,是人们编造的,不该拘泥于字面意思。所以她不信教——但不是完全不信。当我问她关于上帝的事情时,她是这么回答的:

我相信某种比我更强大的东西,但我不知道是什么……因为——某种东西的确存在。我不相信那个留着大胡子的老人,但我相信某种东西的存在。我认为人类并没有完美到可以处理任何事情。所以一定有某种事物在帮助我们。这种事物一定是上帝或者别的什么。

还有弗兰克,我们在丹麦的后半段时光,他是我的邻居。他是一位音乐家,也是丹麦最著名的摇滚乐队之一的成员。他46岁,娶了一位社会工作者,有两个孩子。宗教绝对不是弗兰克生活的主要部分。他几乎从不去教堂,让自己的孩子接受洗礼只是为了让妻子即将死去的祖母感到高兴。然而,弗兰克也不是完全世俗。年轻时,他尝试冥想,并

涉猎东方灵性,如今他的观点仍然或多或少带有灵性色彩:

坦白地说,如果我发现没有上帝——没有什么准则——我会说我并不觉得惊讶,因为很有可能是这样。但是如果你问我到底相信什么,我觉得我相信有一种准则……上帝,一种力量,有人说是爱,有人说……我认为有一个非常——"事情最终会这样发展"……是的,我认为有,我认为我们的行为不能和这个准则冲突。我更愿意看到的是好像有某种东西已经把所有事情都安排好了,并且加以耐心的观察;如果我们能认真聆听或者感受这种引导,它或许还能指引我们。

• • •

下面是三位不同受访者的采访节选,我认为这三个人都笃信宗教或者具有鲜明的精神信仰。她们是多尔特、劳拉和约翰妮。

我将从我在斯堪的纳维亚生活期间遇到的宗教观念最强的两个人,即多尔特和劳拉开始介绍。多尔特笃信基督教,在宗教取向上和典型的美国基督教要要主义者十分相似。劳拉是复兴的北欧多神教阿萨特鲁(Asatru)的忠实追随者。多尔特和劳拉在宗教信仰方面不同寻常的是,她们既积极地融入宗教团体——定期与教友会面,祷告或参加仪式,学习或做礼拜——又都宣称对超自然的神灵有非常强烈的信仰,这些信仰是她们生命和身份的核心。本章介绍的最后一个人是约翰妮,她不像多尔特和劳拉那样积极或虔诚,然而从她的角度来看,仍然是非常具有灵性的。

多尔特

多尔特40岁,在丹麦第三大城市欧登塞长大。虽然在采访期间她

130

没有工作，但她拥有法律硕士学位，通常担任法律顾问。她没有结婚，也没有孩子，但有一个关系稳定的男朋友，住在哥本哈根。政治上，她支持右倾的保守党。她还是坚定的以色列支持者，在20世纪90年代早期曾在那里住过一年。

多尔特是由信奉基督教的父母抚养长大的，虽然她本人也是基督徒，但脖子上戴着一颗犹太大卫之星（Jewish Star of David）。她告诉我："你可以是一名犹太复国主义者，但又不是犹太人，我就是这样的。"我和多尔特是通过共同认识的吉特联系上的，吉特是一所大学的管理人员。多尔特和吉特都加入了一个虔诚的基督徒小组，每周聚一次，祷告并学习《圣经》。我采访了她们两人——以及这个小组的其他成员——但在下面引用的是对多尔特的采访。

你觉得自己是一个有宗教信仰的人吗？

呃……是的，我觉得我是。实际上，我认为基督教不是你通常认为的那种宗教。但如果我必须回答是或不是的话，我会说是的。

如果基督教不是宗教，那你认为什么是宗教？

我认为人们试图在宗教中获得某种东西……抵达上帝，抵达一种更高层次的生活或者类似这些事情。我认为这才是宗教，但是基督教不是这样——它不是关于人类努力抵达上帝的，而是关于上帝抵达人类的，这就是区别。

好的，我明白了。你相信上帝吗？

是的，我相信。

能解释一下你相信的上帝是什么样的吗？

对我来说，是我在《圣经》中读到的上帝。他创造了亚当和夏娃，并且从亚当和夏娃时期就开始统治，现在仍在统治。

好的，所以当你读《圣经》里的段落——比如孩子被上帝杀掉；例如有许多故事，讲上帝杀掉埃及的孩子只是因为法老，你怎么……？

但是他们被杀掉是因为这就是上帝的统治方式。

所以你信奉的是字面意义上的上帝？

是的，确实是这样，因为我觉得如果我不相信他是字面意义上的，在其他事情上我就会有疑问。这样的话我的观点将决定上帝是什么，而我不这样认为。

你会称自己为基督教基要主义者吗？你怎么看待这个术语？

我认为基督教基要主义者听起来很负面，但是——因为，你知道，人们是如何定义基要主义者的，他通常指一个人非常……呃……右倾，在很多方面非常……极端。而且，他们通常将政治和宗教结合在一起，如果基要主义者是这样的话，那我绝对不是基要主义者。但是如果说到我信奉自己在《圣经》中读到的上帝，并且严格按照字面意义去理解它，那么我就是一名基要主义者。

你如何看待耶稣呢？

他是上帝之子，也是上帝。

你相信恶魔的存在吗？

是的，我相信。

能告诉我你是如何看待恶魔的吗？

恶魔和上帝是对立的。

他住在某个地方吗？

你是说他住在黑暗的洞穴深处还是什么？［笑声］你知道，这实际上是一个很难回答的问题，因为我认为恶魔会以多种形态存在。你不能断定他是住在山里的巨怪还是类似的什么，但是他是……他是世界上的某种邪恶的东西——他是——他和上帝是对立的。他想毁掉所有美好的东西。

那么，如果上帝是全能的，他为什么要放任恶魔四处游荡？为什么不消灭他呢？

消灭它？不——我认为上帝绝对有足够的能力消灭它，有时候我
132 会思考为什么上帝会允许这样或那样的事情发生呢？你知道全世界各
地都会发生邪恶的事情……人们互相残杀，或者像新奥尔良正在遭受
的自然灾害。你可以说，这不公平。这些人做了什么？他们什么也没
做……为什么会发生这样的事情呢？我认为——首先上帝绝对有足
够的力量来消灭恶魔，但他选择以一种我们通常不会选择的方式来解
决……只要活在这个世界上，我们就一直会看到好的和不好的事情发
生。但归根结底，上帝已经消灭了恶魔，因为最重要的是摧毁恶魔所代
表的事物，而它所代表的事物是与死亡有关的一切。当耶稣死在十字
架上，从坟墓里复活，他的确这样做了——他战胜了死亡。当他战胜死
亡的时候，他说："好吧，我们仍然——我仍然希望所有人生活的这个世
界或这个星球继续运转，因为根本上……是我创造了它，它很美好，我
希望它能继续运转，这样尽可能多的人才会了解我。"但是他也知道历
史上的某一天，他会说，好吧，是时候停止这一切了。我说，好吧，就这
样，这就是结局。当我读《圣经》的时候，《新约》里面有几篇文章是关
于恶魔的。我认为它是——用画面讲述的，你明白我的意思吗？但是
它说恶魔将会被火烧死、扔进湖里等等，我认为这幅画面表达了上帝将
会做什么——最终他会说，好吧，我不会再允许恶魔出现，然后摧毁并
带走所有的邪恶，因为它已经被征服了，只是还没有被带走。

那么你相信地狱和天堂的存在吗？

呃……相信，或许我应该换一种说法，因为我相信地球和宇宙。我
的确相信地狱的存在，但是我不能说地狱是这样的或地狱在那儿。我
可以说地狱在上帝不在的地方。上帝不在的地方一定是邪恶的。

在你的信仰体系中，不接受耶稣为救世主的人——犹太人、印度
教徒、佛教徒、无神论者、不可知论者、耆那教徒或者别的什么，甚至是
不接受这一点的基督徒——他们死后，会不会去那个上帝永远不在的

地方？

会。

我明白了，跟我讲讲你在生活中的祷告吧。你肯定会祷告的。能讲讲你什么时候祷告、怎么祷告、为什么而祷告吗？

我经常祷告……呃……我经常在早上祷告，在我起床后，只是简单的几句话……"谢谢你，我昨晚睡得很好"或者"谢谢你，早上醒来天气很好，我可以看到蓝天"或者别的什么。而且我经常祈求上帝这一天与我同在。然后有时候当我——在白天，如果发生了什么事，我会祷告，或者我看到某个人在街上，会说"可怜的人"并且祷告……或者我听到救护车的声音会说，"噢，上帝，请让救护车里的这位男士或女士好起来"，或者……但我通常每天或几乎每天，会有一段时间坐下来或者在树林中散步等等。这时我会为我自己祷告，为我的境况、我的家人、我的朋友、我的国家、世界上正在发生的事情，祈求上帝与我同在，请求他让我按照他想让我生活的方式生活，祈求他保佑我。

你曾经有过被自己称为奇迹或神圣的经历吗？或者发生在你身上的被你称为宗教经历的事情？

几年前，我对自己的生活感到有些绝望。我——事实上是有些害怕——我一直都很害怕。我无法明确这是什么，但是我一直很害怕。而且……我一度很沮丧，于是祈求上帝让我死掉。我不想再活下去了，因为觉得生活是如此……嗯，周围一片漆黑，我不知道该做些什么，而且你知道，就是很绝望。我好几次祈求上帝让我死去，但是我不想自己结束自己的生命；我觉得我不敢这样做，实际上，我也有一些想要活下去的冲动。但是，之后某一天晚上，我睡着了，然后做了一个梦……在梦里梦到我快死了，结果很奇怪，因为我并没有，你知道，只是走在公交车或者别的什么东西的前面，但在梦里我可以看到耶稣下来接我并且带我走。而且它不是……嗯，是一个人的轮廓，但是非常明亮……到处

133

都是光。我感受到了这种幸福……说，好的，好的，我要死了，我要和耶稣在一起……是的，这棒极了。然后我醒了，觉得非常失落。

清醒了吗？

清醒了，并且意识到只是一个梦，不是现实。我感到非常失落，然后一句话几乎立刻浮现在我脑海中——"我想要你活下去"，你知道的，就像上帝在和我说话——"我想要你活下去"。因为某种原因，我仍然很失落，但是我说，好的，我认为我有理由活下去。在某些方面我开始感觉好多了，而且某种程度上接受了那时的生活。几年之后，我经历了另外一件事情，这件事情告诉我这是真的，我想要你活下去。因为下了好多雪，而且……你知道路上全是冰，我当时站在那儿等红绿灯，等公共汽车去兰德尔斯，你知道这个小镇——当时我在那里工作——然后车没来，因为路上积了雪又结了冰，等等。我和一个同事站在那儿聊天，我们站在路中间，在公共汽车经过而且可以停下来把我们拉上去的地方。那时我们站在那儿，我不知道，大概一个小时左右，连车的影子都没见着，于是我俩一致同意，好吧，我们步行去吧。然后我们开始走了，刚走了几步，大概50米的样子，一辆可口可乐大卡车开过来，车在路面上打滑，而且所有……你知道的，装着可口可乐瓶子的箱子全都掉在了我们之前站的地方。正是我们俩刚刚站的地方。你知道那些箱子本来会全部砸在我们头上……如果我们没动的话。于是一句话再次出现在我的脑海里……好的，多尔特，上帝想要你活下去。你明白我的意思吗？

是的，谢谢你的分享。哇，太令人惊讶了。你知道，数据显示大多数丹麦人不相信字面意义上的上帝——他们不相信天堂或地狱，也不相信原罪或耶稣。那么，你会觉得自己属于少数群体吗？

是的，当然。

跟我讲讲和这些有关的事吧——我的意思是——换句话说，你认识的大多数人都不相信宗教,是吗?

是的。

那么,在如此世俗化的国家,作为少数群体是什么样的感觉?

某种程度上是令人难过的。我记得有一次——我有新闻学学位,而且——我当时在丹麦新闻学院。我们刚刚完成学业,正在举办一个大型聚会,我坐在那儿和一些校友聊天。我们也谈到了宗教问题,他们问我一些问题什么的,然后其中一个校友突然对我说:"多尔特,如果你真的相信我们不信奉耶稣就会下地狱,或者就会和上帝分开,那你一定很难过。"那的确就是我的感受,因为这在某个方面是令我难过的。因为对我来说宗教是好的事情。它给予了我很多,当我听到人们说"是的,宗教对你来说很好,但是我不相信"时,我内心非常难过。但是这也是他们的选择,我不能强迫他们。我也不想强迫他们,因为他们——如果他们真的像我一样相信宗教的话,我的意思是,宗教某种程度上对他们来说应该是一种启示,而不是他们的选择……仅仅是,"好吧,我想要去相信"。宗教是很深刻的事情,你不能只是选择相信它。你必须在灵魂深处相信它是正确的……这令我更加难过,就像我说的,但是……某种程度上……这也让我……该怎么说呢……有点自豪。

好的。

我有——你知道吗?这就像——某种程度上是逆流而上,也许是因为我就是我吧。

人们曾经有——你曾经感受到人们因为你的信仰嘲笑你或者不喜欢你吗?或者人们基本上都很宽容、都很善良?

呃……通常都是宽容的。有时,我不会说他们嘲笑我或者类似的,但是他们会认为:"噢,她简直疯了。"[笑声]

如果可以,我们换个话题吧。丹麦是第一个允许同性结婚的国家——同性作为已婚夫妇获得合法地位以及某些权利和特权。呃……

135

你怎样看待这件事,这让你感到高兴和骄傲,还是感到羞耻和烦恼?

我为此感到羞耻。因为我认为——我仍然相信——当上帝创造男人和女人时,异性之间的结合才是他想要的。我的意思是,两个男人或两个女人结合不能生孩子。但是男人和女人结合可以生孩子。而且……呃……我认为上帝从来没有打算让两个男人作为夫妻生活在一起,或者让两个女人作为夫妻生活在一起。让我对这种做法感到羞耻的另一个原因是,当你去婚姻登记时,正如我们平常所称的——你穿过教堂,希望得到教会的祝福——但是你不能对同性恋者说,你们的行为是邪恶的。你只能说——当你给他们祝福或当牧师给他们祝福时,他也在说我祝福你们因为上帝希望你们俩在一起。我认为这对这些人来说是弥天大谎。我认为这确实很令人羞耻,也是极大的错误。因为你对他们讲了错误的事情。因为教会代表着某种权威,教会说这很好,这可以,这非常好……只要你们彼此相爱就好。但实际上并非如此,正如我在《圣经》中读到的。因此我认为这是一个大的——这是一个非常大的羞耻,我觉得让整个世界都知道这一点是非常尴尬的:"啊,丹麦是一个允许同性结婚的小国。"但是这不意味着我认为我们应该对同性恋者不好或类似这样的,因为他们在社会中所受的对待应该是平等的。作为公民——是的。你不能对一个人说,"噢,你不能得到这份工作,因为你是同性恋者"或者别的什么。不,这当然不行。我一个邻居是同性恋者,或者说女同性恋者,我非常喜欢她。她是一个好邻居,而且是我的好朋友。我有一个教会的朋友嫁给了一个男人,结果这个男人是同性恋者,然后他们离婚了,但是他仍然是我的朋友。我不理解他的生活方式,我也不理解我邻居的生活方式,因为这和我的思维差异太大了。但是——从我的宗教信仰来说,我认为这是错误的,但是从社会这方面来讲,你必须平等对待他们……因为我认为……当你自己不是同性恋者时,理解同性恋者非常困难。我知道他们一定会对我说:"是的,但是就像你爱彼得（我男朋友）一样，我也爱站在我身边的这个男人或站在我身边的这个女人。"我听不进去这些话，因为这和我的思维方式差异太大了。呃……在某种程度上，我觉得这……令人恶心。但是这仍属于情感问题。这很困难，因为我——还有你必须——就像你必须爱无神论朋友一样，也要爱同性恋朋友，我认为耶稣也会这么做。

136

劳　拉

　　虽然劳拉的虔诚在某种程度上很像多尔特，但是劳拉不是基督徒。她信仰阿萨特鲁，一种在现代复兴了的古代北欧异教。我和劳拉取得联系，就是因为我对丹麦各种各样的阿萨特鲁运动作了一点研究。我找到了一个特殊小组的网站，然后给他们发了一封邮件，问他们是否有成员有兴趣接受我的采访。劳拉回复了我，我们约在我在大学的办公室见面。斯堪的纳维亚没有很多活跃的阿萨特鲁信徒——肯定不到总人口的1%——但是劳拉所信仰的宗教在丹麦社会确实有一定的合法性；她的群体在2003年作为"官方"或"合法"宗教获得了丹麦政府的认可。

　　劳拉29岁。她在日德兰半岛的一个小村庄长大，现在居住在奥胡斯，在一家大型公司的销售部工作。她和男朋友生活在一起，有一个孩子，受过大学教育，在政治上支持丹麦左倾程度最大的政党红绿联盟（Enhedslisten）。我询问了她参与阿萨特鲁教的事情：

　　事实上，我参与进来已经有好多年了——在这个群体中。我之前也加入过类似的群体，大概有五六年之久。我一直是有宗教信仰的。在我的生活中，我一直以——不同的方式被阐释。

　　当你说你一直有宗教信仰的时候，那对你来说意味着什么呢？

　　实际上，意思是——我认为人们的大脑中有一块地方是留给宗教的，这种特殊的意识总是被我——或者在我的内心被激活——我认为有些人在人生的某个阶段会有这种感觉，而有些人从来没有真正感觉到过。我一直觉得我与宗教的某些东西有接触，实际上，我是作为一个基督徒长大的。我的祖母在某些事情上非常虔诚——有魅力的基督教……所以我效仿她，和她一起去教堂祷告。我一直很喜欢祷告、幻象、音乐和庆祝——之类的东西。然后当我12岁、13岁、14岁时，我开始发现有很多禁忌，同时我也意识到我不是一神论者。

所以你小时候相信上帝和耶稣吗？

是的，我相信，因为这是我唯一知道的名称。我曾经以为宗教就是基督教，因此——但是我也认为丹麦国家教会非常无聊。但是这个充满魅力的教会也不是那么无聊，因为那里有音乐和所有这些奇特的东西。我总是在思考——比如把手放在人的身上就可以治愈。实际上，这只是一种心理安慰。所以我认为教会很适合我，因为我有宗教信仰，但是大多数时间我只是对自己有宗教信仰。我现在和雷神托尔有了联系，特别的联系，但是也与其他神灵有些联系。我和耶稣以及上帝的联系仍像过去那样，他们只是我之前知道的一些名字。长大后，不允许我做的事情太多了，不能听想听的音乐，不能穿想穿的衣服，我已经不再是我了。但是某种程度上我还是相信的。之后我开始学习很多课程，从高中到大学，十多年过去了——我变得更有智慧，学到很多关于宗教和世界的知识，后来我对魔法和神秘学开始感兴趣。但没有什么是我想要追随的——只是感兴趣而且我知道……我身上有某种魔法……我感觉，在某种程度上我可以理解魔法。有些人比其他人更有魔力——或者身体力行，或者做类似的事情。就像我们在丹麦常说的，我认为天地之间有更多东西。作为斯堪的纳维亚人，作为北欧人，很多年以前，我发现这也许是一个好方法——对我来说是一种办法，我尤其感觉托尔是我应该信仰的神灵。我开始随意地举行宗教仪式，所以我来到花园，往地上倒一些威士忌，这就是我那时要做的。大概三年前，我开始和阿萨特鲁的信徒一起。

和别人一起？

我们现在有500人——在奥胡斯的群体有50人。

哇哦。

这是相当多的。

我们来谈谈托尔吧。我的意思是，现在托尔对你来说——如果我说错话了请原谅——我在试着理解——托尔对你的意义就像耶稣和上帝对虔诚的基督徒的意义一样吗？例如，基督徒相信上帝真的存在，他非常强大，你可以向他祷告……你也是这么看待托尔吗？或者更像是你给一些无法表达的东西取的名字？

事实上是第一种。当然，我们不会以同一种方式祷告。我祷告是因为我学过。我不会只向雷神祷告，而是向整个地区所有的神——所有的力量。所以我作了一些祷告，这只是没有说出口的想法。当我需要得到一些东西的时候，我就自己说出来——不是指向托尔，而是所有的神。事实上，我们的想法不会产生什么影响，当我们在夏至或冬至以及春分或秋分举行庆祝活动时，我们也不会去想它们……我们一年有四次这样的庆祝活动，有时候更多，但我们会举办盛大的庆祝活动。然后我觉得这时候我会获得一些力量。实际上对我来说，每个春分或秋分以及夏至或冬至，情况都会发生变化——我会想，我想要和托尔或者太阳联系得更加紧密吗？我觉得我需要力量，需要力量和行动，需要变得更柔和并且照顾好自己。但我觉得托尔是——当我需要在这个世界做点什么，或者需要对这个世界做点什么时，我需要工作的时候就是太阳或者季节变化的时候。因此——但是实际上，各路神灵，在我看来都是真实存在的——但是我不会向他们提出请求……当我真的想要某种东西或者想要感谢全部神灵时，我会举行一个仪式。

138

所以他们真的存在吗？

是的，但不是以基督教的方式，因为我认为基督教的方式太天真了。你自己没有任何责任，你不必是善良的。我认为你必须做真实的自己，而且我认为你必须正派、必须诚实，诸如此类，但我不认为你必须按照一本规定你能做什么和不能做什么的法典生活。所以神灵不会干涉……有时候他们也会……有一位特别的女神，当你结婚时，你会以她的名字承诺一些事情——春天女神（Spring Goddess）。我不习惯用英语谈论她。你已经结婚了——我还没结婚——但是当你结婚时，你向她承诺一些事情，我认为这时她就会干涉；如果你没有履行诺言，你会感觉到的。当然，你承诺和你的配偶在一起，直到你不再想和她在一起为止，所以如果你们共同决定不想在一起了，也没关系。这不像基督教，你们必须生活在一起。这应该由人来决定……由个人决定。我认为其他的神灵不会以同样的方式干涉，但是有时候我觉得我需要做些事情，需要变得强大；我有托尔在背后支持我，我能看到他，比如从我的眼角看过去。我能感觉到他就在那儿……弗蕾亚（Freja）也是。

我爱弗蕾亚。

139 是的，我也爱弗蕾亚。但是我也觉得她也受制于——非常刻板的印象，你知道，他们认为"噢，这太好了"——她很漂亮，但是她还有更多特点——其他女神也是。许多其他的女神并不为人所知，人们也不会以特殊的方式看待她们……和一群信仰阿萨特鲁的女性一起，我们谈论女神们，试着谈论她们的特点、她们是什么以及她们能做什么。

你怎么找到这些信息的？是在书里还是仅仅是冥想或者像是——人们怎样了解女神，了解她们是谁以及做些什么？

当然有，你也许知道"埃达"（eddas），这里面有一些相关的细节信息……但是还有另一种方法能找到，那就是——有点"萨满旅行"的意味。通常女性会做这些。我自己不做，但我很感兴趣，我想也许将来我有能力做。这就像一种超越性的接触，所以很多女性——不，不是很多——据我所知，在丹麦有一些女性会做这个。她们只是在某天晚上坐在篝火旁，或者别的什么地方，然后以某种方式得到一些信息。但我也得到过一些信息……我没有坐在篝火旁，感觉自己灵魂出窍进入了另一个世界，但我有自己的画面。我们共同拥有的梦也有一些意义。我们没有……在我们的群体中，我们没有牧师，但是比起其他宗教团体，我们有一群人主持仪式。我也主持过仪式，所以某种程度上，我也是一位女祭司，但我没主持过那么多次，有些人主持过很多次。有一个人……他现在有点老了，但是他在没有喝醉的时候也很聪明，[笑声]他可以讲一些他在梦里梦到的非常有趣的故事。

好的，真有意思。当你们聚在一起过夏至或冬至时——能讲一些你们聚会时发生的典型的事情吗？比如说——你们会跳舞、唱歌、举行仪式吗？

事实上，每次都是一样的。不是一样的——但也是一样的——我们当然会做这些，不同的是，我们会吃不同的食物。我们在一个小木屋见面，可以在那里过夜、生火以及——一座童子军的小木屋（scout cabin）或者别的什么东西，所以我们有些回归自然。我们只是在周六下午见面，因为人们都会休息，放下所忙之事，然后我们见面，在日落时我们去——冬至时我们把时间定在下午3点，夏至是9点左右。然后我们去——最重要的是我们每个人一起站成一个圆圈。有时候中间会有篝火，有时候会有神像雕塑，还有珠宝和其他我们想要的东西——怎么说呢，你知道我们在仪式上必须是……？

神圣的？

是的，神圣的……我觉得应该就是这个词，我们也把它放在中间。我们开始——牵着彼此的手，也许我们会放开，也许会一直牵着。这取决于牧师或女祭司……我们称他们为——执行者——对主持仪式的两个人的特殊称谓。在我们离开小屋出发之前，他们已经设计了这个仪式，我们站成一个圆圈并且说我们打算这样做。然后我们站在那儿，有时候会有音乐和歌曲，有时候是别的东西……一种特殊的祭品或者别的什么东西。春分时通常——我们用角——一种用来喝蜂蜜水、啤酒或水的角……尤其是在春天，最适合喝水。然后我们拿着这个角，一个接一个地传递下去，根据主持者的设计，可以绕一圈，也可以绕两圈或三圈。然后我们说——我们向神致敬，我们会许愿，向祖先祷告。每次都不一样，但也差不多。你可以拿着角默默做你想做的事……如果你只是想……或者你可以大声发誓，或者你可以说，"向我的祖先致敬，向托尔致敬"，然后接着传给下一个人。

那你父母呢？他们怎么想……？

我只有妈妈——实际上，我从不了解我的爸爸。我生在一个非常奇怪的家庭。你知道的，我的爸爸是吉卜赛人。他不像典型的吉卜赛人，但是走路时推着婴儿车，带着许多刀——我不了解他是因为他在我12岁或13岁的时候就去世了，大概就是这个时间。我的妈妈不怎么喜欢宗教，因为——我的祖母曾经在这个教堂，而我的妈妈从未真正去过，但是她也有基督教的同情心，所以比如当我们庆祝圣诞节时，我是和家人一起庆祝的。这非常棒，但是她想唱赞美诗，而我不想。我的妈妈很酷——在类似左翼政治的事情上很酷，她不太喜欢左翼政治，但是对左翼政治也没有什么意见。所以其实没有冲突，但我们没有讨论太多。然后我的一个妹妹，她实际上不知道我归属于什么宗教——嗯，我以为她知道，但我们不谈论这件事，因为她非常保守而且……我很喜欢她，但是我们会谈论其他事情。然后我的另外一个妹妹，我认为她将来会成为像我一样的阿萨特鲁信徒，因为她身上有这种特质。

约翰妮

约翰妮是一位小说家和画家,在日德兰半岛西北部一座幽静的小岛上长大,目前住在奥胡斯城外的一个小村庄里。她如今38岁,嫁给了一位路德宗牧师。他们有四个孩子。除了绘画和创意写作,她还在攻读宗教研究博士学位。我们在大学认识,成为朋友,一年中我们两家人会有很多时间聚在一起。在我们坐下来开始采访之前,约翰妮对我所作的研究非常熟悉。她听过我在大学里就早期发现作的演讲,我们经常在午餐时讨论正在进行的研究。约翰妮某种程度上对我的研究持批判态度;她认为丹麦人实际上比我描绘的有更强的宗教观念或者更具有灵性。我在采访一开始就进入了这个话题,问她是否真的觉得斯堪的纳维亚人信仰宗教和灵性的程度比我在采访中发现的更深。

是的,我认为……比如你对宗教有一个非常传统的概念——比如"这是关于基督教的,这是关于相信上帝的,这是关于耶稣的,这是关于……"你知道,所有传统的术语,我认为在这方面——你是对的。我们已经世俗化了,你会发现很多人不再符合那种概念的宗教。

好的。

我的意思是——嗯,当然,一切都取决于你如何定义宗教——如果用新的术语来定义宗教,你可能会发现我们的社会宗教性非常强。只要用一种你之前没有提到过的新方式……只不过今天它呈现出一种新的形态。

你能给出一些例子吗?

呃……语言学……语言学的东西——当人们在日常生活中交谈时。例如,很常见的是——当你和某人交谈时,即使是在这个地方——

或者像，"这本书仿佛在找我"……"找到这本书就是天意"……"这件事的发生一定有什么意义"……"我真的觉得这件事的发生是因为我必须要了解它。"很多这样的表达——一直都是。"这件事发生在我身上是因为我需要它在这种情况下发生。"你知道，只是一些细微的表达，但这是一件非常微妙的事。我也不确定到底要找什么。但我确定有某种东西，很大程度上——我认为是基于我的直觉。

如果我问你，"你相信上帝吗?"——我不会说这是什么意思，只是这个问题——你会怎样回答?

这不关你的事。[笑声]不，我会礼貌一些，但我有点想谈点儿别的。我可能会试图转移话题……转向别人的信仰。

这是因为?

因为我不知道自己信仰什么。因为我和大多数丹麦人一样……脑腆，而且我觉得不论我说什么都掩盖不了，只是——我在想上帝是否需要这些讨论，因为——我不知道我信仰什么——我不知道。我是……呃……这无处不在，我随便说什么都行。某一天我可能这样解释我自己，另一天又那样解释我自己。可能就像对话一样。就像……一种我无法表达的东西，因为我甚至都没对自己表达过。

听到"上帝"这个词时，你会想到什么? 它是什么意思? 你会为上帝赋予什么意义?

[长时间停顿]呃……我认为只是某种……某种高于我的东西。我的意思是在一个非常——只是一种出现在更高的地方的东西。我想就是这样。呃……是黄色的某种东西，我认为。

黄色的?

是的……确实有颜色，我认为。但是只是……呃……我……[长时间停顿]……我过去常常更……[长时间停顿]……我不记得我们是否谈论过这些，但是当我去艺术学院时——我想我曾经去过……

我知道你在这里上的艺术学院——在这所大学，对吗？

是的，的确，上了五年。的确，这是我的教育经历。一年后——每年我们都有这些考试，比如——你必须在一个大舞台上展示一年里创作的作品，所有的学生都会在那儿，还有教授们，你会——是的。所以我画了这些带有宗教色彩的画儿，从某种意义上说，这些画儿就像天使——我用的是《圣经》中的象征。这时我还不认识米克尔。当我在舞台上展示所有这些关于宗教主题的绘画时，有人问我："你是基督徒吗？"我站在所有学生的面前——没有立刻回答，然后另一个人（我认为是教授）说："你相信上帝吗？"[笑声]在艺术学院的舞台上，当我们在谈论这个时，然后我说："是的，我相信上帝。"只是随口说的——我不知道我是否相信上帝……但是这只是一种类似于……我参观了好几座古老的教堂，你知道……我在一个从不去教堂、从不谈论上帝和宗教的家庭中长大，完全不……所以，我——我试着——我渴望像其他人一样，所以我开始去这些教堂，试图弄清楚上帝是否存在，类似这样的，然后我确信有上帝，而且我相信上帝。这是我第一次把它真正地表达出来。

好的。

房间里一片寂静。我只是看着所有的面孔……我想，至少，我能看出来他们对我说的话不屑一顾。他们想："哇，这真是——你能有多么卑微？我的意思是，这是艺术学院……她在这里做什么？她应该当一个牧师之类的。她信仰上帝。"你说过的话不可能比这更糟了。而且——在接下来的两年里，我非常后悔，因为我认为每个人都会有这样的记忆："噢，她相信上帝。"而且……我觉得这像是一个谎言。就是——我对自己说的话很满意，但我仍然认为我在撒谎。很难解释……呃……因为仅仅说出我相信上帝，甚至不用说出在我看来上帝是什么，只是表达出来对我来说就已经很难了。

171

会有——在你说出这些话之后的两年里，会有人说，"噢，那是约翰妮，她相信上帝"，我的意思是——你会用"耻辱"这个词来形容这些吗？

是的。

我的意思是，那是不是一种耻辱——就像一种否定——或者像"噢，她是约翰妮，她相信上帝，不可思议吧"……？

不，是第一种。

是一种否定吗？

是……

学生们是否曾经一个接一个地来找过你，想要和你一起追寻宗教，就像——我的意思是，你有没有让他们来找你说——或者他们只是对此不闻不问？

嗯，我记得有一个学生——她很聪明。她叫玛丽安娜，来自挪威，我们实际上是好朋友。她——有着长长的黑发——我只记得有一天她来找我。我刚完成那幅巨幅画，每个人都说"哇"——我非常擅长画画，但是他们认为我的方式——我画关于宗教的画是非常愚蠢的。但是我记得她来时，看着那张我花了一整晚时间画的画，然后说："上洗手间时，你真的曾经拉过大便吗，你知道，脸变得红红的只是——我想听你讲讲你在洗手间的样子。我想要想象到你在洗手间大便的样子——或者你甚至都不大便吗？"这就像——她不是有意想要无礼什么的，但她——这种关于宗教的事情如此……与艺术学院的事情相差太远，所以她只是想让我像……

一个人？

是的。[笑声]

好一个故事……

但是我还记得——这就是我非常迷信的地方……我决定不去艺术

学院，我想开始在这里学习——因为每个人都告诉我，你不能靠画画生活。开始在这里学习的时候，我参加了一个聚会。我们坐在一起，全都是刚入学的新生，我们必须说出自己为什么想要学习宗教。我最初想学习神学，实际上我——我几乎已经开始了，因为我有——当我18岁时，不，我一定已经20岁了——我得了一种病，我确信这种病就像——它什么都不是，但连着好多天我想我快要死了，然后我去散步，并向无论有什么高于我的东西发誓，只要能活下来，我这条命就是上帝的……这件事我从没告诉过别人。我活下来了，所以我想学习神学。但我改变了主意，因为我不想学习拉丁语什么的，所以我开始学习宗教。所以第一个晚上我们要向别人讲我们为什么要学习这个。然后我确实说了……我又说了一遍……我说我相信上帝。离我在艺术学院说的时候大概两年了。我又说了一遍，但这是另一个场景。我感觉很好，因为……好吧，没有人——然后米克尔［她现在的丈夫］进来了。我们认识了彼此，就在那天晚上。所以，你知道后来我有点迷信，一直在思考这两件事——好吧，所以我曾经承诺我这条命就是上帝的，然后那天晚上我在一个正确的场合下把它表达出来，遇到了这个在某种程度上把自己的生命献给上帝的男人，虽然不是以我想象的方式。是的，对我来说，这就像是表达某种事情的神奇方式。

144

在你的生活中，你有没有做过什么让你感到——不论是什么——一种神圣感？如果你想感受"黄色"，你做过什么吗？

一直都有。

一直？

是的，只是一种模糊的存在，我觉得，是的。我不做任何诸如冥想或去教堂之类的事情——不，我不做。

你曾经在生活中用过"原罪"这个词吗？丹麦语中表示原罪的词是什么？没有什么意义的吗？

不，不是的——呃——嗯，我——嗯，某种程度上是的，某种程度上它又不是。理智地讲，这个词是毫无意义的。作为一种情感，它不是——你可以说它是一种情感。你知道——就像四年前，米克尔和我去参加一个聚会，我们不得不开车回家……在回家的路上，米克尔不得不为一个电视节目作准备。有一个广播节目，与他要主持的一个仪式有关，他要在这个仪式上布道。他不会写布道词。他一直很迷惑，不知道说些什么，所以我们决定在回家的路上在车里讨论一下。他必须就《圣经》中一段非常特别的经文来布道——英文中叫什么名字来着——你知道，《圣经》里的那些人总是其他人不喜欢的人——他们想从人们那里得到税收——这是这一小段经文以及这个人。他说："噢，赞美主，我比别人好得多。"而罪人——他是罪人，这个收税者，他真的是罪人，他说："噢，主啊，我做的每件事都是坏的，我是如此低下，如此卑贱，什么都做不对。"米克尔要写点关于这方面的东西。我们正在讨论这个问题……然后坐在车里只是——我真的不抱任何希望。然后我对米克尔说，我不想讨论这些2 000年前写的古老又愚蠢的东西，这就像……呃……我们做点别的吧……我觉得非常空虚。我觉得无论我有什么，比如说信仰或者别的东西，都是虚无缥缈的。让我们意识到我们是文明人，这只是一个古老的故事，是我们传递下来的。真的，真的——感觉车里空荡荡的，忽然我想到孩子们一定已经睡着了，或者类似的事情，我们只是在路上开车，两人都不说话。米克尔，我觉得他也感到空荡荡的，以一种特殊的方式。"好吧，算了，没什么。"不管我们怎么处理这个故事，它——然后一件奇怪的事情发生了。忽然——对不起，我知道你听了一定觉得很傻，但是……

不，不会。

突然我无意中开始说话了。然后我就……我想这对我来说就像一个启示。我之前从未尝试过这样的事情。当意识到我坐在行驶在主干

145

道上的车里时，我开始说话，我看到了一些东西。我看到了像一具尸体一样的东西经过，我看到神学院在燃烧，消失在天空中。我看到……我是说，我并不是疯了。这是……

你看到了这些影像？

是的，大概是这样，我滔滔不绝地说着，非常……就像不是我自己在说话。然后我看到马丁·路德和他的整个——你把它叫作什么来着，宗教改革和——然后我开始谈论宗教改革，这还不是全部。我们必须回到更根本的事情上……是的，我们必须回到比反对天主教会的革命还要根本的事情上——然后——这都是我们从《圣经》中得知的东西，一切都是胡扯，一切都是胡扯。我没有说胡扯，而是用了一种非常诗意的语言来说，然后突然我在天空中看到了所有这些尸体——就在一瞬间，一切都像是定住了，我只是瞥见了一些东西。然后我对米克尔说，这一切都是虚无——真正的东西是完全不同的。所以我认为——我一直在哭，米克尔说我当时就像是处于一种恍惚的状态。他一直在开车，这令人非常难过，也非常非常奇怪。然后我就停住了，我们把车停下来……我们把车停在一座城堡附近，坐在那里，米克尔的状态就像——这是什么？我从来没有尝试过这样的东西——我的状态像……我也没有尝试过。这感觉非常非常非常奇怪。

146

好的……

还有，我有没有告诉过你发生了什么……嗯，还有一个类似的故事。这是一个非常奇怪的故事。我不会把它当作一个笑料。这个故事不是什么启示或者神圣的东西。这件事发生在伊娃两岁的时候。她去上幼儿园，老师们对我说："明天要把伊娃的夹克带来，我们要坐火车去奥胡斯看圣诞老人。"那是在12月份。好吧，我回到家，然后我有一种感觉，不想让伊娃明天去看圣诞老人。我非常害怕，害怕有什么事发生。我不太懂，因为我通常不会这样——我通常不害怕关于孩子的事情。我不会这样。我对米克尔说:"太奇怪了,我不想让伊娃去奥胡斯。"我是说我知道他们可以照顾好她,他们已经去过好多次了,就像一种日常一样,但是我有一种奇怪的感觉。他认为我太过分了。但我一直跟他讲,我们晚上洗澡时,我说这太奇怪了,我觉得我能看见伊娃躺在火车前面的铁轨上。米克尔说:"你正在变成某种东西——我不确定——你正在失去某种东西。"但是我把我看到的告诉了他。第二天……米克尔说:"她当然要去看圣诞老人,别闹了。"第二天,我开车送她去幼儿园,她带上夹克和其他东西,然后我跟她说再见,我就像是——我真的必须阻止我自己,因为我太害怕了——我看到她躺在铁轨上。但是我说了再见,有两次当我——从幼儿园回家的路上,我把车停下来,说我必须去接她回来。最终我没有这样做。我待在家里写东西,工作,一直都在等电话铃声响起来,告诉我出了事。电话一直没响。下午2点的时候,我——"啊,你怎么这么傻",没什么事的。然后米克尔去接孩子,回到家的时候他说:"有件事我必须告诉你。"米克尔到学校的时候,一个成年人说:"请跟我到办公室来,我们要和你谈一件事情,一件非常,非常——嗯,令人沮丧的事情,今天发生的。我们乘火车到达奥胡斯时,车上有8个或者10个孩子,有3个大人协助他们下火车,然后伊娃忽然不见了。我们也不知道是怎么回事,因为我们一直都是这样做的。然后我们其中一个大人开始尖叫,伊娃躺在铁轨上。非常安静,就只是安静地躺在那儿,穿着外套。我们不明白发生了什么,但是火车没有动,我们让火车别动,然后把她抱下来。"其中的两个大人哭得就像——天呐——因为他们之前从来没有经历过这样的事情。他们很沮丧,但什么也没有发生。米克尔对他们说:"我的天呐,约翰妮和我讲过。她昨天晚上和我讲她看到的伊娃就是你现在描述的样子。"然后他们只是——"如果下次她再看到类似这样的事情,请告诉我们。"然后——嗯,我之后觉得非常奇怪,因为我不相信这样的事情……但关键

147

是——我即使告诉米克尔这是——我确信我真的有过这样的经历，因为我告诉了米克尔。

• • •

多尔特和约翰妮给我留下深刻印象的是她们根深蒂固的宗教信仰和精神信仰，这一度让她们觉得自己有点像"外来人"。例如，她们坚定地相信上帝，这使得她们和同龄人区别开来。约翰妮谈到，当她还是一名艺术学院的学生，告诉同学们自己相信上帝时，同学们都觉得她很奇特，有点奇怪，甚至有一点不正常或者非人类——记得有个女生问约翰妮她是否真的拉过大便！多尔特也谈到了类似的事情：她在聚会中和不认同她虔诚的宗教信仰的人讨论，虽然可能并没有嘲笑她，但他们确实觉得她有点古怪。她认为在丹麦，自己的宗教身份使她和主流隔离开来；她有时候觉得自己好像——用她自己的话说——"逆流而上"。1968年，社会学家彼得·贝格尔预测，随着现代社会变得更加世俗化，有宗教信仰的人会发现自己越来越疏离；他说，到21世纪，"有宗教信仰的人很可能只占一小部分，抱团抵制一种世界范围的世俗文化"[3]。当然，彼得·贝格尔预言的这种"世界范围的世俗文化"在40年前肯定没有实现。如果说有什么区别的话，贝格尔的预言与如今的现实情况正相反：在大多数国家，有宗教信仰的人才占主导地位，不信教者、世俗主义者、无神论者和不可知论者更有可能是小群体；他们抱成团，试图抵制无处不在的宗教热情，这种热情让他们有一种被疏离和受到威胁的感觉。但在现代斯堪的纳维亚，贝格尔对宗教信徒命运的描述并不离谱。像多尔特那样的人们的确是独特的少数群体，几乎类似于一种独特的反文化。她和她的宗教伙伴每周都会聚在一起，向上帝祷告，学习《圣经》；随着周围更广泛的文化对他们的宗教信仰和实践的态度越来越冷漠，体验一种团结感变得越来越有必要。

148 　　第二个发现与约翰妮个人的灵性有关。这很特别。一方面，她告诉我，她很少去教堂——一年大概三四次——即便她嫁给了村庄的牧师。她的确相信上帝，却不知道该如何解释上帝；她想不到用什么词汇来描述上帝（其中一个是"黄色"）。换句话说，她的确有"信仰"，而且是真诚和根深蒂固的。但到底是什么呢？对她来说很难表达。她也有过强烈的灵性或非理性的经历，比如她和丈夫开车时陷入的"恍惚状态"——充满了幻象和宗教顿悟——以及她对女儿有一天会在火车站面临危险的强烈预感。简而言之，约翰妮的宗教或灵性的身份是显而易见而且相当重要的。但是最重要的是，它是个人的和无组织的。她的宗教身份不能完全塞进一个条框里。很难给它贴上标签。重点是，我们必须认识到，对很多人来说，他们的个人信仰就是这样，很难定义也很难解释，没有标准也没有典型，但的确存在，这一点确定无疑。

　　最后，我们来谈谈劳拉，这位新异教徒（neo-pagan）。她的群体规模很小，却在不断壮大。他们聚会、庆祝，崇拜古老的男神和女神。谁能预见阿萨特鲁的复兴？生活在19世纪的人会预测到在21世纪早期，异教会被丹麦政府认定为合法吗？重点是，人们完全可以断定，当涉及人类和宗教时，我们永远无法预测或预见未来会发生什么。它的轨迹一直是个谜，甚至十足地令人意外。

　　宗教和灵性虽然处于弱势地位，但在丹麦和瑞典依然存在。[4]这是毫无疑问的。本章所描述的个人当然不是典型的，但她们的存在证明，

149 把现代斯堪的纳维亚描述为一种完全或彻底世俗的文化是错误的。

第八章

充当文化角色的宗教

> 对其信徒来说，一种传统宗教不必充满深刻的神学信仰，也不必受到虔诚的追随。归根结底，这种宗教存在于意识和文化认同的最深层。
>
> ——汉斯·劳恩·伊韦尔森[1]

基督徒的身份意味着什么？很多人可能会说基督徒是这样的人，他们相信：耶稣是上帝的儿子，同时也是上帝，大约2 000年前他因为人类的罪恶被钉到十字架上，但后来又复活了。他们可能会继续说，如果相信耶稣，我们死后就会在天堂与上帝永远在一起——这或多或少在上帝的书《圣经》中有所解释。这种对基督徒身份的解释很好。但是在斯堪的纳维亚生活的一年中，我面对的是对基督徒身份的一种完全不同的阐释。大多数丹麦人和瑞典人会说是的，他们是基督徒。但很少有人会说他们相信基督教信仰的上述传统信条。毕竟，只有大约30%的丹麦人和瑞典人相信耶稣同时既是人也是神，只有大约30%的丹麦人和瑞典人相信有来世，不到10%的丹麦人和瑞典人相信《圣经》是上帝的真实话语。[2]然而与此同时，绝大多数人——大约80%的丹麦人和瑞典人——是其国家教会的缴费成员或纳税成员。而根据格雷斯·戴维的说法,许多当代欧洲人的宗教信仰都很**含蓄**,因为他们可能是不会积极加入教会或集会的信徒。[3]这种情况在斯堪的纳维亚正好相反,在那里,用奥勒·里斯的话说,大多数男性和女性参加教会和集会,却不信仰宗教。[4]

对当代的丹麦人和瑞典人来说,基督徒的身份并不局限于接受一套狭隘的超自然信条。基督徒的身份与他们的文化息息相关,是他们集体遗产的一部分,体现在他们的童年经历和家庭传统中。基督徒的身份是经历重要仪式,包括出生、坚信礼、结婚和死亡的通道(conduit)。它与节日、歌曲、故事和食物有关。这可能和达尼埃莱·埃尔维厄-莱格尔称作"记忆链"的东西类似。[5]至于耶稣的救赎之血,或处女生子,或地狱和天堂,或"因信称义",或启示录——这些都被边缘化了,甚至在他们对基督徒的身份意味着什么的主观经验中完全缺席。

和丹麦人以及瑞典人谈论他们的信仰、世界观和身份,实际上让我想起很多犹太人。我在一个犹太家庭中长大,在犹太人中成长——他们实际上都不相信犹太教的字面教义。我所有的亲戚都是犹太人,我父母的朋友几乎也都是犹太人,上学时我的很多朋友都是犹太人。我参加过很多年的犹太人夏令营,也上过很多年希伯来语学校——但在所有这些经历中,我很少(真的有吗?)认识真正相信摩西确实在西奈山从上帝那里领受十诫的人。在希伯来语学校里,我们学过亚伯拉罕差点杀了自己的儿子给上帝献祭的故事。但是实际上没有人——甚至老师们也不——相信这件事曾经发生过。在每年的逾越节,我的大家庭——姑姑、叔叔、侄女、侄子、堂兄弟姐妹、祖父母、朋友——围坐在逾越节家宴桌旁,庆祝上帝把犹太人从埃及的奴役中解救出来。我们背诵《圣经》故事,念着与之相关的祷告,但实际上没有人相信这讨厌的东西。逾越节仪式的本质是与家人团聚,享用美味的食物,参与犹太文化传统。但这与信奉上帝无关——一点关系都没有。我还应该提到，在研究生院时，我花了两年时间在俄勒冈州⁶的一个犹太人社区作定性研究；那段时期，在我观察和采访的许多犹太人中，只有少数人是信教的。大多数人都不信教。他们在犹太社区和犹太教堂中很活跃吗？的确是的，但不信教的人也是这样。至于我在以色列生活的那一年，我在那里遇到的大多数人，尤其是犹太教居民（kibbutzniks），和洛杉矶以及俄勒冈州的人一样，都是绝对世俗的。诚然，世界上一小部分犹太人对上帝以及《摩西五经》（Torah，基督徒称之为《圣经·旧约》的前五卷）怀着虔诚和真诚的信仰。但他们是一个独特的少数群体，只包括大约6%的美国犹太人和14%的以色列犹太人。⁷

151

生活在斯堪的纳维亚人中间，一种现象给我留下了深刻印象，即丹麦人和瑞典人也像许多犹太人那样，在孩童时期就接受《圣经》故事的教育。他们学习宗教歌曲和赞美诗，与家人一起庆祝各种各样的宗教节日，几乎全部都有基督教的社交经历，最常见的形式是坚信礼课堂。然而，尽管我采访的绝大多数丹麦人和瑞典人与和我一起长大的犹太人一样，对这些表面上的宗教经历普遍怀有好感，但他们几乎都不相信神学的基本内容。

斯堪的纳维亚人和犹太人

因此，斯堪的纳维亚的基督徒和当代犹太人非常相似，至少在当代宗教身份方面是这样。实际上，这两种宗教团体相似之处太多了。具体如下：

- 关于每月的教堂活动参与率，12%的丹麦人和9%的瑞典人每月至少去教堂一次。⁸这和犹太人惊人地相似：13%的以色列犹太人和11%的美国犹太人每月至少去一次犹太教堂。[9]

- 与世界上其他基督教国家相比,丹麦和瑞典是信仰上帝人口比率最低的国家之一。[10]同样,与美国其他宗教团体相比,犹太人也是信仰上帝比率最低的民族之一。[11]

- 正如本书中所有的数据所显示的,丹麦人和瑞典人在所有国际宗教信仰调查中位于得分最低之列;同样的现象也出现在犹太人身上,正如本杰明·拜特-哈拉米所言,"现代犹太人高度世俗化,在所有已知的研究中,他们在宗教信仰和宗教参与的各项指标中得分都很低"[12]。

- 斯堪的纳维亚人是世界上最认可/接受婚前性行为的人群之一。[13]同样,犹太人在美国所有宗教团体中最认可/接受婚前性行为。[14]

- 丹麦人和瑞典人在支持堕胎权方面走在世界前面。[15]同样,犹太人是美国所有宗教团体中最支持堕胎权的。[16]

- 丹麦人和瑞典人在接受/认可同性恋方面走在世界前面。[17]同样,在美国所有宗教团体中,犹太人无疑是最接受/认可同性恋的。[18]

- 说到政治,丹麦人和瑞典人在民主世界中是经济上最左倾的民族,支持强有力的福利政策、支持累进税、支持工会,等等。同样,在美国所有宗教团体中,犹太人始终是最左倾的;犹太人是美国最支持民主党的宗教团体。[19]

- 如果有一种共同的民族精神可以代表斯堪的纳维亚文化,那就是对社会平等的信奉。[20]在最近的美国犹太人民意调查中,当被问到犹太人身份中最重要的方面是什么时,排名第1的答案——54%的犹太人表达了这种观点——是"致力于社会平等"。至于"宗教仪式",受访的犹太人中,只有

152

15%的人认为这是他们犹太人身份的核心。[21]

在上述这些有趣的相似之处中，斯堪的纳维亚基督徒和当代犹太人之间最基本和最重要的相似之处是：**两者都保持着对特定历史宗教传统的鲜明的归属感，都参与各自宗教的各种实践和庆祝仪式，但对各自宗教字面教义的实际信仰程度极低。**丹麦人和瑞典人认为自己是基督徒，犹太人认为自己是犹太教徒，但在这两种情况下，上帝或深厚的宗教信仰都不是这些身份的核心或者必要组成部分。事实上，当我们观察宗教在大多数丹麦人和瑞典人以及犹太人的生命中所充当的角色时，我们真正所观察的，更准确或更恰当地来说，是**充当文化角色的宗教**。这一概念最早（就在几年前）由美国宗教社会学家N. J.德梅拉思[22]提出。

充当文化角色的宗教

首先我们必须给"宗教"下一个定义，众所周知，这是一项艰巨的任务。[23]多年以来，社会学家给宗教下了无数的定义（我就不一一列举了），但只要说出以下这一点就够了：宗教的定义是如此棘手，以至于最近一些宗教社会学家选择完全退出，拒绝给出一个定义！[24]尽管如此，以下是我个人对宗教的定义：宗教指人类基于对超自然、超脱尘世或精神元素的信仰而构建的概念、仪式、经验和制度。对我来说，超自然因素才是关键。我同意斯塔克和班布里奇的观点："缺乏超自然假设的宗教根本就不是宗教。"[25]信仰耶稣的人和信仰吉米·亨德里克斯的人之间，或者是那些经常聚在一起热情歌唱来赞美他们最喜欢的足球队的人和经常聚在一起热情歌唱来赞美上帝的人之间，或者是那些认真庆祝感恩节的人和认真庆祝复活节的人之间，其关键不同最终归结于对

153

超自然、超脱尘世或者精神元素的信仰。毕竟，当乐迷们称吉米·亨德里克斯为"上帝"时，他们的意思当然不同于南方浸信会传教士称耶稣为"主"。前者是隐喻性的陈词滥调，后者是对超自然事物的真实信仰的真诚表达。铁杆球迷可能认为自己最喜欢的球员是这个星球上最伟大的人，但并不会虔诚地相信他们是从天上来的或者他们的母亲是处女。好的，你抓住重点了。"宗教性的"事物必然要带有对超自然、超脱尘世或精神元素的信仰。

　　现在让我们回头来看斯堪的纳维亚人和犹太人。鉴于我们对宗教给出的上述定义，我们怎么看待，比如说，一场典型的丹麦婚礼呢？如何描述或理解它？从表面上看，新郎和新娘在牧师的支持下，在一座古老教堂的神圣的围墙内，在向着上帝和耶稣的祈求中结合在一起。然而，即使是一些最小的调查也会揭示，几乎没有人真正相信字面意义上的上帝或者耶稣在天堂祝福他们的结合——新娘和新郎不会相信，大多数出席者也不会相信，甚至连牧师自己都不相信（在丹麦，一个人可能既是牧师又是无神论者）。[26]或者我们如何看待加利福尼亚犹太少年的成人礼？它可能发生在一座精美的犹太教堂那神圣的围墙内，人们诵读古老的祷文以召唤和感谢上帝，戴上传统的犹太头巾，诵读《圣经》，但是几乎所有出席的人——包括犹太少年和他的父母，甚至拉比都有可能——都不相信人们所说的、诵读的和吟唱的文字；事实上，只有10%的美国犹太人相信《圣经》是上帝的真实话语。[27]

　　那么到底是怎么回事呢？这两个例子中——以及其他无数可以随时调用的例子中——所发生的事，实际上在世界各地都很常见：人们参与一些表面上看是宗教的事情，但实际上并不相信其中的超自然元素。

　　数以百万计的人吃或者拒吃特定的食物，唱歌或祷告，斋戒或大摆宴席，让孩子接受洗礼或割礼，戴护身符或头巾，在身上做记号或印记，庆祝节日，跳舞或集会，参与很多典礼、习俗、仪式和传统——不是出于

154

对超脱尘世的信仰，不是为了取悦或安抚上帝，也不是为了确保自己长生不老，而是因为觉得这样很特别，因为这给他们的生活带来了节奏感和刺激感，因为这让家人团聚，因为这让他们觉得自己是某种伟大而又幸运的事物的一部分，因为这很有趣，因为这在某种程度上无形地将他们与上一代人以及后人联系起来，因为他们喜欢音乐，因为这象征着对一个团体或国家的忠诚，因为这丰富了公共纽带，或者仅仅因为文化惯性，换句话说，"我们一直就是这样做的"。

　　总之，人们成为宗教传统的一部分有无数种原因，除了——有时甚至是**尽管有**——内在的超自然因素。重申一次，我们讨论的是充当文化角色的宗教，而不是"文明层面的宗教"[28]，这是两种本质不同的事物。但是充当文化角色的宗教毫无疑问是普遍存在的；N.J.德梅拉思认为："在世界上的许多社会——也许特别是在欧洲——充当文化角色的宗教可能是协调各种宗教取向的最大公约数（category）。"[29]

定义和核心元素

　　我对充当文化角色的宗教的定义——不可否认是基于我生活在犹太人之间的经历以及我对斯堪的纳维亚人所作的研究——如下：**充当文化角色的宗教是指人们认同历史宗教传统，参与表面上的宗教活动，却不真正相信其超自然内容的一种现象。**因此，充当文化角色的宗教包含两个主要元素或组成部分：一是人们自我身份和团体身份的问题；二是人们参与名义上的宗教活动的领域，比如各种各样的宗教实践、仪式和典礼。

　　首先让我们来简要看一下第一个问题：**身份**。　　　　155

　　2001年9月11日恐怖袭击后的几个月里，我很好奇我所在的加州克莱蒙特社区的穆斯林们过得怎么样。他们受到任何口头攻击了吗？

他们是否正处在充满敌意的工作环境中？他们的邻居对他们怎么样？为了得到这些问题的答案，我决定作一些采访。我一个穆斯林熟人都不认识，所以我开始四处打听。原来我一直都不知道我们学院的一位管理人员是穆斯林（她来自马来西亚）。然后我找了一个学生（他是沙特阿拉伯的交换生）采访，还采访了我父亲认识的一对夫妇，他们住得恰好离我很近（他们来自土耳其）。最后，我给附近清真寺的一位伊玛目打了电话，采访了他（他来自巴基斯坦）。所以我的样本数量是5个，我承认这个样本不大，也不是随机产生的。尽管如此，采访还是很吸引人。好消息是，这5个人中没有一个经受过太多来自美国同胞的敌意。但真正让我感兴趣的是，在我采访的5位穆斯林中，有4人（除了伊玛目的所有人）都不信教。在马来西亚长大的管理人员贝丝这样描述她的身份：

> 我是作为穆斯林长大的，但即便如此，在整个童年我还是强烈地意识到，你知道的，我不像其他和我一起长大的穆斯林，不像我的亲戚，等等。我们庆祝穆斯林节日，我们做穆斯林会做的一些事情，但只是以一种最表面的方式。我们在禁食月（fasting month）期间斋戒、庆祝斋月（Ramadan）、庆祝开斋节（Hari Raya），并和亲戚们一起庆祝斋月的结束（Eid）。在禁食月期间，我们准备食物，准备斋月所有要用到的东西——我们会在半夜起来吃饭，这样白天就可以禁食。所有这些我们都会做。我从小到大都做这些，但是所有这些都不带有任何宗教意义——不带一点那种意义——你知道的——"圣洁"（virtuousness）。只是加入家庭和亲戚的活动中来，不会觉得亲近真主或者任何类似的事情。只是一种社交和文化经历。

其他三位穆斯林以一种非常相似的方式表达了他们的身份。他们之所以是穆斯林是因为他们的出生地，因为他们父母和祖父母的身份，因为伴随他们成长的传统、他们最了解的文化，等等。他们尽管认为自己是穆斯林,却不接受伊斯兰教信仰的任何精神或超脱尘世的主张。至于斯堪的纳维亚人,正如我在本书引言中提到的,在丹麦和瑞典,当我问人们是否是基督徒时,几乎所有的受访者都回答"是的"。然而,当我问这对他们意味着什么时,他们的答案几乎从不基于神学。 156

以下是对"基督徒的身份对你来说意味着什么?"这个问题的一些典型回答。

47岁的电信公司经理安纳莉丝说:

做一个好人,对人友善,不伤害任何人,在别人需要帮助时伸出援手,诸如此类。但没什么特别的,你知道,只是做个善良的人。

这对你来说不意味着"我信仰耶稣作为我的——"

不,不是。

36岁的职业教练达格说:

这意味着你持有相信他人的价值观。

你认为作为基督徒可以不相信上帝吗?

是的。我认为你可以是基督徒但不相信上帝。你信仰这些价值观和理念,但不必相信有上帝。

36岁的全职妈妈阿妮卡说:

基督徒的身份意味着我们要照顾社会上的穷人和残障人士……有同情心,能够为他人而不是自己考虑……照顾弱者、穷人……不歧视他人……认为每个人都有相同的价值。

以下来自与35岁的幼儿园老师雅各布的对话:

你相信上帝吗?

不,我从不认为我相信上帝,不。

你会称自己为无神论者吗?

我觉得也许我是无神论者,但是我真的没有思考过太多这方面的东西。但是我不相信上帝。

你会称自己为基督徒吗?

是的,我觉得会。

这意味着什么呢?

我觉得这是因为丹麦人就是基督徒。当你和其他国家的人交谈时,你会用到这个词。所以人们经常问你——你信教吗或者你信的宗教是什么?——那么说自己是基督徒就很容易。

29岁的小学老师埃伦说:

我认为自己是基督徒。我认为这意味着我尊重教会,如果我要结婚,我绝对想在教堂结婚。

157　以下来自与62岁的退休店员蒂厄的对话:

我喜欢传统。我不相信上帝,但我喜欢传统。我会说自己是基督徒。这意味着我热爱传统。我只是喜欢我们有教堂。

你会在圣诞节去教堂吗?

有时会,很少去。

圣诞节你会做什么?

比如一些古老的事情——围着圣诞树跳舞……吃一顿健康美味的饭菜。[笑声]

43岁的计算机公司经理马伦说:

这意味着你对看待他人的方式有一些基本的态度——包括我养育孩子的方式。我该怎么说呢?呃……我认为如果你看到——我认为基督徒是有爱心的人。爱是基督教的信仰之一或者——我觉得这对我来说很重要。还有,我如何对待他人,尤其是在当今,你听到很多关于移民等的事情的时候。我认为当我说那样对待别人不对的时候,我的基督教信仰就有点显露出来了。所以,如果你能理解这个,这就像我的基本态度是我是基督徒。

以下来自与66岁的退休实验室技术员赫达的对话:

我是基督徒，是的，某种程度上是。我相信要对别人做好事，要做一个善良的人。

你相信上帝吗？

不相信。

30岁的理疗师莫娜说：

我是基督徒，因为我在基督教社会长大。我们的思维方式是基督教的，所以我觉得——它决定你如何对待别人。就是这样一种方式。

50岁的小学老师汉斯说：

大多数情况下我会说自己是文化基督徒，而不是虔诚的基督徒。但是我认为基督教的价值观——我觉得很好。对我来说，也要练习在对待别人时做一个正常人。从这个意义上说，我是基督徒……如果我观察一个笃信基督教的人——他每周都去教堂，每天都向上帝祷告，等等——我不是这种人。但基督教把我们——带进了我们的社会、我们的文化——我觉得这非常好，因为它给了我……一些参照物——在如何做一个好人方面，可能是这样。你有一些可以参考的东西……一个"道德框架"——是这样吗？是的。这大概就是我说的基督教文化的意思。

以下来自与44岁的秘书赫勒的对话：

你会称自己为基督徒吗？

啊哈。会。

这对你来说意味着什么？

158

嗯，我们的教会事务部长有一个非常恰当的词来描述——他说许多丹麦人是文化基督徒。不知道你有没有听过这个说法。

你同意他说的吗？

是的。

你会说你更像一个文化基督徒吗？

是的，非常像……这意味着承认我们的文化是基于基督教价值观的，承认教会在我的成长过程中以及在社会中所起的作用。我是这么认为的。

这只是选自十个斯堪的纳维亚人的答案。把它们乘以十的倍数你就能很好地理解，我在这些同样的话语中所得到的回答的总量。当然也有少数人认为《圣经》、上帝和耶稣才是基督徒身份的核心。还有少部分人说他们不是基督徒，不接受这个称号，因为他们已经退出教会，认为自己是无神论者或人道主义者。但是，绝大多数丹麦人和瑞典人都明确地认同自己是基督徒，然而这种认同通常缺乏基督教的关键信仰。

因此，充当文化角色的宗教至少表现为对某一特定宗教的个人或团体的基本认同——不必相信它的超常元素。数以百万计的人们，从斯堪的纳维亚的基督徒到加利福尼亚的犹太人再到在马来西亚长大的穆斯林，将自己与——认为自己是其中一员的——一种传统宗教群体联系起来；但他们的身份在本质上基本是世俗的和文化的，与各种各样的原因、经历、概念或价值观有关，与对超自然主张的个人信奉（甚至是精通）毫不相干。

充当文化角色的宗教的第二个主要组成部分，也许是最突出和最重要的组成部分，包括人们实际参与的各种活动，例如仪式、节日、典礼和生命轮回的过渡仪式——但其中并不包含信念或信仰。在斯堪的纳维亚，这种充当文化角色的宗教的例子比比皆是。例如，丹麦最近的一项民意测验调查在复活节这一天，男性和女性认为最重要的事情是什么；58%的人说和家人在一起，41%的人说休假，31%的人说春天的到来和冬天的结束，而只有11%的人说耶稣的死亡和复活。[30]

159　　以洗礼为例。绝大多数丹麦人和瑞典人让自己的孩子接受洗礼。从表面来看，这是一个非常具有宗教性或者说神圣的仪式。这种仪式在教堂的神圣围墙内举行，主持牧师诵读《圣经》段落，基督徒祷告，以召唤上帝和耶稣。给婴儿洗礼的历史或传统原因——至少根据马丁·路德1529年颁行的小本《教理问答》——如下："洗礼能赦免原罪，救人脱离死亡和恶魔，按照上帝宣布的道和应许，赐予一切信徒永远的救赎。"[31] 是的，这就是马丁·路德早在16世纪所宣称的。但今天的北欧路德宗怎么看待洗礼呢？毫无疑问，给婴儿施洗是丹麦人和瑞典人参与的最重要、最可爱和最特殊的仪式之一。毫无疑问，这在情感上具有重要意义，对于受洗婴儿的父母、祖父母和亲戚来说充满了意义。但这种意义在本质上是家庭的、文化的或传统的，不是超自然的。帕姆和特罗斯特解释了瑞典的洗礼："对于大多数父母来说……宗教方面是次要的，教堂仪式只是仪式的一部分。他们借受洗仪式的契机举行聚会，把孩子介绍给亲朋好友。"[32] 不可否认的事实是，在丹麦和瑞典，几乎每一个见证、享受和参与婴儿洗礼的人实际上并不真正相信原罪和恶魔的存在，不相信死亡的救赎，也不相信上帝所应许的永恒的救赎。我甚至怀疑大多数丹麦和瑞典的牧师是否真的相信这一点。

以劳里茨为例，她是一位50岁的丹麦乳制品公司部门主管。在女儿接受洗礼这件事上，她这样说：

那时我并不相信有上帝。我们当时和一位牧师讨论了很多，一位非常优秀的牧师。他说，嗯，我这么说吧："也许你不应该这么严肃地从字面上理解上帝的概念。"他说你应该这样想：事情有好有坏，受洗仪式是你想给这个孩子的，以此让她得到美好的东西。我认为这是一个很好的说法。是的，有时在人生的某个阶段停下来，说这是一个里程碑，庆祝这个或那个，这是很重要的。我想后来我和人们就这个问题进行了很多讨论——我总是用这个观点。我认为这是一个很好的表达方式。

当我问他为什么给儿子施洗时，之前提到的35岁的幼儿园老师雅各布说：

我认为是文化原因。之后，他可以做出自己的选择。我觉得这就像：我是教会的一员。我认为这只是一个传统，给他施洗也是如此。

这和上帝或耶稣有关吗？

无关。

28岁的全职妈妈马亚说：

我们刚让女儿接受了洗礼，因为这是传统。对我来说这并不意味着什么——让她受洗。主要是我男朋友的愿望……我觉得这样可以，挺好的，但没有那么重要……在他家里这是一件比较重要的事情，我觉得。

关于给孩子洗礼的原因，39岁的税务立法顾问莉萨说：

因为我觉得这更像是一种好的传统……我认为这更像是文化层面的事情，而不是宗教层面的事情。这是一种传统。

你相信上帝吗？

不，我不相信上帝。但我想我相信某种力量，或者某种东西——怎么描述呢？——"命运"什么的。我不会说我相信上帝。

当孩子问及上帝的时候，你会对他们说什么？

我告诉他们这是胡说八道。[笑声]

以下来自与40岁的电台经理内阿的对话：

你让自己的女儿受洗了吗？

是的。

为什么？

因为这是应该做的事情。[笑声]

劳里茨、雅各布、马亚、莉萨、内阿——在我一年中采访了这么多值得采访的其他人后，我发现她们的话很有代表性。这一点很清楚：大多数丹麦人和瑞典人参加洗礼这种表面上和历史上的宗教仪式，是出于各种各样的原因——从取悦姻亲到把它当作一种很好的传统来享受。但是，他们很少心怀任何对上帝的信仰或者深刻的超脱尘世的想法来庆祝这种仪式。在丹麦和瑞典施行的洗礼是充当文化角色的宗教的成功范例。

同样的道理也适用于斯堪的纳维亚路德宗社会的许多其他习俗，包括在教堂结婚的传统、庆祝圣诞节和复活节、在教堂举行葬礼以及在十几岁的时候受坚信礼。在这一点上，如果我引用所有人就他们为何参与这些仪式、节日和典礼给出的解释，就会显得累赘。我相信你已经猜到他们的答案是什么了：他们参与这些事情的原因多种多样，**除了**对上帝、耶稣、天堂、地狱或者对他们灵魂的未来的深度信仰。事实上，我 161 采访过的许多人都参与这些节日、仪式和传统。他们不仅仅是对这些超自然信仰漠不关心，甚至是直接反对这种信仰。同样，当代犹太人也是如此。

充当文化角色的宗教的额外元素

尽管个人和群体身份以及参与仪式、节日和生命周期典礼构成了充当文化角色的宗教的两个关键元素，当然还有其他元素值得简要提及。

首先，针对宗教建筑物，即教堂，存在着一种文化上的宗教倾向（culturally religious orientation）。对于信仰文化层面的宗教的斯堪的纳维亚人来说，教堂是美好的事物。人们很乐意见到教堂。晚上开车沿着乡间小路行驶，经过一座古老的石头教堂，坐落在半山腰，灯火辉煌，和蔼可亲，这种感觉真好。对于大多数丹麦人和瑞典人来说，教堂还是他们民族身份的象征，或者用富兰克林·斯科特的话说，斯堪的纳维亚的教堂是一种"公众纪念物"[33]。我不知道瑞典的情况如何,在丹麦,很多人把教堂看作国家本身的结构性象征:国家的历史、遗产、人民和精神的象征。也就是说,教堂的确不是人们常去的地方——回想一下,丹麦人和瑞典人去教堂的比率是世界上最低的。然而,他们仍然喜欢教堂。他们喜欢这种建筑物的存在——至少在远处时他们很喜欢。他们喜欢每个星期天早上教堂的钟声响彻城镇,尽管这并不能激励他们真正参加教堂的礼拜。

斯堪的纳维亚文化宗教信仰(cultural religiosity)的第二个方面是对经文,尤其是《圣经》的某种倾向。我发现,尽管几乎没有人读过或学习过《圣经》,甚至更少的人认为它本质上是神圣的——只有7%的丹麦人和3%的瑞典人认为《圣经》是上帝的真正话语[34]——但几乎每个人对它都有或多或少的正面评价。他们认为《圣经》是一本"好"书,是古老的正派道德和价值观的宝库,一本令人尊敬的充满智慧和洞察力的重要故事集,一部重要的历史著作,甚至在某种意义上是他们文明的基石。但是同样,它又不被视为从天上掉下来的东西,不是天使创造的,也不是按照某个不朽的、永恒的、无所不知和无所不能的神的旨意写成的。

文化宗教信仰的第三个方面是——尤其是在斯堪的纳维亚基督教的多样性中——即使一个人不相信上帝,也绝对不愿意给自己贴上无神论的标签。我总是对这种现象感到好奇,因为每当察看宗教信仰调查结果时,我都会注意到一件奇怪的事情:说自己不相信上帝的人所占的百分比总是明显高于自称无神论者的比例。[35]怎么可能呢?对上帝缺乏信仰和无神论不就是一回事吗?也许严格来说是这样——但在信仰文化层面的宗教的人的思想和主观认同上,并非如此。我采访的许多丹麦人和瑞典人接受了无神论者的身份(比如克里斯蒂安和莱娜,我在前几章重点讲过他们),但告诉我他们不相信上帝的绝大多数丹麦人和瑞典人，同时也拒绝被贴上无神论者的标签。对他们来说，"无神论者"这个词太过消极，谴责意味太强。这个标签有一种充满敌意的感觉，他们不愿意与其联系在一起。例如，弗雷德里克，一位70岁的退休文学教授，讥讽无神论者是"上帝的敌人"。66岁的高中教师赫达告诉我她不相信上帝，但是也不会称自己为无神论者，因为"我没有那么狂热——'无神论者'这个称谓过于强烈"。对于其他避开无神论者称谓的人，虽然不相信上帝，但他们相信"某种事物"。这实际上是一个非常常见的回答："不，我不相信上帝……但我确实相信**某种事物**。"每次我问这意味着什么，他们几乎总是无法明确地表达出来。这种东西不是他们能够描述的，也不是他们深信不疑和过于关注的东西。这不是他们存在的核心，也不包含宗教信仰。但被问到这个问题时，答案是："我相信某种事物，但我不知道具体是什么。"我发现这类似于一种温和的不可知论——一种细微的感觉，觉得生活中有比严格意义上的物质或经验现实更多的东西。当然，没有人确切知道那是什么东西。人们说的最常见的话是，"天地之间应该有更多东西，你知道……"

充当文化角色的宗教与认知失调

如果人们不相信上帝或耶稣的祝福，为什么要给他们的孩子施洗 163
呢？如果他们是无神论者，为什么还要让自己的孩子接受割礼？这些人会感到困惑或觉得虚伪吗？可以说信仰文化层面的宗教会导致认知失调——这个流行的术语被用来指潜在的不舒服或者制造紧张的情况，在这种情况下，人们的行为和信仰相冲突。我采访的大多数丹麦人和瑞典人对参加宗教仪式和诵读祷文不会觉得那么困扰，尽管他们缺乏个人信仰。他们就只是去做——没什么大不了的。然而，我确实采访过一些人，他们无法将自己缺乏信仰与公开参与宗教活动协调起来。

一个突出的例子是米娅,一位34岁的博物馆馆长,在哥本哈根长大。米娅不相信上帝(但不要称她为无神论者!),不相信耶稣是神圣的(但补充说她没有思考过耶稣的本质),她是由不信教的父母抚养长大的。米娅在30岁出头时退出教会,现在把她以前给教会缴纳的税费捐给了国际特赦组织。这是由于她无法一面不信路德宗,一面成为挚友的孩子的教母。这是一个艰难的困境,但最后,她觉得必须按照自己的世俗信仰行事。她解释说:

> 我拒绝当教母。这是我非常非常亲近的一个孩子。但是我不能——我只是不愿意在教堂里宣誓。这对我来说真的是一个很艰难的决定,因为不仅涉及我自己对宗教的看法;当孩子的父母问你时,当然,在某种程度上也涉及他们的看法——一个问题——我不能这么做。所以某种程度上他们在对你说:"你会成为这个最重要的人吗?这是我们的传统,我们有相应的仪式。"所以当我说不的时候,我觉得我会对所有其他的事情说不。我和自己商讨了很多次,结果是——拒绝。我可以填写所有的表格,他甚至可以得到我的肾,他可以得到任何东西——我会为他做很多事情——在正确的时间做该做的事情——如果他的父母不在,我也可以照顾他。所有这些……我在所有的事情上都百分百地支持他,但是不会答应用基督教的信仰来抚养他,不能接受在教堂里举行这个仪式。

> 当你向自己最好的朋友解释——你不能这样做是由于那个特殊的原因时,她是什么反应?

> 她感到很难过,但是问我的时候她就已经知道将是一件棘手的事情,所以她尊重我的决定。

康拉德39岁,是斯德哥尔摩的一名电脑技术员。14岁的时候,他拒绝参加坚信礼仪式,因为觉得这样做是虚伪的,因为缺乏信仰:

> 这是很不寻常的。在我的学校和班级里,只有我和班上那个朋克

摇滚歌手没有受坚信礼。我想,我不相信这个,那么我为什么要这么做? 其他孩子中也没有多少人相信,但是如果他们这么做,父母会承诺给他们礼物和其他东西。所以他们这么做只是为了礼物。我想: 这太愚蠢了。我不相信这些——任何这些事情——那我为什么要这样做呢?

马斯现年52岁,是一家屠宰场的工人。他多年前退出教会,认为自己是一个坚定的非信徒。正如他向我解释的(通过翻译):

年纪越来越大时,我对成为这个我不相信的组织的成员感到恼火。尤其是当我开始赚钱的时候。我不想——自动向这个组织缴税。当我不相信它时我不想这么做。

我采访的人中还有很多像米娅、康拉德和马斯那样的人——他们退出教会,或者拒绝受坚信礼,或者拒绝在教堂结婚,因为他们根本不信教——但大多数丹麦人和瑞典人仍然是教会成员,并认同自己是基督徒,参与各种各样的节日和仪式,即使他们不相信超自然事物。他们的信仰和身份/活动可能并不完全一致,但是这似乎并没有让他们太过担忧或烦恼。他们从参与宗教传统中获得的快乐,似乎远远超过了可能因任何程度的认知失调而经历的紧张或不适。

结　语

充当文化角色的宗教也许在犹太人、丹麦人和瑞典人身上最强大和最容易辨别——正如本章试图说明的那样。但是其他宗教和其他民族呢? 比如说在泰国佛教徒或东正教塞尔维亚人或犹他州的摩门教徒中,充当文化角色的宗教有多强大? 我想知道即使在那些宗教性非常强的国家,是否也有相当一部分人可能实际上更倾向于信仰文化层面的宗教,而不是真正有宗教信仰。以波兰为例,根据国际调查,波兰被

认为是欧洲宗教性最强的国家之一。德梅拉思教授说，他最近在华沙
165 的一所大学授课时，询问了学生们的宗教信仰。以下是他的发现：

> 他们都说自己是天主教徒，但是除此之外他们似乎有些困
> 惑——他们沉默寡言，显得十分困窘。我想知道，信仰宗教的犹太
> 人和信仰文化的犹太人之间的区别是否适用于他们？听到这个意
> 见，他们显然兴奋起来，吵着要发言。准确来说是这样的：他们是
> "文化层面的天主教徒"。他们不是真正的信徒……天主教是他们
> 民族和家庭文化遗产的一部分。[36]

当然，仅华沙一所大学的这些学生不能代表更广泛的波兰社会，那里充
满忠诚和虔诚的天主教徒。毫无疑问，不仅波兰有数百万真正的信徒，
全世界范围内都是这样。这样的人有数亿，甚至数十亿。萨姆·哈里
斯提出的观点是正确的，即许多信徒"相信他们自己所说的信仰"[37]。
但重要的是要认识到，还有数百万的信仰文化层面的宗教的人士——
可能比大多数人想象得还要多——在声称要应对和反映当今世界宗教
166 状况的讨论、调查和分析中，他们几乎总是被忽视。

第九章

回到美国

我和家人于2006年6月末离开丹麦。我们飞到挪威，在那里待了三周，呼吸、游泳、徒步旅行、对着地球上最美丽的国家的地衣（lichens）沉思。在斯堪的纳维亚生活了一年多后，我们飞回美国。我们的第一站是科罗拉多州，在那里和我的姻亲们度过了一段时间。在那里的第二天，我们被邀请到他们的好朋友家里吃了一顿丰盛的晚餐。饭后，房子的主人给我看他的"新玩具"，一把小手枪。当他向我展示这把枪的所有优良（和致命）特性时，我不禁想到，回到美国的48小时内，我就和手枪如此接近，这是多么有趣和奇怪啊——而这把手枪的主人认为自己是一个重生的基督徒，差不多是这样。"嗯，菲尔，"我对自己说，"我想你已经不在丹麦了。"

这个想法在我再次回到美国的时候，在我的脑海里回荡了很多次。有一件事非常引人注目。在回到家乡克莱蒙特的第一个月或者第二个月，我在社区银行排队。在柜台等候时，我无意中听到房间另一头正在进行的对话。一位顾客坐在银行经理的办公桌前，向她咨询如何处理她的巨额债务。这是银行经理给她的建议（声音相当大，一点也不小，以至于银行里的每个人都能听到）："你需要收集你所有的债务报

表——信用卡账单、抵押债款账单、贷款文件、逾期通知——把它们放
在一个信封里。然后你要把那个信封交给我的牧师。他是真正属于上
帝的人，有一种特别的能力消除债务。你如果把这个信封交给他，他一
定会为它祷告，赐福于它，为它施以膏油。然后你只需要每个月给他所
在的教会50美元，不到一年，上帝就会确保你的债务全部还清。我向你
保证，他非常强大。我给过很多人这样的建议，每次都奏效。"对我来
说，这件事最值得注意的是，令我觉得震惊的不只是银行员工对一个需
要巨额财务帮助的顾客给出这样的"建议"——还有银行里没有其他
任何一个人（那天排了好长的队）似乎认为她说的话很奇怪或者令人难
以置信。我是唯一一个站在那儿惊讶得下巴都要掉了的人。

这是一个虔诚的国家。

我采访的许多斯堪的纳维亚人都说了同样的话。他们当中有很多
人都在美国生活过，总是评论美国人的宗教信仰。莉萨来自斯德哥尔
摩，是三个孩子的母亲。她讲述了她在西雅图拜访丈夫的美国朋友的
一次经历。这是她有生以来第一次遇到真正相信亚当和夏娃的故事的
人，这个人是她丈夫朋友的妻子。一天，两位母亲带着孩子去自然历史
博物馆，在博物馆时，莉萨无意中听到她对孩子解释说，所有有关进化
论的展览都不是事实，都是虚构的：

我觉得这有点可怕，因为在世界上其他人都深信不疑的事情上，她
试图欺骗自己的孩子。我觉得和她进行一次讨论将会非常有趣——但
不能当着她孩子的面。

来自丹麦西海岸的25岁男子约纳斯告诉我，有一次他去拜访住在
得克萨斯州一个小镇上的女友和她的家人，以及他在当地教堂的所见
所闻：

那个社会的一切似乎都以教堂为中心……这太可怕了。但同时也
非常有趣。我看到有人摔倒，然后被治愈，我就说——"耶稣救世主，你

能停止这样做吗？你在欺骗你自己。"当然，我没有大声说出来。但这就是我的想法。我只是去看——我从来没有去过教堂，也从来没有相信过，所以只从外面往里看，类似这样。我看到他们用的东西——做这件事——他们有一个乐队一直在演奏同样的音乐；当然，牧师非常非常善于表达，他的声音能带领人超凡入圣。他说什么并不重要。当然，有些还只是开始。但后来只是他的声音——他低沉的声音——催眠那些人。他们想被催眠，这就是我的观点。

25岁的拉塞来自瑞典，是一名医学生，他和我讲述了自己在太平洋西北部拜访远房表亲和他们的朋友的经历。一天晚上在表兄家，拉塞暴露出他缺乏宗教信仰。他说：

那次实际上是在和他最好的朋友一起吃饭。我们就像——我和其他三对夫妇。然后他问："拉塞，你的信仰是什么？"然后他们全都——然后我说——"嗯，我是无神论者。"然后他们的反应就像——啊？！那就像我在发誓，几乎就是这样。他们的反应就像——"你在做什么，伙计？！你怎么能——？"他们不知道该说什么，真的很惊讶。是的。而我真的感到很惊讶的是，他们为什么会如此关心我的信仰？我还是我，你知道的。我很惊讶这对他们来说意味着什么——我的信仰。我是说，他们仍然对我很好，这在我们进一步的谈话中没有什么大的影响。但是，当我说出来的时候，他们很震惊。我对他们如此惊讶而感到惊讶。

柯基丝汀是一名24岁的大学生，来自瑞典西海岸。十几岁时，她去佛罗里达州参加一个英语学习项目，和她的寄宿家庭一起住了一个月。

他们真的真的很好……但他们和我谈论宗教，我注意到他们想让我信教。但是，他们并没有强迫我或怎么样。不是——他们接受我的看法。但这很困难，因为他们问我婚前性行为的问题，问我同性恋的问题以及我的接受度。我认为同性恋者可以在教堂结婚吗？或者我认为他们可以有孩子吗？我那时16岁，并不完全确定自己信仰什么，但令我震惊的是，他们告诉我，他们认为艾滋病是上帝惩罚同性恋者的方法。嗯——他们人很好，是一个很棒的家庭——然后他们突然说了这样的话。我不知道——我不明白。我很震惊。我不知道该怎么回答。我好像只是说，好吧，我的观点不是这样。我不想讨论这个问题，因为我不想在我们之间制造任何敌意，因为我和他们住在一起。

宗教：斯堪的纳维亚和美国

为什么美国人如此虔诚？这是我在国外时经常遇到的问题，自从回国后，我一直在反复地认真思考这个问题。这是一个巨大而复杂的问题，当然不能简单地回答。但在这最后一章，我想综合考虑一些可能性，无论它们多么粗略。基于我在斯堪的纳维亚的经历和研究，以及我在美国的宗教经历和宗教研究，我想就这一谜题，即为什么丹麦和瑞典处于民主世界中宗教性最弱的国家之列，而美国是民主世界中宗教性最强的国家，给出以下可能的答案。

169　　首先，我们必须考虑强大的基督教信仰在这些国家的**历史基础**中扮演——或没有扮演——的角色。如第六章所述，丹麦人和瑞典人的基督教是酋长和国王强加给他们的。也就是说，基督教是在一种"自上而下"的动态中确立起来的，而真正的基督教信仰很有可能在几个世纪以来几乎没能进入丹麦人和瑞典人的内心深处。但是在后来成为美国的早期殖民地，基督教的起源却大不相同。第一批在新英格兰建立持久定居点的欧洲人是坚定的基督徒。那些朝圣者是一个虔诚的群体，而清教徒也许就是我们今天认为的基要主义者。他们认为自己是上帝的真正子民，来到北美建立一个纯洁、禁欲和强大的基督教社会。清教徒排斥其他宗教信仰，有异议者会被禁止、鞭打，而且——一些不幸的贵格会教徒——甚至会被处死。重点是基督教是美国早期根基的一部分，以一种"草根"或者大众的方式进行传播。它不像在斯堪的纳维亚那样由统治者或国王，而是由人民自己建立和传播的。简而言之，与早期丹麦和瑞典的情况不同，在美国诞生之初，宗教就非常强大而且被广泛接受。

其次，还有**移民**问题。直到大约30年前，丹麦和瑞典还处于西方世界中同质性（homogenous）最强的国家之列，几乎没有或根本没有大规模的外国移民浪潮。至于美国，则是一个移民国家。除了美洲原住民（占美国人口的不到2%），今天生活在美国的每一个人都是移民的后代。从17世纪末到18世纪末，来自苏格兰、爱尔兰、英格兰和德国的移民以及（被奴役的）非洲人大批拥入。在整个19世纪，更多的欧洲移民来到美国——包括斯堪的纳维亚人、荷兰人、法国人以及中国移民。1880年到1925年间，数百万的意大利人、波兰人、犹太人、俄国人、希腊人、匈牙利人等纷纷拥向美国北部。自1965年以来，大约有2 000万移民来到美国，他们来自亚洲、印度、拉丁美洲、巴基斯坦、伊朗等地。这怎么会成为解释斯堪的纳维亚和美国宗教信仰比率不同的原因呢？简单地说，当移民来到新的土地，他们往往转向宗教寻求民族团结意识和团体意识。社会学家早就认识到这种现象：移民与宗教的进展始终密切相关。[1]

170

第三个因素与人们在美国发现的**高度的种族、民族、阶级和文化多样性**有关，尤其是当和相对较小的——直到最近——同质的丹麦和瑞典相比。我的经历、采访和观察使我得出这样的结论：大多数丹麦人和瑞典人仅仅是因为丹麦人和瑞典人的身份就对其民族有强烈的归属感。他们觉得彼此之间或多或少是有联系的。然而对于很多美国人来说，这种被视为理所当然的归属感和连通性，不会自动与仅仅是美国人的身份联系在一起。实际情况是,美国在民族、种族、阶级和文化方面的差异或者说"社会距离"要大得多,某种程度上这在斯堪的纳维亚是找不到的(当然,除了最近新移民的到来)。我想宗教在美国通常为打造亲密社区而服务,对很多美国人来说,宗教信仰培养了归属感和连通性;这种归属感和连通性是他们单凭自己的民族身份不能获得的,而丹麦人和瑞典人可以通过这种方式获得。扬·林哈特,丹麦的一位主教,曾经打趣道:"丹麦人用不着星期天去教堂,因为他们在一周的每一天都可以去参加丹麦人的仪式。"²

第四个相关因素是:**政教分离**。正如我们在丹麦和瑞典所看到的,路德宗教会是**国家**教会;几个世纪前它得到国王和王后的支持,如今在丹麦,它仍然能得到税收的支持;在瑞典,直至六年前它还能得到税收的支持。在斯堪的纳维亚,政府和宗教之间的联系/关系一直非常紧密。而美国的情况不是这样。美国从来没有国家教会,由于美国宪法第一修正案第一条款的规定,政府不能干预全国范围内建立宗教的事务。尽管不同的法院对第一修正案的解释不尽相同,但该法案的总体效果是一致的:在宗教和政府之间建立起一堵相当牢固的墙,或者至少是一道坚固的链状栅栏。不管宪法的制定者是否有意这样做,第一修正案实际上在帮助国家保持宗教活力和良好发展方面发挥了重要作用。基本上,它确保了国家支持的任何垄断宗教都不能像几个世纪以来丹麦和瑞典的情况那样,统治这片土地。相反,美国的特点是宗教多元化——一种极端程度的多元化,不同于地球上其他任何地方——在美国,几乎每一种宗教、信仰、教派、信条和精神体系都会在某地有其代表人物。这意味着寻求宗教参与的人们不仅有更多的选择,而且宗教的多元化也可能由于大量的推广而激起人们更大的兴趣。

美国和斯堪的纳维亚之间第五个不可避免的明显差异是**宗教被大力推广**的程度。正如之前所讨论的,丹麦和瑞典的路德宗由国家资助,

171

类似于垄断的宗教,牧师或主教几乎没有必要或动机向公众大力"推广"他们的宗教。我记得在丹麦采访过一位牧师,他非常坦率地说他并不是真的很喜欢公开演讲。他觉得布道非常困难,但是热爱研读哲学和神学书籍。因此,被丹麦政府聘任为路德宗牧师是一份相当不错的工作:当然,他每个月都要作几次布道,通常只是给少数人——通常是老太太——但是在剩下的大部分时间里,他可以躲在办公室学习、阅读和写作。我有一个丹麦朋友,她也用类似的话语描述了她家乡的牧师:在公共事业上不算是一个干将,却是一个有思想的书虫。在美国,这样的牧师很难支付教堂的电费。他们要维持教堂的正常运转将会非常困难,因为整天学习古文书籍并不是吸引美国教区居民的方法。在美国,有一种类似于不受管控的市场经济的情况,这里竞争至上。由于没有哪个宗教、哪座教堂,也没有哪位牧师可以从政府获得资金,任何想要保持开放和活力的宗教机构都必须从其成员那里寻求支持。其结果是一场无情的、无休止的营销手段的战争,用来吸引人们去特定的宗教机构。在美国,教堂会尽一切努力来吸引"顾客":充满活力和魅力的牧师,出色的乐队,一流的数字电视屏幕,幻灯片演示文稿,舒适的长椅,免费的甜甜圈,免费的儿童看护,免费的互联网接口,免费的星巴克咖啡——你随便要什么都有。宗教团体和会众在各个地方做广告,包括电视、广播、广告牌、互联网。我经常收到邮寄的明信片——直接寄到我家——邀请我参加这个或那个教会。这些明信片通常非常光滑,有高质量的图案、吸引人的图片以及朗朗上口的广告语,像"加入这个别具特色的教会试试吧!"或者"意想不到的惊喜等着你……"重点是,不像斯堪的纳维亚,宗教在美国被过度推广,而且似乎效果很好。

最后——与皮帕·诺里斯和罗纳德·因格哈特在第六章中所作的研究有很大关联——当人们将斯堪的纳维亚社会和美国社会作对比时,会发现截然不同的**安全等级**。我认为斯堪的纳维亚国家(最不信教

172

的国家）的贫困率在所有发达民主国家中最低，而美国（宗教性最强的国家）的贫困率最高这种现象不仅仅是巧合。毕竟，研究表明穷人比富人更有可能信仰宗教。不仅较贫穷的国家比较富裕的国家更有可能宗教性更强，即使是在美国国内这种情况也很明显：美国穷人比美国富人更有可能每天祷告，更有可能认为宗教"非常重要"[3]，而且更有可能相信天堂、地狱和魔鬼[4]。当然，贫穷并不是虔诚的唯一原因。显然，很多富人也有很强烈的宗教信仰。然而，不可否认的是，贫困率和信仰宗教比率之间存在明显的相关性。在美国，不仅仅是贫穷，还有许多不安全感的来源会驱使人们从宗教中寻求安慰。数以百万计的美国人——确切地说，超过4 500万——没有医疗保险。数以百万计的人找不到经济适用房。美国的确是世界上最富有的国家之一，但其财富分配并不广泛，也不均衡。远非如此；美国的财富高度集中在某些人手中，因此富人和穷人之间存在着巨大的鸿沟，尤其是在体面的医疗保健、经济适用房、健康食品方面，更不用说得到公共扶持的学校或者称职的法律代表。数以百万计的人面临无家可归的可能性。正如因格哈特和诺里斯所说：

> 美国的宗教性在很大程度上是非常高的……因为它也是最不平等的后工业社会之一……美国很富裕，但美国社会的许多部门都经历着相对较高的经济不安全感……很多美国家庭，尽管是职业中产阶级，却面临失业的风险，以及突然生病却没有足够的私人医疗保险的风险。他们容易成为犯罪的受害者，面临长期照顾老年人的费用问题。[5]

丹麦和瑞典的社会安全情况与美国的社会安全情况简直是天壤之别。斯堪的纳维亚国家不仅将财富分散到发达民主国家无法比拟的程

度——以至于贫富差距非常小——而且人们在生活中体验到的实实在 173
在的日常支持也不同寻常。如果一个人在斯堪的纳维亚失业，他不会
失去医疗保健，也不会失去住所。在斯堪的纳维亚，无论一个人多么穷
困潦倒，他总能找到食物、住所和医疗保健。每个人都知道自己（以及
自己所爱的人）年老时将得到很好的照顾。到处都有很多负担得起的
优质儿童看护服务，还有免费的职业培训。生活在斯堪的纳维亚可能
会遇到很多事情，但不稳定一定不是其中之一。

莫　滕

　　我想通过介绍莫滕的经历和话语来结束本章，他代表了一个特别
吸引人的宗教——以及随后的非宗教——身份的案例。莫滕对我来说
是一个非常特别的受访者，因为我第一次采访他是他住在丹麦的时候；
一年多之后，我又有幸采访了他，这时他已经在美国生活了九个月。在
美国的经历真的改变了他，以一种他和我都无法预见的方式。我第一
次见到莫滕是因为他是我在奥胡斯大学一位同事的丈夫，也因为他的
孩子和我的孩子上的是同一所幼儿园。那年我们经常出去玩，成了好
朋友。他今年37岁。他在丹麦西兰岛的一个很小的村庄长大。他受
过良好的教育，拥有历史学和科学硕士学位，在丹麦最成功的公司之一
担任高级经理。尽管我和他谈了整整一年我的研究，谈论丹麦社会、政
治、宗教等，但当要作正式的采访时，我还是感到相当惊讶。事实证明，
莫滕实际上是个信徒。

　　在接下来的几页中，我将展示对莫滕两次采访的摘录；第一次采
访是2005年12月在丹麦进行的，第二次采访是2007年6月在加利福尼
亚进行的。以下是第一次采访的摘录。

　　我们从你的父母开始说起吧。他们有宗教信仰吗？

没有。

你说"没有"是什么意思？

呃……他们是基督徒，受过坚信礼。他们在教堂结婚，而且我受洗成为基督徒。我的兄弟们也是这样。但是他们根本不信教。

他们相信上帝吗？

我的母亲去世了——但她生前不相信上帝。我的父亲也不相信上帝。

那你的祖父母呢？

我不太了解他们，但我会说——我猜他们不相信。

好吧，我们来谈谈你自己。你是国家教会的成员吗？

是的。

为什么？

在人生的某个阶段，开始上大学的时候，我结交了一些朋友，他们都决定退出教会，因为他们其中一些人是按照传统去教堂的，另一些人则不是。但是按照传统去教堂的那些人生活在科学的环境中，他们说："我不相信上帝，所以我不想为教会付钱。"也许也是钱的问题，但仍然——那时我不得不做出决定，我就像，哦，我想我不会退出教会。

是什么让你做出了这个决定？

[笑声]我不知道，不知道。也许我认为上帝会在我以后的生活中派上用场。我不知道。

好吧，你让自己的孩子受洗了吗？

是的。

你为什么要这么做？

呃……我会说让他们受洗是因为我……[长时间停顿]……我在某种程度上相信上帝。[笑声]好吧，不是——很多人说他们相信"某种东西"，对我来说这太——这太随意了。我觉得这个答案很随便，你知道的。这就像"也许树林里有鬼魂"之类的话。结婚时,我们必须做出一个决定:婚礼是否要在教堂举行? 我的一些朋友说:"我不会在教堂结婚,因为我不相信上帝。"另一些朋友说:"我不相信上帝,但是我不在乎,所以我们就在教堂结婚吧。"一些女性不相信上帝,她们只是说这很浪漫,很美好。但当我们必须做出决定的时候,某种程度上我不得不重新考虑一下,因为如果这只是一个仪式——或者因为教堂是一个结婚的好地方,那么我不想在教堂结婚。我年轻的时候有过这样的经历——嗯,当我在上大学时——我觉得身体不舒服——生病。我作了个约定,我说:"好吧上帝,这是——现在轮到你了,如果我现在没事,我就会相信你。"在这个程度上,我作了一个承诺,所以我必须坚持。

你是说你那时好多了?

175

我没有生病,只是有一些症状而已,你知道。细节太多了,但是……

你觉得你可能真的生病了——

是的,然后其实并没有。

你在某种程度上和上帝有过这样的对话?

是的,就是如果你现在救我,我会相信的。我想我必须坚持这一点。

这件事发生时你多大?

20岁。所以当我需要帮助时我会说——我向上帝祷告,寻求帮助。某种程度上我觉我可以向上帝祷告,向他寻求帮助,但是我不确定有没有上帝倾听我的祷告,你知道的。所以我不确定自己是否能得到任何帮助……但是我仍然会寻求帮助。我没有看到任何得到帮助的迹象,因此……这就像,反正我这样做了,这就像当——在教堂的时候,牧师会告诉我们类似的事情:"如果你在一个黑暗的房间里点燃一根蜡烛,这根蜡烛会照亮整个房间。这根蜡烛是耶稣和上帝,他照亮了整个世界。"那——那不是我的感觉。并不是像一切都很黑暗时,有上帝会来帮助我。而是像如果一切都很黑暗,我可以向上帝寻求帮助,但我也必须自己做些其他的事情。

好的。

至少这对我有帮助。

这会让你感到安慰吗?

是,是的。有时候我觉得这很神经质,因为当我要乘飞机起飞时,我总是会说"天父",会说请他让这架飞机在空中飞行并安全着陆。但也许这只是一件很神经质的事情,但是……

那么你要说明白,我是说,《圣经》中的上帝,你知道的,创造了世界,创造了亚当和夏娃,和摩西交谈并授予他十诫。我的意思是,你所信仰的上帝是这样的吗,还是有所不同?

这是一个很难启齿的问题,因为这——我有双重信仰——我知道我不相信智慧设计论(intelligent design)。我相信宇宙大爆炸、进化论和所有这些东西。我想到宇宙大爆炸时,所有的物质都在奇点上,但在那之前是什么呢?而且……我相信如果有人告诉我,上帝创造了奇点和大爆炸,我会说"嘿,有道理"。但我不相信他在六天内创造了地球,不。

好吧莫滕……你认为我们身体内有灵魂或者灵性吗?还是你认为我们只是肉体?

是的,我认为我们有灵魂。

176   你为什么这么认为?

答案很显然,因为我能感觉到我体内有灵魂,为什么不这么认为呢——是的,我觉得是这样。是的。但是我不排除这只是我大脑中的化学反应和其他东西让我相信这是真的。但我仍然——理性地对自己说,那只是你的大脑在捉弄你,但是……为什么不是这样呢?我想我们身体里可能真的有某种东西存在。

● ● ●

这次采访半年后，莫滕的妻子在加州的一所大学获得了一个为期九个月的客座教授职位，在克莱蒙特北部大约两个小时的车程。离他们这么近真是太高兴了——我们两家人聚过好多次，听到我们的孩子和他们的孩子讲丹麦语，以及他们谈论对美国生活的看法，我们感觉很美妙。在他们将要离开时，莫滕告诉我他对宗教的感觉已经改变了。在美国待了九个月没有加强或加深他的基督教信仰，而是使他开始严肃地质疑自己的信仰。以下是这最近一次采访的摘录。

好的，莫滕，你来这里半年多了？

是的。

第一次来这里时，你开始去教堂，对吧？

是，是的。

跟我讲讲这些吧。

呃，嗯，我去过大概五六七座不同的教堂……当我来到这里的时候，第一件让我印象深刻的事情是这里的人更加——怎么形容呢——非官方，但他们更大程度上是在"展示"这里的宗教。至少他们的基督教信仰。在国内，在丹麦，人们——如果人们信仰宗教，那就是隐私。他们会把它放在家里或自己心里，他们去教堂，在那里体验一些事情，但是不需要在自己汽车保险杠贴纸上写着他们有宗教信仰。所以让我印象深刻的是那些人——比如说那里的乞丐说"上帝保佑你"，或者汽车保险杠贴纸上写着"我有了希望"或者别的什么。有些人的汽车保险杠贴纸上写着他们不信教，我在国内从来没见过这种现象。对我来说，这有点肤浅：他们必须告诉每个人自己是如此虔诚，相信耶稣基督的一切以及所有这些东西。他们这么说是因为想让别人看到自己是这样的人吗？这让我印象很深刻。而且你们国家有电台节目，谈论如何做一个好的基督徒之类的。我们国内没有。这里的人比丹麦人更加信奉基督教。对我来说，你应该把你的社会或文化建立在逻辑和科学的

177 基础上，以及你能证明和反驳的事情上，诸如此类。但在这里，人们相信耶稣是上帝的儿子，相信他就是上帝，创造了奇迹和所有东西。对我来说，这和一个以科学和逻辑为基础的社会并不相符。这让我很困惑，因为我认为美国更像丹麦——相信，你知道的，理性。这让我感到很奇怪，这里的人们对他们的信仰更加明确。我的意思是，板着脸说："我得了癌症，但是我向耶稣祷告，他治愈了我。"如果是一个理性的人，你就无法做到这一点。但是这里的人相信，或者至少他们说自己相信被耶稣治愈了，就像他可以选择治愈谁和不治愈谁一样。我之前没见过这种事情，没想过在这里会是这样的，但是然后还有电视节目。我之前看到——政治家和很多人在电视和媒体上非常明确地说他们相信上帝。例如——我知道布什总统信教，但是他比我想象的虔诚得多，你知道，而且——如果丹麦人知道他曾经说在入侵伊拉克之前询问过上帝，而且他这样说是认真的，我觉得丹麦人会觉得这个人的能力非常可怕。因为如果上帝让他做一件事情，而这并不是一个好主意，那该怎么办？我觉得丹麦人不会认为入侵伊拉克是一个好主意。但是，你知道，如果你不是基于理性的思考做事，而是在脑海中听到这样的声音，感觉上帝在和你说话，那就会被认为有点精神病。我认为他不是那样的人，但是你知道，如果他们真的知道，丹麦人或许会认为布什的确如此。这实际上让我很困惑，或者很害怕。

是的。

好吧，我看过一个关于信仰的电视节目，他们请来巴拉克·奥巴马、约翰·爱德华兹和希拉里·克林顿，谈论他们的信仰。让我印象最

深刻的是，我获得一种想法：今天共和党人非常虔诚，但是像我这样理性思考的人会把票投给民主党人，因为我们不喜欢宗教运动或者别的什么。但是当我在新闻上看到希拉里·克林顿的时候，她说了这样的话——有人问她这样的问题："你如何处理你丈夫对你不忠这件事情？"她说："嗯，你知道，我相信上帝，我有一群人可以一起祷告，我有一大群人为我祷告，让我克服这一切，我自己也为自己祷告。"我就想，希拉里·克林顿在祷告什么？！我不知道。这太可怕了——就连民主党人也如此笃信宗教。所以如果生活在这里，我在选举总统的时候就会遇到难题，因为我不想选一个有宗教信仰的领袖。

　　为什么呢？

　　我认为有宗教信仰是可以的，但是如果你根据宗教信仰来判断如何治理国家，可能会遇到很多麻烦。呃——它——对我来说，像阿富汗基地组织这样的穆斯林群体是一种宗教狂热分子，他们只能看到事情的一面，他们的宗教意识形态是必须征服世界，而且只有一条路可以走。对我来说，听到美国的政客们谈论宗教时，我觉得他们谈论宗教的方式和基地组织在阿富汗谈论宗教的方式一样。当然，某种程度上没有那么极端——但仍然……

　　好吧……住在这里的六个月里，你过得怎么样——你认为宗教只是日常生活的一部分吗？

　　是，是的。我和别人谈论过这件事，因为我越来越好奇，因为这件事对我有很大的影响。来到这里很奇怪，因为我认为你在美国不是这样的。我和人们交谈，而且对我来说，这，你知道，例如，我曾经问过我孩子一个朋友的父亲。我问他："你去教堂吗？"他说："不，不去，但是我在家里学习《圣经》；我在家里学习。"我有这种感觉，他认为他必须那样说——他因为不去教堂而感到尴尬。也许是因为他不知道我不在乎，但他仍然说："我只是相信要在家阅读《圣经》，学习《圣经》，并且告诉我的孩子它讲的是什么。"所以我觉得在丹麦好像有一种共识,如果你有宗教信仰——你不会过多谈论它。而这里的共识是,你相信上帝,如果说不相信上帝,那么你一定很强大而且真的想要和别人辩论。这恰恰和国内的情形相反。

在这里住了六个月后,你对宗教或上帝的感觉有变化吗?

是的,有变化。

和我谈谈这些吧。

好的,因为当我来到这里的时候,我相信上帝,我是基督徒——但是是以一种丹麦人的方式。因此《圣经》里有很多东西是没有意义的,但是——你知道——当然,我之前认为上帝就在那里;他会帮助我们,他努力写了一本书,而我们努力按照这本书来行事,而且你知道的,人类也会犯错,因此这本书不会百分之百正确,但是你可以这么做。但当我来到这里,看到所有人都如此——明确——比如耶稣死了,他是上帝的儿子,他是处女所生。我把这些总结在一起,然后说,好吧,如果我要说我是基督徒,那么我需要相信这一切。因为要成为一名基督徒,你就必须接受很多东西。我不接受,我也不相信。我不相信耶稣是上帝化身为地球上的人类,不相信他的母亲是处女,甚至不认为他创造了那么多奇迹,你知道的,比如说在水上行走、把水变成酒——也许可以帮助一些人治愈他们,但不是通过创造奇迹。也许只是让他们相信上帝,这可能会在某种程度上帮助他们。然后我对自己说,我再也不是一个真正的基督徒了,因为我不——如果我只相信我需要相信的事情的百分之十,那么就认为我自己不再是基督徒。因为我看到这里的人对基督教更加虔诚,就像你们应该这样做一样。回到国内,人们会告诉你他们是基督徒,但他们不——他们不是——他们只是不知道而已。他们之所以认为自己是基督徒是因为每个人都是,而不是因为他们接受所有这些相信一切奇迹的概念。他们会说也许天地之间有你无法解释的东

179

西，我认为这是真的，但这与上帝和耶稣以及所有类似的事物无关。所以我回国的时候至少是一个不可知论者，也许是无神论者，我不知道。［笑声］但是我在这里见到了很多美好的事情——我思考了很多，为什么这里的人们信仰上帝，他们这样做的目的是什么，而且我去了很多教堂。我可以预想到回到丹麦国内，如果你要去教堂，就要参加很多仪式，而且布道相当无聊。你会伴着管风琴音乐唱赞美诗或《圣经·旧约》中的诗篇或者别的什么，这些都很古老。如果你不打算每个周日都去教堂，你就不太了解这些，会觉得唱这些很讨厌。这些词没有意义，这就是无聊的部分。牧师们穿着非常正式的黑色礼服等所有诸如此类的东西。只是有很多仪式，而且非常非常无聊——因此没有人去教堂。但在这里，更多情况下是——牧师在谈论你真正需要谈论的东西。他们演奏的音乐听起来很不错，让人很喜欢。我很喜欢和他们一起唱——歌词很棒——他们用幻灯片来显示歌词，而不是用一本小书。他们有这样的理念，比如让我们全体起立，向站在身边的同胞问好，说"很高兴你在这里，我爱你们，能聚在一起真好"。我喜欢这样。这是个好的理念。而且他们有这种——让我们祷告吧，有想要为某件事祷告的人请举手。他们说："嗯，我的儿子在伊拉克，我很担心他会被杀掉，我们能为他安全回家祷告吗？"我能理解这样的事情。或者我岳母得了癌症，我们能为此祷告吗？说出这些事情，然后人们一起祷告帮助别人，我喜欢这样。呃——但是我喜欢的是你加入一个由很多人组成的团体，说出你的问题，对其他人说"我很难过我的儿子不在这里；我怕他会死掉"，然后人们说"好的，我们在这里为你祷告，我们都会为你祷告和祝福"——我会祝福——为他能够安全回家。这是一个非常非常强大的理念。我只是觉得这和上帝没有任何关系。如果生活在这里，我可能会为此而去教堂。他们向你问好。当你去教堂时他们会说，"噢，你能来我们的教堂我们非常高兴，噢，这太棒了，噢，你来自丹麦，　180

那是一个很棒的国家。我的侄子去过那儿，他非常喜欢那儿"，以及所有这些事情。他们有为孩子准备的东西——他们把孩子带到一边，照顾他们，因此这非常——感觉就像这里的教堂处在一个更加自由的市场中。他们必须奋力竞争并把它做好……但是我还是不想其中掺杂耶稣基督的信仰。

你认为这种改变是源于生活在美国吗？

是的，确实如此。

太有趣了。

你可以说在国内我说过我相信上帝，但是这不是——但是它没有怎么占据我一天当中的时间。这只是别人问我时我说的话——我会说是的，我想我至少相信某些事情。但是在这里让我审视我的信仰，然后说，嗯，你真的相信上帝吗？然后……不，我不相信。我不这样认为，不。耶稣——他不是上帝的儿子。我知道他不是。也许他是个先知或者什么，我不知道，但他不是上帝的儿子，我现在知道了。我在国内有点忽略了这个事实，因为没有人在这方面质疑我，没有人说那是真的，他就是上帝的儿子。他们只是觉得，好吧，随便啦。

所以当你回到丹麦，如果有人问你，关于这里的宗教你会对他们说什么？你会怎样总结——我的意思是，你会怎样和其他丹麦人解释它？

我想我会对他们说，也许你们不相信我，但是美国社会是——所有的政治和媒体讨论——都是基于每个人都是非常虔诚的基督徒。这意味着如果不公开宣称你相信上帝，如果所有你说的话不是以上帝保佑美利坚或者类似的话结尾，你就不能担任公职，不能成为总统，什么都不是。作为丹麦人，如果美国想要我们参战，或者想让我们加入，不管他们做出什么努力让我们加入，我们与他们联合都必须非常非常小心，因为美国的宗教狂热分子对美国将要发生的事情有非常非常大的影响。我认为丹麦人不知道这一点。我认为如果丹麦人知道这一点，他们会非常——我认为他们不会害怕——但我认为他们会说，"不，不，我们不想参与其中"。我认为他们不知道。但是我打算告诉他们。

$\bullet\ \bullet\ \bullet$

　　莫滕的经历说明了宗教身份和世俗身份与一个人的社会环境和社会交流在多大程度上是紧密相连的。是的，宗教信仰是非常私人的问题，但是它也受文化环境的影响，并不可避免地卷入其中。回到丹麦国内，在这里，宗教是一个如此无关紧要的话题，大多数人可以过自己的生活，而不用定期思考对上帝的信仰、耶稣的神性或灵魂的不朽。他们缺乏强烈的宗教信仰，这并不一定是某种个人选择的倾向，不一定是经过一个漫长的过程，或者经过激烈的个人反省或旷日持久的存在主义辩论才形成的。相反，它通常是一种非条件反射的（unreflexive）、理所当然的世俗；人们过着自己的生活，基本上不关心——或者有时完全没有意识到——基本的宗教问题或神学问题，因为在斯堪的纳维亚"就是这样"。当宗教在特定的文化中如此无关紧要时，这也意味着像莫滕这样的人——在国内认为自己是基督徒而且相信上帝——可以保持一个相当虔诚的取向，而不必经常面对这样的取向究竟意味着什么的问题，至少在更深层次的神学层面是这样。但当莫滕来到美国，在这里宗教信仰如此强大，人们把自己的信仰写在袖子上（和汽车保险杠贴纸上），他忽然发现自己开始审视他自称信仰的到底是什么，以及一个人信仰上帝或者一个人是基督徒真正意味着什么。先不论他非常享受参加过的美国教堂仪式——美妙的音乐、体面的布道、团体意识和对彼此个人苦难的口头关怀——他开始意识到，自己只是没有接受基督教信仰本质上的超自然成分。他回到丹麦时是一个不信教者——"一个不可知

181

论者,也许是一个无神论者",用他自己的话说。

● ● ●

我想知道莫滕回到的丹麦如今是什么样子。我离开那里已经一年多了。我想知道接下来的十几年里,斯堪的纳维亚的宗教和世俗主义的未来是什么样子。随着宗教在世界各地变得越来越热门,相对世俗的丹麦和瑞典会不会坚定不移地坚持非宗教道路,保持对理性而不是对耶稣复活的信仰,把社会建立在为同胞谋福利的基础上,而不是对上帝的崇拜上,在彼此身上,在此时此地,而不是从超脱尘世中寻找意义? 或者更广泛世界的深厚的宗教信仰会在未来几年渗透到斯堪的纳维亚,使更多的人在周日上午挤满教堂,使丹麦人和瑞典人重新点燃或重新拥抱对上帝之爱? 这很难说。作为一个纯粹的社会科学家,我无182 法对人类在这颗星球上的未来经历的轨迹做出任何宏大的预测。但我至少能做的是努力描绘一个当前、现在存在的社会图像,在21世纪初,在北极圈以下,在托尔斯港和利耶帕亚之间,在这里大多数人都不太相信上帝,不把宗教的超自然信条当真,很少去教堂,生活在非常世俗的文化中;在这种文化中,死亡即使没有被坚忍地接受,也会被平静地视为一种自然现象,而生命的终极意义也不过是你如何看待它。这个相对非宗教的社会表明,宗教信仰——诚然非常普遍——不是自然的,也不是天生的。宗教也不是一个健康、和平、繁荣和(我已经说过了吗?)183 极好的社会的必要组成部分。

附　录

采样说明及研究方法

在旅居斯堪的纳维亚半岛期间，虽然我确实与数百人进行了无数次的交流，但是进行的正式访谈只有149人次。关于正式访谈，我是指这些访谈对象事先知道他们被访谈是因为我要写书，也愿意接受访谈，事先约定并预留实际访谈时间，而且对于精心组织的一系列问题的探讨贯穿访谈始终。我不时地提及事先准备的问题，但是访谈通常以开放的交流形式推进，我允许每一场对话成为随心所欲的漫谈，而不是严格执行标准的访谈模式或者遵照提问和回答的顺序。在那一年中，随着我的访谈经历变得越来越丰富多彩，我对访谈问题又作了修改和重组。

在149人次的正式访谈中，有121人以面对面的方式接受访谈，有28人通过电话接受访谈。其中114人的访谈是一对一的方式，另外35人以配对方式（通常是夫妇二人）或者以3—4人组成小组的方式接受采访（通常是一群朋友或者同事）。在征得受访者同意后，有131人的访谈被录音（电话采访通过扬声器录音），另外有18人的访谈未被录音,但是对访谈作了详细的记录,访谈与文字录入同步进行。在被录音的131人的访谈中,有122人的访谈转录/录音被用于分析,有9人的访谈录音受损或者在从丹麦往美国邮寄的过程中丢失。多数的访谈持续了约一小时。有些访谈持续很久(超过两小时),少数访谈的时间略短,大约半小时。

在接受正式访谈的人员中,75人是男性,74人是女性。丹麦受访者有103人,瑞典受访者有39人,从智利、伊朗或者土耳其移居丹麦的移民有7人。论及受访者的文化水平,要将斯堪的纳维亚半岛与美国的教育体系精巧地关联起来有点难度,因为他们的体系截然不同。然而,可以这样评述:约34%的人已经修完了与美国相当的大学学位,约15%的人已经修完了部分大学课程但是从未取得学位或者目前在技术学院或综合性大学注册,约11%的人修完了与美国相当的高中教育,约11%的人修完了某种特殊的专业培训(比如如何成为社会工作者、商人、幼儿教师等),约15%的人修完了某项特殊的职业培训(比如如何成为工具制造者、摄影师、护士、理疗师等),约14%的人修完的课程水平介于六年级至九年级之间。

在149名受访者中,约有23%的人成长于小镇(人口规模小于5 000人),约41%的人成长于丹麦或瑞典三大城市之一,约33%的人成长于中等规模的城镇(人口规模大于5 000人,但是不在丹麦或瑞典三大城市之列)。

关于受访者的年龄,3%的人年龄为15—19岁,21%的人年龄为20—29岁,25%的人年龄为30—39岁,17%的人年龄为40—49岁,15%的人年龄为50—59岁,9%的人年龄为60—69岁,7%的人年龄为70—79岁,还有3%的人年龄不低于80岁。

采访样本的最大缺陷是便利抽样(convenience),而不是随机抽样(nonrandom)。因为样本不是随机的,也就意味着不可能进行有效的归纳总结，并推而广之运用于更多的丹麦人和瑞典人。寻找受访者的途径有几条。第一条途径就是人所共知的传统方法，可以形象地称之为"滚雪球"。从我身边认识的人开始访谈：在我购物的街角商店里工作的雇员，我女儿学校里的教师，我女儿同学的父母，给我的办公室作保洁的门卫，大学里的秘书，我的邻居，等等。一旦对他们作了访谈，我就请求访谈他们的朋友、亲戚和同事，我的样本以这种方式发展壮大。我也通过在美国的朋友和亲戚寻找他们在丹麦或者瑞典的朋友、亲戚和同事作为受访者。我给这些人打电话或者写邮件，介绍称自己是某某人的朋友或者亲戚，询问是否可以对他们作一次访谈。随后，我再一次请求这些人帮我寻找下一步的联系人和潜在的受访者。然而，我的很多受访者并不是通过社会关系获取的，而只是寻找某种"类型"的职业或人，然后对"遇到的任何人"开展访谈。比如，当我想去采访一些警察时，只要给奥胡斯的警察局打电话，说我是一位来自美国的社会学家，正在对斯堪的纳维亚半岛的文化作调研，询问是否可以采访；接着我就采访他们指派的任何人。对于几所养老院的老者、精神病院的雇员、当地高中生等人的采访，我也是采用了同样的方法。当然，我也访谈了许多计划之外的人员，比如乘火车时，我发现座位旁边有人，于是对他们进行访谈。或者当我坐在公园的长椅上看着孩子们玩耍时，会遇到一些人，然后请求对他们进行采访。或者在参加聚会或者公共活动时会遇到一些人，我也请求对他们进行采访。最后，我还采访了一些直接联系我的人，他们从当地报纸上阅读过关于我和我的研究的文章。总而言之，基于我能够接触到的或者能够找寻到的人，不管是谁，我都作了访谈。

186

187

注 释

引 言

1 Peter L. Berger, "Reflections on the Sociology of Religion Today," *Sociology of Religion* 62, 4 (2001): 443-454.

2 我也在瑞典待过。20世纪90年代,我和朋友们在斯德哥尔摩一起短暂居住过两段时间。我还参观过哥德堡,也在斯莫兰乡下度过一段时间。

3 如需深入探讨我的研究方法,包括我的抽样方法、我的样本的人口学特征等,请见附录。

4 2006年9月至10月里,有31天我都在数自己居住在克莱蒙特期间看到的警察的人数。总数是: 36人。

5 正如基思·沃德所言,"我们对道德的整体认识确实取决于上帝的存在,取决于我们在更广阔的精神领域观察到的人类行为,如果这有意义的话"。见Keith Ward, *In Defence of the Soul* (Oxford: Oneworld Publications, 1992), 31。

6 这句话摘自《卡尔加里太阳报》1997年9月9日的一篇专栏文

章, 被引用于 Michael Shermer, *The Science of Good and Evil* (New York: Henry Holt, 2004), 152。

7　Byron Nordstrom, *Scandinavia Since 1500* (Minneapolis: University of Minnesota Press, 2000).

8　Ole Riis, "Paterns of Secularization in Scandinavia," in *Scandinavian Values: Religion and Morality in the Nordic Countries*, edited by Torleif Petersson and Ole Riis (Uppsala: ACTA Universitatis Upsaliensis, 1994).

9　Andrew Buckser, *After the Rescue: Jewish Identity and Community in Contemporary Denmark* (New York: Palgrave Macmillan, 2003), 59.

10　Eva Hamberg, "Christendom in Decline: the Swedish Case," in *The Decline of Christendom in Western Europe, 1750–2000*, ed. Hugh McLeod and Werner Ustorf (New York: Cambridge University Press, 2003), 48.

11　关于是否相信上帝这一问题的调查结果各不相同。安德鲁·格里利 (2003) 发现 57% 的丹麦人和 54% 的瑞典人声称自己信仰上帝, 但同时只有 34% 的丹麦人和 26% 的瑞典人可以被视为 "有神论者"。博特瓦 (1998) 发现, 只有 20% 的丹麦人和 18% 的瑞典人声称 189 相信有一位 "人格神的上帝"。邦德松 (2003) 发现 51% 的丹麦人和 26% 的瑞典人相信有一位 "人格神的上帝"。但是兰贝特 (2003) 却说 24% 的丹麦人和 16% 的瑞典人相信有一位 "人格神的上帝"。见 Andrew Greeley, *Religion in Europe at the End of the Second Millennium* (New Brunswick, N.J.: Transaction Publishers, 2003); Pal Ketil Botvar, "Kristen tro I Norden. Privatisering og Svekkelse av religiose dogmer," in *Folkkyrkor och Religios Pluralism–Den Nordiska Religosa Modellen*, ed. Goran Gustafsson and Torleif Petersson (Stockholm: Verbum, 2000); Ulla

Bondeson, *Nordic Moral Climates: Value Continuities and Discontinuities in Denmark, Finland, Norway, and Sweden* (New Brunswick, N.J.: Transaction Publishers, 2003); Yves Lambert, "New Christianity, Indifference, and Diffused Spirituality," in *The Decline of Christendom in Western Europe, 1750–2000*, ed. Hugh McLeod and Ustorf Werner (New York: Cambridge University Press, 2003)。

12 "Something's Happy in the State of Denmark," *Los Angeles Times*, June 10, 2006.

13 比如2006年8月，亚拉巴马州伯明翰市的警察局长安妮塔·纳恩的做法。

14 正如阿肯色州州长迈克·哈克比在2006年1月所做的那样。

15 我在这里使用了"牧师"（pastor）一词，但我采访的丹麦人和瑞典人都没有使用这个词。他们几乎总是将他们的牧师（pastors或ministers）称为"教士"（priest）（在丹麦这个词写作præst）。他们有时也称之为"教区牧师"（vicar），我采访过的三位牧师中有两位用这个词来自称。我之所以选择使用pastor一词，是因为对大多数美国人来说，它指的是新教徒，而priest一词通常指的是天主教徒。至于vicar一词，大多数美国人很少甚至从不使用。

16 Claus Vincents, "Danskern tror (også) på Darwin," *Kristeligt Dagblad*, August 12, 2006, p. 1.

17 Dean Hoge, Bention Johnson, and Donald Luidens, *Vanishing Boundaries: The Religion of Mainline Protestant Baby Boomers* (Louisville, Ky.: Westminster/John Knox Press, 1994).

18 Ronald Inglehart, Miguel Basanez, Jaime Diez-Medrano, Loek Halman, and Ruud Luijkx, *Human Beliefs and Values: A Cross-Cultural Sourcebook Based on the 1999–2002 Value Surveys* (Buenos Aires: Siglo

Veintiuon Editores, 2004).

19　出处同上。

20　出处同上。

21　这些话摘自安诺斯·福格·拉斯穆森的一篇演讲,翻译后收入 Lars Decik, "The Paradox of Secularism in Denmark: From Emancipation to Ethnocentrism?" in *Secularism and Secularity: Contemporary International Perspectives*, ed. Barry Kosmin and Ariela Keysar (Hartford, Conn.: Institute for the Study of Secularism in Society and Culture, 2007), 129。

22　比如肯塔基州的创世论博物馆。

190

第一章

1　Ayaan Hirsi Ali, *Infdel* (New York: Free Press, 2007), 239–240.

2　Michael E. McCullough and Timothy B. Smith, "Religion and Health," in *Handbook of the Sociology of Religion*, ed. Michele Dillon (New York: Cambridge University Press, 2003).

3　Phil Zuckerman, "Is Faith Good for Us?" *Free Inquiry* 26, 5 (2006): 35–38; Gregory S. Paul, "Cross-National Correlations of Quantifiable Societal Health with Popular Religiosity and Secularism in the Prosperous Democracies," *Journal of Religion and Society* 7, 1 (2005): 1–17.

4　帕特·罗伯逊的这些引用的直接出处为电影 *With God on Our Side: George W. Bush and the Rise of the Religious Right*, by Calvin Skaggs, David Van Taylor, and Ali Pomeroy, Lumiere Productions, 2004。

5　Pat Robertson, *The New Millennium* (Dallas: Word Publishing,

1990), 181.

6　Ann Coulter, *Godless: The Church of Liberalism* (New York: Tree Rivers Press, 2006), 3.

7　同上书, 280。

8　Bill O'Reilly, *Culture Warrior* (New York: Broadway, 2006), 19.

9　同上书, 72。

10　同上书, 176。

11　Rush Limbaugh, *See, I Told You So* (New York: Pocket Star Books, 1993), 95.

12　William Bennet, John Dilulio, Jr., and John Walters, *Body Count: Moral Poverty and How to Win America's War Against Crime and Drugs* (New York: Simon and Schuster, 1996), 208.

13　William Bennet, *The De-Valuing of America* (New York: Summit Books, 1992), 215.

14　保罗・韦里奇, 引用于电影 *With God on Our Side: George W. Bush and the Rise of the Religious Right*, by Calvin Skaggs, David Van Taylor, and Ali Pomeroy, Lumiere Productions, 2004。

15　Keith Ward, *In Defence of the Soul* (Oxford: Oneworld, 1998).

16　同上书, 8, 10。

17　John D. Caputo, *On Religion* (New York: Routledge, 2001).

18　Inglehart et al., *Human Beliefs and Values.*

19　Paul Froese, "After Atheism: An Analysis of Religious Monopolies in the Post-Communist World," *Sociology of Religion* 65, 1 (2004): 57–75. 参见 Rodney Stark, *Exploring the Religious Life* (Baltimore: Johns Hopkins University Press, 2004), 151。

20　出处同上。

191

21　Robert Putnam, *Bowling Alone* (New York: Touchstone, 2000), 23.

22　Goran Gustafsson, "Religious Change in the Five Scandinavian Countries, 1930–1980," in *Scandinavian Values: Religion and Morality in the Nordic Countries*, ed. Torleif Petersson and Ole Rise (Uppsala: ACTA Universitatis Upsaliensis, 1994); Gyfli Gislason, "In Defense of Small Nations," in *Norden—the Passion for Equality*, ed. Stephen Graubard (Oslo: Norwegian University Press, 1986).

23　见 Bondeson, *Nordic Moral Climates: Value Continuities and Discontinuities in Denmark, Finland, Norway, and Sweden* (New Brunswick, N.J.: Transaction Publishers, 2003)。然而, 英格尔哈特等人在《人类信仰与价值观》中写到信仰上帝的比率更高, 有69%的丹麦人和53%的瑞典人信仰上帝。安德鲁·格里利发现, 57%的丹麦人和54%的瑞典人相信上帝(*Religion in Europe at the End of the Second Millennium*, New Brunswick, N.J.: Transaction Publishers, 2003)。然而, 不论哪项调查的准确性最高, 事实仍然是: 在丹麦和瑞典, 信仰上帝的人数比世界上几乎所有其他国家都要少得多。

24　Yves Lambert, "New Christianity, Indifference, and Diffused Spirituality," in *The Decline of Christendom in Western Europe, 1750–2000*, ed. Hugh McLeod and Ustorf Werner (New York: Cambridge University Press, 2003).

25　Inglehart et al., *Human Beliefs and Values*.

26　出处同上。

27　出处同上。

28　出处同上。

29　出处同上。

30　Pal Ketil Botvar, "Kristen tro I Norden. Privatisering og Svekkelse av religiose dogmer," in *Folkkyrkor och Religios Pluralism—Den Nordiska Religosa Modellen*, ed. Goran Gustafsson and Torleif Petersson (Stockholm: Verbum, 2000).

31　George Gallup, Jr., and D. Michael Lindsay, *Surveying the Religious Landscape* (Harrisburg, Pa.: Morehouse Publishing, 1999).

32　Inglehart et al., *Human Beliefs and Values.*

33　Pippa Norris and Ronald Inglehart, *Sacred and Secular: Religion and Politics Worldwide* (New York: Cambridge University Press, 2004).

34　Greeley, *Religion in Europe.*

35　出处同上。

36　Yves Lambert, "A Turning Point in Religious Evolution in Europe," *Journal of Contemporary Religion* 19, 1 (2004): 29–45.

37　Peter Gundelach, *Det er dansk* (Copenhagen: Hans Reitzels Forlag, 2002).

38　Ronald Inglehart and Pippa Norris, *Rising Tide: Gender Equality and Cultural Change around the World* (New York: Cambridge University Press, 2003); Phil Zuckerman, "Atheism: Contemporary Numbers and Paterns," in *The Cambridge Companion to Atheism,* ed. Michael Martin (Cambridge: Cambridge University Press, 2007).

39　*Human Development Report* of the United Nations (New York: Palgrave Macmillan, 2006).

40　*Human Development Report* of the United Nations (New York: United Nations Development Programme, 2005).

41　UNICEF REPORT, 2007, "The State of the World's Children"; 访问 www.unicef.org/sowc07/。

192

42　*Human Development Report* of the United Nations (New York: Palgrave Macmillan, 2006).

43　*Global Competitiveness Report 2006–2007,* World Economic Forum; 访问 www.weforum.org/en/initiatives/gcp/Globalpercent20Competitivenesspercent20Report/index.htm。

44　*Human Development Report,* 2005.

45　出处同上。

46　Karen Christopher, Paula England, Timothy Smeeding, and Katherin Ross Philips, "The Gender Gap in Poverty in Modern Nations: Single Motherhood, the Market, and the State," *Sociological Perspectives* 45, 3 (2002): 219–242.

47　*Human Development Report,* 2005.

48　*Human Development Report,* 2006.

49　Tomas Kurian, *Illustrated Book of World Rankings* (Armonk, N.Y.: M. E. Sharpe, 2001).

50　Transparency International 2006, "Corruption Perceptions Index"; 访问 www.infoplease.com/ipa/A0781359.html。

51　Paul, "Cross–National Correlations of Quantifiable Societal Health," 1–17.

52　Byron Nordstrom, *Scandinavia Since 1500* (Minneapolis: University of Minnesota Press, 2000), 347.

53　当然，我不是第一个或唯一一个指出这一点的人。格雷戈里・S.保罗在2005年发表的一篇具有挑衅性的文章中（上文已引用过）指出，与信仰上帝人数相对较少的国家相比，信仰上帝比率较高国家的蓄意杀人、青少年和成年早期的死亡、性病感染、未成年怀孕和堕胎的比率也较高。

54 Stephen Graubard, editor, *Norden—the Passion for Equality* (Oslo: Norwegian University Press), 1986.

55 Christian Smith, "Why Christianity Works: An Emotions-Focused Phenomenological Account," *Sociology of Religion* 68, 2 (2007): 165–178.

56 Martin Luther King, Jr., *Strength to Love* (Philadelphia: Fortress Press, 1963).

57 访问 www.cbctrust.com。

58 Inglehart et al., *Human Beliefs and Values.*

第二章

1 Dean Hamer, *The God Gene: How Faith Is Hardwired into Our Genetics* (New York: Doubleday, 2004), 6.

2 Rodney Stark and Roger Finke, *Acts of Faith* (Berkeley: University of California Press, 2000); Rodney Stark and William Sims Bainbridge, *The Future of Religion* (Berkeley: University of California Press, 1985); Rodney Stark and William Sims Bainbridge, *A Theory of Religion* (New York: Peter Lang, 1987).

3 Andrew Greeley, *Unsecular Man: The Persistence of Religion* (New York: Dell, 1972), 1.

4 同上书，16。

5 Justin Barret, *Why Would Anyone Believe in God?* (Walnut Creek, Calif.: Alta Mira Press, 2004), 108.

6 Christian Smith, *Moral, Believing Animals: Human Personhood and Culture* (New York: Oxford University Press, 2003), 104.

193

第三章

1　乌拉·邦德松最近发布的一项调查显示，丹麦相信来世的人数量较少，比率可能只有30%，而瑞典人只有33%。但是其他调查却显示，这一比率有些高，例如，安德鲁·格里利在其报告中表明，41%的丹麦人和51%的瑞典人相信来世。如果"真实"的百分比介于这两项调查结果之间，那仍然意味着绝大多数丹麦人和瑞典人不相信来世，同时也表明斯堪的纳维亚人相信来世的比率世界最低。见 Bondeson, *Nordic Moral Climates*; Andrew Greeley, *Religion in Europe at the End of the Second Millennium* (New Brunswick, N.J.: Transaction Publishers, 2003)。

2　参见K. A. Opuku, "Death and Immortality in the African Religious Traditions," in *Death and Immortality in the Religions of the World*, ed. Paul Badham and Linda Badham (New York: New Era Books, 1987); Ralph Hood and Ronald Morris, "Toward a Theory of Death Transcendence," *Journal for the Scientific Study of Religion* 22, 4 (1983): 353–365; R. Kastenbaum and P. T. Costa, "Psychological Perspectives on Death," *Annual Review of Psychology* 28 (1977): 225–249。

3　见 Bryan S. Turner, *Religion and Social Theory* (Tousand Oaks, Calif.: Sage Publications), 1991, chap. 10。

4　William Sims Bainbridge, "A Prophet's Reward: Dynamics of Religious Exchange," in *Sacred Markets and Sacred Canopies*, ed. Ted G. Jelen (Lanham, Md.: Rowman and Litlefeld, 2002), 84.

5　Ronald Inglehart, Miguel Basanez, and Alejandro Moreno, *Human Values and Beliefs: A Cross-Cultural Sourcebook* (Ann Arbor: University

自足的世俗社会

of Michigan Press, 1998).

6　Bronislaw Malinowski, *Magic, Science, and Religion* (New York: Anchor, 1954), 47.

7　Sigmund Freud, *The Future of an Illusion* (New York: W. W. Norton, 1961 [1927]), 19.

8　Robert Hinde, *Why Gods Persist: A Scientific Approach to Religion* (London: Routledge, 1999).

9　Charlotte Perkins Gilman, *His Religion and Hers* (New York: Century, 1923), 18.

194　10　Hamer, *The God Gene,* 143.

11　Peter Berger, *The Sacred Canopy* (New York: Anchor Books, 1967), 51.

12　Stark and Bainbridge, *The Future of Religion*, 7.

13　Greeley, *Unsecular Man,* 55.

14　Berger, *The Sacred Canopy,* 56 and 58.

15　Kenneth Pargament, *The Psychology of Religion and Coping* (New York: Guilford Press, 1997), 95.

16　Barret, *Why Would Anyone Believe in God?* 51.

17　Max Weber, "The Social Psychology of the World Religions," in *From Max Weber: Essays in Sociology*, ed. Hans Gerth and C. Wright Mills (New York: Oxford University Press, 1946).

18　引用安德鲁·格里利所言:"把知识界发生的事情——只是其中的一部分——与整个社会等同起来这一谬论,长久以来在学术界一直被铭记。"(*Unsecular Man*, p.3)。

19　Zygmunt Bauman, *Postmodernity and Its Discontents* (Oxford: Polity Press, 1997), 170–171.

| 232

20　诺里斯和英格尔哈特(*Sacred and Secular*, 75)最近的调查结果表明,少数丹麦人和瑞典人(37%)声称自己"经常"思考生命的意义。尽管有所上涨——1981年丹麦人和瑞典人中称自己"经常"思考生命意义的分别为29%和20%——但这仍然表明,绝大多数丹麦人和瑞典人并未过多思考生命的意义。此外,记住一点很重要:思考生命的意义未必像一些人声称的那样,会被认为是在做出一种"宗教"努力。世俗之人会经常思考生命的意义,然而这并不意味着他们正进行着精神或宗教追求。

21　Peter Gundelach, Hans Raun Iversen, and Margit Warburg, *At the Heart of Denmark: Institutional Forms and Mental Paterns*(即将出版)。

第四章

1　此处呈现的采访与第二章相同,是经编辑后的采访片段,并未包含所有采访内容。

2　David Hay, *Religious Experience Today: Studying the Facts* (London: Mowbray, 1990), 9.

3　Robert Bellah, *Beyond Belief* (New York: Harper and Row, 1970, 206), 223.

4　Bauman, *Postmodernity and Its Discontents,* 170.

第五章

1　Benjamin Beit-Hallahmi, "Atheists: A Psychological Profle," in *The Cambridge Companion to Atheism*, ed. Michael Martin (Cambridge:

195　Cambridge University Press, 2007), 30.

　　2　Talal Asad, *Formations of the Secular: Christianity, Islam, and Modernity* (Palo Alto: Stanford University Press, 2003), 17.

　　3　一些著名的例外——也就是那些解释何为世俗化的书籍——包括：Bruce Hunsbereger and Bob Altemeyer, *Atheists: A Groundbreaking Study of America's Nonbelievers* (Amherst: Prometheus Books, 2006); Barry Kosmin and Ariela Keysar, editors, *Secularism and Secularity: Contemporary International Perspectives* (Hartford, Conn.: Institute for the Study of Secularism in Society and Culture, 2007); Colin Campbell, *Toward a Sociology of Irreligion* (New York: Herder and Herder, 1972)。

　　4　Zuckerman, "Atheism: Contemporary Numbers and Paterns."

　　5　关于世俗化的一些重要著作，见Karel Dobbelaere, *Secularization: An Analysis at Three Levels* (Bruxelles: P.I.E.-Peter Lang, 2002); William Swatos and Daniel Olson, *The Secularization Debate* (Lanham, Md.: Rowman and Litlefeld, 2000); Steve Bruce, *God Is Dead: Secularization in the West* (Oxford: Blackwell, 2002); Peter Berger, editor, *The Desecularization of the World: Resurgent Religion and World Politics* (Grand Rapids, Mich.: William B. Eerdmans, 1999); David Martin, *A General Theory of Secularization* (New York: Harper and Row, 1978); Peter Glasner, *The Sociology of Secularization: A Critique of a Concept* (London: Routledge Kegan Paul, 1977); Berger, *The Sacred Canopy* 1967。关于世俗化，我的立场如下：正如早期几种社会理论预测的那样，它并非不可避免。但正如罗德尼·斯塔克等人最近所言，这也并非不可能。相反，在一个特定的社会中，宗教的丧失只是**可能的**。这并不意味着它是不可逆转的，因为人们的宗教信仰经过几代人的时间可能会经历兴衰、消亡，然后又突然重新出现。毫无疑问，就宗教信仰和宗教参与度

而言，在过去的一百年里，欧洲的宗教状况都在衰落，但这并不意味着我们完全知道原因所在，也不意味着衰落必然会持续下去，因为宗教复兴总是可能的。

6　Sam Harris, *The End of Faith: Religion, Terror, and the Future of Reason* (New York: W. W. Norton, 2004); Richard Dawkins, *The God Delusion* (Boston: Houghton Mifflin, 2006); Christopher Hitchens, *God Is Not Great: How Religion Poisons Everything* (New York: Twelve, 2007).

7　弗兰克·帕斯夸尔的开创性著作深入研究了那些世俗化的美国人不信教的各种细微差别和不同情况。

8　Per Salomonsen, *Religion i dag: Et sociologisk metodestudium* (Copenhagen: G.E.C. Gads Forlag, 1971).

9　同上书，361。

10　Callum Brown, *The Death of Christian Britain* (New York: Routledge, 2001), 182.

第六章

1　Berger, ed., *The Desecularization of the World*, 11.

2　Hugh McLeod and Werner Ustorf, *The Decline of Christendom in Western Europe, 1750–2000* (New York: Cambridge University Press, 2003); Phil Zuckerman, "Secularization: Europe—Yes; United States—No," *Skeptical Inquirer* 28, 2 (2004): 49–52.

3　例如见Andrew Higgins, "In Europe, God Is (Not) Dead," *Wall Street Journal*, July 14, 2007, A1。

4　Jeffrey Fleishman, "Bell Tolls for Germany's Churches," *Los Angeles Times*, April 22, 2007, 1, section A.

196

5　Jack Shand, "The Decline of Traditional Religious Beliefs in Germany," *Sociology of Religion* 59, 2 (1998): 179–184.

6　Manfred Te Grotenhuis and Peer Scheepers, "Churches in Dutch: Causes of Religious Disaffiliation in the Netherlands, 1937–1995," *Journal for the Scientific Study of Religion* 40, 4 (2001): 591–606.

7　Frank Lechner, "Secularization in the Netherlands?" *Journal for the Scientific Study of Religion* 35, 3 (1996): 252–264.

8　McLeod and Ustorf, *The Decline of Christendom in Western Europe,* 3.

9　Bruce, *God Is Dead*; Steve Bruce, "Christianity in Britain, R.I.P.," *Sociology of Religion* 62, 2 (2001): 191–203; Brown, *The Death of Christian Britain*; Robin Gil, C. Kirck Hadaway, and Penny Long Marler, "Is Religious Belief Declining in Britain?" *Journal for the Scientific Study of Religion* 37, 3 (1998): 507–516.

10　Eva Hamberg, "Stability and Change in Religious Beliefs, Practice, and Atitudes: A Swedish Panel Study," *Journal for the Scientific Study of Religion* 30, 1 (1991): 63–80.

11　Irving Palm and Jan Trost, "Family and Religion in Sweden," in *Family, Religion, and Social Change in Diverse Societies*, ed. Sharon Houseknecht and Jerry Pankurst (New York: Oxford University Press, 2000), 108.

12　Andrew Buckser, *After the Rescue: Jewish Identity and Community in Contemporary Denmark* (New York: Palgrave Macmillan, 2003), 59.

13　Norris and Inglehart, *Sacred and Secular,* 2004, 90.

14　Steve Bruce, *Choice and Religion: A Critique of Rational Choice*

(Oxford: Oxford University Press, 1999), 220.

15　Rodney Stark and Roger Finke, "Beyond Church and Sect: Dynamics and Stability in Religious Economies," in *Sacred Markets, Sacred Canopies*, ed. Ted G. Jelen (Lanham, Md.: Rowman and Littlefield, 2002); Stark and Finke, *Acts of Faith*; Riger Finke and Rodney Stark, "The Dynamics of Religious Economies," in *Handbook of the Sociology of Religion*, ed. Michele Dillon (New York: Cambridge University Press, 2003); Rodney Stark and Laurence Iannaccone, "A Supply-Side Reinterpretation of the Secularization of Europe," *Journal for the Scientific Study of Religion* 33 (1994): 230–252; Laurence Iannaccone, "Religious Markets and the Economics of Religion," *Social Compass* 39 (1992): 123–211.

16　"为教会寻找会员的人"在美国做这些事情——他们走进社区,试图发现人们想在教会中得到什么,以及什么会驱使不去教堂的人们去教堂;他们创建教会的前提是,通过适当的营销手段可以提高人们对宗教的兴趣。见Kimon Howland Sargeant, *Seeker Churches: Promoting Traditional Religion in a Nontraditional Way* (New Brunswick, N.J.: Rutgers University Press, 2000)。 197

17　Eva Hamberg, "Christendom in Decline: the Swedish Case," in *The Decline of Christendom in Western Europe, 1750–2000*, ed. Hugh McLeod and Werner Ustorf (New York: Cambridge University Press, 2003).

18　出处同上;参见www.km.dk。

19　访问www.da.wikipedia.org/wiki.frikirke。

20　Hamberg, "Christendom in Decline: the Swedish Case."

21　Lambert, "New Christianity, Indifference, and Diffused

Spirituality."

22　对罗德尼·斯塔克研究的评论, 尤其当应用于斯堪的纳维亚时, 见Steve Bruce, "The Poverty of Economism or the Social Limits on Maximizing," in *Sacred Markets and Sacred Canopies*, ed. Ted G. Jelen (Lanham, Md.: Rowman and Littlefield, 2002); Steve Bruce, "The Supply-Side Model of Religion: The Nordic and Baltic States," *Journal for the Scientific Study of Religion* 39, 1 (2000): 32–46; Bruce, *Choice and Religion*; Joseph Bryant, "Cost-Benefit Accounting and the Piety Business: Is Homo Religiosus, at Bottom, Homo Economicus?" *Method and Theory in the Study of Religion* 12, 4 (2000): 520–548。

23　诺里斯和英格尔哈特对这一问题广泛研究得出的结论是: "在世界范围内更广泛的社会分布中, 参与和多元化之间没有显著的关联。"见Norris and Inglehart, *Sacred and Secular,* 101。参见Mark Chaves and Philip Gorski, "Religious Pluralism and Religious Participation," *Annual Review of Sociology* 27 (2001): 261–281; Daniel Olson and Kirk Hadaway, "Religious Pluralism and Affiliation Among Canadian Counties and Cities," *Journal for the Scientific Study of Religion* 38, 4 (1999): 490–508。

24　Norris and Inglehart, *Sacred and Secular.*

25　同上书,5。

26　出自卡尔·马克思1844年《〈黑格尔法哲学批判〉导言》(*Contribution to the Critique of Hegel's Philosophy of Right*), 引自Robert Tucker, *The Marx-Engels Reader*, 2d ed. (New York: W.W. Norton, 1978), 54。

27　Neil Kent, *The Soul of the North* (London: Reaktion Books, 2000), 120.

28　Donald Connery, *The Scandinavians* (New York: Simon and Schuster, 1966), 5.

29　Eric Einhorn and John Logue, *Modern Welfare States: Scandinavian Politics and Policy in the Global Age* (Westport, Vt.: Praeger), 2003.

30　*Human Development Report* of the United Nations, 2005; *Human Development Report* of the United Nations, 2006.

31　访问 www.visionofhumanity.com。

32　Brown, *The Death of Christian Britain.*

33　同上书, 1。

34　同上书, 10。

35　同上书, 192。

36　Tony Walter and Grace Davie, "The Religiosity of Women in the Modern West," *British Journal of Sociology* 49, 4 (1998): 640−660.

37　Alan Miller and Rodney Stark, "Gender and Religiousness," *American Journal of Sociology* 107 (2002): 1399−1423; Miller and Stark, "Risk and Religion: An Explanation of Gender Differences in Religiosity," *Journal for the Scientific Study of Religion* 34 (1995): 63−75.

38　Inger Furseth, "Women's Role in Historic Religious and Political Movements," *Sociology of Religion* 62, 1 (2001): 105−129; Susan Sundback, "Nation and Gender Reflected in Scandinavian Religiousness," in *Scandinavian Values: Religion and Morality in the Nordic Countries*, ed. Torleif Petersson and Ole Riis (Uppsala: ACTA Universitatis Upsaliensis, 1994); Berndt Gustafsson, *The Christian Faith in Sweden* (Stockholm: Verbum, 1968).

39　Ole Riis, "Paterns of Secularization in Scandinavia," in

198

Scandinavian Values: Religion and Morality in the Nordic Countries, ed. Torleif Petersson and Ole Riis (Uppsala: ACTA Universitatis Upsaliensis, 1994), 122.

40 Bent Rold Andersen, "Rationality and Irrationality of the Nordic Welfare State," in *Norden—The Passion for Equality*, ed. Stephen Graubard (Oslo: Norwegian University Press, 1986).

41 Gundelach, Iversen, and Warburg, *At the Heart of Denmark*.

42 访问 www.oecd.org/dev/institutions/GIDdatabse。

43 访问 www.denmark.dk。

44 "The Workplace: A Woman's Domain," The Copenhagen Post, June 7, 2007；访问 www.denmark.dk/en/servicemenu/News/GeneralNews/TheWorkplaceAWomansDomain.htm。

45 Bradley Hertel, "Gender, Religious Identity, and Work Force Participation," *Journal for the Scientific Study of Religion* 27, 4 (1998): 574–592.

46 Bruce, *God Is Dead*; Steve Bruce, *Religion in the Modern World: From Cathedrals to Cults* (New York: Oxford University Press, 1996).

47 Martin, *A General Theory of Secularization*.

48 Sheridan Gilley, "Catholicism in Ireland," in *The Decline of Christendom in Western Europe, 1750–2000*, ed. Hugh McLeod and Werner Ustorf (New York: Cambridge University Press, 2003).

49 Phil Zuckerman, ed., *Du Bois on Religion* (Walnut Creek, Calif.: Alta Mira Press, 2000); Andrew Billingsley, *Mighty Like a River: The Black Church and Social Reform* (New York: Oxford University Press, 1999).

50 Andrew Greeley and Michael Hout, *The Truth about Christian*

Conservatives: What They Think and What They Believe (Chicago: University of Chicago Press, 2006).

51 私人电子邮件,2007年5月10日。

52 Knud Jespersen, *A History of Denmark* (New York: Palgrave Macmillan, 2004), 93–94.

199

53 哈里斯民意调查#11,2003年2月26日;访问www.harrisinteractive.com。

54 Georg Gallup, Jr., and D. Michael Lindsay, *Surveying the Religious Landscape* (Harrisburg, Pa.: Morehouse Publishing, 1999), 35.

55 访问www.http://edition.cnn.com/2002/EDUCATION/11/26/education.rankings.reut/index.html。

56 访问www.siteselection.com/ssinsider/snapshot/sf011210.htm。

57 *Human Development Report* of the United Nations, 2006.

58 S. S. Acquaviva, *The Decline of the Sacred in Industrial Society* (New York: Harper and Row, 1979); Rodney Stark, "Secularization R.I.P.," *Sociology of Religion* 60 (1999): 249–273.

59 Hilda Elis Davidson, *The Lost Beliefs of Northern Europe* (New York: Routledge, 1993); Hilda Elis Davidson, *Gods and Myths of Northern Europe* (New York: Penguin Books, 1964).

60 Richard Fletcher, *The Barbarian Conversion: From Paganism to Christianity* (New York: Henry Holt, 1997), 374.

61 同上书,372—373。

62 Carole Cusack, *The Rise of Christianity in Northern Europe 300–1000* (London: Cassell, 1998), 145; P. H. Sawyer, *Kings and Vikings: Scandinavia and Europe AD 700–1100* (London: Methuen, 1982), 102.

63 Prudence Jones and Nigel Pennick, *A History of Pagan Europe*

(New York: Routledge, 1995).

64　George Proctor, *Ancient Scandinavia* (New York: John Day, 1965), 112.

65　Gustafsson, *The Christian Faith in Sweden.*

66　Davidson, *Gods and Myths of Northern Europe*, 23.

67　Palle Lauring, *A History of Denmark* (Copenhagen: Host and Son, 1960), 124.

68　John Flint, "The Secularization of Norwegian Society," *Comparative Studies in Society and History* 6, 3 (1964): 325–344.

69　Sawyer, *Kings and Vikings*, 139.

70　Kent, *The Soul of the North.*

71　Lauring, *A History of Denmark.*

72　Kent, *The Soul of the North.*

73　T. K. Derry, *A History of Scandinavia* (Minneapolis: University of Minnesota Press, 1979), 94.

74　B. J. Hovde, *The Scandinavian Countries, 1720–1865* (Ithaca, N.Y.: Cornell University Press, 1948), 308.

75　Arnold H. Barton, *Scandinavia in the Revolutionary Era, 1760–1815* (Minneapolis: University of Minnesota Press, 1986), 46.

76　Hans Raun Iversen, "Leaving the Distant Church: The Danish Experience," *Religion and the Social Order* 7 (1997): 139–158.

77　Andrew Buckser, *Communities of Faith: Sectarianism, Identity, and Social Change on a Danish Island* (Oxford: Berghahn Books, 1996), 105.

78　Hans Raun Iversen, "Leaving the Distant Church."

79　Gerald Strauss, "Lutheranism and Literacy: A Reassessment," in

200

Religion and Society in Early Modern Europe 1500–1800, ed. Kaspar von Greyerz (Boston: George Allen and Unwin, 1984).

80　Hamberg, "Christendom in Decline: the Swedish Case."

81　Timothy Tangherlini, "Who Ya Gonna Call?: Ministers and the Mediation of Ghostly Treat in Danish Legal Tradition," *Western Folklore* 57, 2/3 (1998): 153–178; Timothy Tangherlini, "How Do You Know She's a Witch?: Witches, Cunning Folk, and Competition in Denmark," *Western Folklore* 59, 3/4 (2000): 279–303; Gustav Henningsen, "Witchcraf in Denmark," *Folklore* 93, 2 (1982): 131–137; Anders Frojmark, "Demons in the miracula," in *Medieval Spirituality in Scandinavia and Europe*, ed. Lars Bisgaard et al. (Odense: Odense University Press, 2001); Jens Christian Johansen, "Faith, Superstition and Witchcraft in Reformation Scandinavia," in *The Scandinavian Reformation*, ed. Ole Peter Grell (New York: Cambridge University Press, 1995).

82　Bryan Wilson, "Unbelief as an Object of Research," in *The Culture of Unbelief*, ed. Rocco Caporale and Antonio Grumelli (Berkeley: University of California Press, 1971), 247.

第七章

1　为了更全面地解释"宗教"和"灵性"之间的差异，见Robert Fuller, *Spiritual but Not Religious* (New York: Oxford University Press, 2001); Penny Long Marler and Kirk Hadaway, "'Being Religious' or 'Being Spiritual' in America: A Zero-Sum Proposition?" *Journal for the Scientific Study of Religion* 41, 2 (2002): 289–300; Wade Clark Roof, *Spiritual Marketplace: Baby Boomers and the Remaking of American*

Religion (Princeton, N.J.: Princeton University Press, 1999)。

2　David Harrington Wat, *Bible-Carrying Christians* (New York: Oxford University Press, 2002); Charles Strozier, *Apocalypse: On the Psychology of Fundamentalism in America* (Boston: Beacon Press, 1994); Susan Rose, *Keeping Them Out of the Hands of Satan: Evangelical Schooling in America* (New York: Routledge, 1988); Nancy Ammerman, *Bible Believers* (New Brunswick, N.J.: Rutgers University Press, 1987).

3　彼得·贝格尔,引自 Stark and Finke, *Acts of Faith*, 58。

4　Simon Coleman, *The Globalisation of Charismatic Christianity* (Cambridge: Cambridge University Press, 2000); Buckser, *Communities of Faith*.

第八章

1　Iversen, "Leaving the Distant Church: The Danish Experience," 146.

2　Bondeson, *Nordic Moral Climates*; Botvar, "Kristen tro I Norden. Privatisering og Svekkelse av religiose dogmer."

3　Grace Davie, *Religion in Britain since 1945: Believing without Belonging* (Oxford: Blackwell, 1994).

4　Riis, "Paterns of Secularization in Scandinavia," 99.

5　Daniele Hervieu-Leger, *Religion as a Chain of Memory* (New Brunswick, N.J.: Rutgers University Press, 2000).

6　Phil Zuckerman, *Strife in the Sanctuary: Religious Schism in a Jewish Community* (Walnut Creek, Calif.: Alta Mira Press, 1999).

7　Arnold Dashefsky, Bernard Lazerwitz, and Ephraim Tabory, "A

Journey of the 'Straight Way' or the 'Roundabout Path' : Jewish Identity in the United States and Israel," in *Handbook of the Sociology of Religion*, ed. Michele Dillon (New York: Cambridge University Press, 2003).

8　Inglehart et al., *Human Beliefs and Values.*

9　Dashefsky, Lazerwitz, and Tabory, "A Journey of the 'Straight Way' or the 'Roundabout Path' ."

10　Inglehart et al., *Human Beliefs and Values.*

11　Kosmin and Keysar, editors, *Secularism and Secularity.*

12　Beit-Hallahmi, "Atheists: A Psychological Profile."

13　Martin Weinberg, Ilsa Lotes, and Frances Shaver, "Sociocultural Correlates of Permissive Sexual Atitudes: A Test of Reiss's Hypothesis About Sweden and the United States," *Journal of Sex Research* 37, 1 (2000): 44–52.

14　John Hoffman and Alan Miller, "Social and Political Attitudes Among Religious Groups: Convergence and Divergence over Time," *Journal for the Scientific Study of Religion* 36, 1 (1997): 52–70.

15　Inglehart et al., *Human Beliefs and Values.*

16　Hoffman and Miller, "Social and Political Attitudes Among Religious Groups," 52–70.

17　Loek Halman, "Scandinavian Values: How Special Are They," in *Scandinavian Values: Religion and Morality in the Nordic Countries*, ed. Torleif Petersson and Ole Rise (Uppsala: ACTA Universitatis Upsaliensis, 1994).

18　John Cochran and Leonard Beeghley, "The Influence of Religion on Attitudes Toward Nonmarital Sexuality: A Preliminary Assessment of Reference Group Theory," *Journal for the Scientific Study of Religion* 30, 1

(1991): 45–62.

19　Kosmin and Keysar, editors, *Secularism and Secularity;* Barry Kosmin and Seymour Lachman, *One Nation Under God: Religion in Contemporary American Society* (New York: Crown, 1993).

20　Graubard, editor, *Norden—the Passion for Equality.*

21　Roberta Rosenberg Farber and Chaim Waxman, editors, *Jews in America: A Contemporary Reader* (Waltham, Mass.: Brandeis University Press, 1999).

22　N. J. Demerath, "The Rise of 'Cultural Religion' in European Christianity: Learning from Poland, Northern Ireland, and Sweden," *Social Compass* 47, 1 (2000): 127–139; N. J. Demerath, *Crossing the Gods: World Religions and Worldly Politics* (New Brunswick, N.J.: Rutgers University Press, 2001).

23　Kevin Christiano, William Swatos, and Peter Kivisto, *Sociology of Religion: Contemporary Developments* (Walnut Creek, Calif.: Alta Mira Press, 2002).

24　Inger Furseth and Paal Repstad, *An Introduction to the Sociology of Religion* (Burlington, Vt.: Ashgate, 2006).

25　Stark and Bainbridge, *The Future of Religion*, 3.

26　例如,考虑一下最近丹麦牧师托基尔·格罗布尔的案例;尽管他否认信仰上帝,但他的会众仍然支持他,支持他继续任职。

27　Rodney Stark, *One True God: Historical Consequences of Monotheism* (Princeton, N.J.: Princeton University Press, 2001), 213.

28　Bellah, *Beyond Belief.*

29　Demerath, "The Rise of 'Cultural Religion' in European Christianity," 136.

202

30　来自"Paskemaling"的调查结果，由Epinion公司受*Kristelig Daglblad*委托完成，2006年3月26日。

31　访问www.wayoflife.org/fbns/fbns/fbns209.html。

32　Palm and Trost, "Family and Religion in Sweden," 111.

33　Franklin Scot, *Scandinavia* (Cambridge, Mass.: Harvard University Press, 1975), 42.

34　Botvar, "Kristen tro I Norden. Privatisering og Svekkelse av religiose dogmer."

35　例如见Greeley, *Religion in Europe at the End of the Second Millennium*。

36　Demerath, "The Rise of 'Cultural Religion' in European Christianity," 129–130.

37　Harris, *The End of Faith,* 29.

第九章

1　Richard H. Niebuhr, *The Social Sources of Denominationalism* (Cleveland: Meridian Books, 1929); Will Herberg, *Protestant Catholic Jew* (New York: Anchor, 1955); Stephen R. Warner and Judith Witner, editors, *Gatherings in Diaspora: Religious Communities and the New Immigration* (Philadelphia: Temple University Press, 1998); Helen Rose Ebaugh and Janet Saltzman Chafetz, *Religion and the New Immigrants: Continuities and Adaptations in Immigrant Congregations* (Walnut Creek, Calif.: Alta Mira Press, 2000).

2　扬·林哈特被引用于Gundelach, Iversen, and Warburg, *At the Heart of Denmark*。

3 Norris and Inglehart, *Sacred and Secular,* 108–110.

4 *Gallup Poll Monthly*, no. 352, January 1995.

5 出处同上。

参考文献

Acquaviva, S. S. 1979. *The Decline of the Sacred in Industrial Society*. New York: Harper and Row.

Ali, Ayaan Hirsi. 2007. *Infidel*. New York: Free Press.

Altoun, Richard. 2001. *Understanding Fundamentalism*. Walnut Creek, Calif.: Alta Mira Press.

Ammerman, Nancy. 1987. *Bible Believers*. New Brunswick, N.J.: Rutgers University Press.

Andersen, Bent Rold. 1986. "Rationality and Irrationality of the Nordic Welfare State." In *Norden—The Passion for Equality*, edited by Stephen Graubard. Oslo: Norwegian University Press.

Asad, Talal. 2003. *Formations of the Secular: Christianity, Islam, and Modernity*. Palo Alto: Stanford University Press.

Bainbridge, William Sims. 2002. "A Prophet's Reward: Dynamics of Religious Exchange." In *Sacred Markets and Sacred Canopies*, edited by Ted G. Jelen. Lanham, Md.: Rowman and Littlefield.

Barrett, Justin. 2004. *Why Would Anyone Believe in God?* Walnut Creek, Calif.: Alta Mira Press.

Barton, H. Arnold. 1986. *Scandinavia in the Revolutionary Era, 1760–1815*. Minneapolis: University of Minnesota Press.

Bauman, Zygmunt. 1997. *Postmodernity and Its Discontents*. Oxford: Polity Press.

Becker, Ernest. 1998. *Denial of Death*. New York: Free Press.

Beit-Hallahmi, Benjamin. 2007. "Atheists: A Psychological Profile." In *The Cambridge Companion to Atheism*, edited by Michael Martin. Cambridge: Cambridge University Press.

Bellah, Robert. 1970. *Beyond Belief*. New York: Harper and Row.

Bennett, William. 1992. *The De-Valuing of America*. New York: Summit Books.

Bennett, William, John Dilulio, Jr., and John Walters. 1996. *Body Count: Moral Poverty and How to Win America's War against Crime and Drugs*. New York: Simon and Schuster.

Berger, Peter. 2001. "Reflections on the Sociology of Religion Today." *Sociology of Religion* 62(4): 443—454.

———, ed. 1999. *The Desecularization of the World: Resurgent Religion and World Politics*. Grand Rapids, Mich.: William B. Eerdmans.

———. 1968. "A Bleak Outlook Is Seen for Religion." *New York Times*, April 25, p. 3.

———. 1967. *The Sacred Canopy*. New York: Anchor Books.

Bibby, Reginald. 2002. *Restless Gods: The Renaissance of Religion in Canada*. Toronto: Stoddart.

Billingsley, Andrew. 1999. *Mighty Like a River: The Black Church and Social Reform*. New York: Oxford University Press.

Bondeson, Ulla. 2003. *Nordic Moral Climates: Value Continuities and Discontinuities in Denmark, Finland, Norway, and Sweden*. New Brunswick, N.J.: Transaction Publishers.

Botvar, Pål Ketil. 2000. "Kristen tro I Norden. Privatisering og Svekkelse av religiøse dogmer." In *Folkkyrkor och Religiös Pluralism –Den Nordiska Religosa Modellen*, edited by Göran Gustafsson and Thorleif Pettersson. Stockholm: Verbum.

Brown, Callum. 2001. *The Death of Christian Britain*. New York: Routledge.

Bruce, Steve. 2002a. *God Is Dead: Secularization in the West*. Oxford: Blackwell.

———. 2002b. "The Poverty of Economism or the Social Limits on Maximizing." In *Sacred Markets and Sacred Canopies*, edited by Ted G. Jelen. Lanham, Md.: Rowman and Littlefield.

———. 2001. "Christianity in Britain, R.I.P." *Sociology of Religion* 62(2): 191–203.

———. 2000. "The Supply-Side Model of Religion: The Nordic and Baltic States." *Journal for the Scientific Study of Religion* 39(1): 32–46.

———. 1999. *Choice and Religion: A Critique of Rational Choice*. Oxford: Oxford University Press.

———. 1996. *Religion in the Modern World: From Cathedrals to Cults*. New York: Oxford University Press.

Bryant, Joseph. 2000. "Cost-Benefit Accounting and the Piety Business: Is Homo Religiosus, at Bottom, Homo Economicus?" *Method and Theory in the Study of Religion* 12(4): 520–548.

Buckser, Andrew. 2003. *After the Rescue: Jewish Identity and Community in Contemporary Denmark*. New York: Palgrave Macmillan.

———. 1996. *Communities of Faith: Sectarianism, Identity, and Social Change on a Danish Island*. Oxford: Berghahn Books.

Campbell, Colin. 1972. *Toward a Sociology of Irreligion*. New York: Herder and Herder.

Chaves, Mark, and Philip Gorski. 2001. "Religious Pluralism and Religious Participation." *Annual Review of Sociology* 27: 261–281.

Christiano, Kevin, William Swatos, and Peter Kivisto. 2002. *Sociology of Religion: Contemporary Developments*. Walnut Creek, Calif.: Alta Mira Press.

Christopher, Karen, Paula England, Timothy Smeeding, and Katherin Ross Philips. 2002. "The Gender Gap in Poverty in Modern Nations: Single Motherhood, the Market, and the State." *Sociological Perspectives* 45(3): 219–242.

Cochran, John, and Leonard Beeghley. 1991. "The Influence of Religion on Attitudes Toward Nonmarital Sexuality: A Preliminary Assessment of Reference Group Theory." *Journal for the Scientific Study of Religion* 30(1):45–62.

Coleman, Simon. 2000. *The Globalisation of Charismatic Christianity*. Cambridge: Cambridge University Press.

Connery, Donald. 1966. *The Scandinavians*. New York: Simon and Schuster.

Cusack, Carole. 1998. *The Rise of Christianity in Northern Europe 300–1000*. London: Cassell.

Dashefsky, Arnold, Bernard Lazerwitz, and Ephraim Tabory. 2003. "A Journey of the 'Straight Way' or the 'Roundabout Path': Jewish Identity in the United States and Israel." In *Handbook of the Sociology of Religion*, edited by Michele Dillon. New York: Cambridge University Press.

Dawkins, Richard. 2006. *The God Delusion*. Boston: Houghton Mifflin.

Davidson, Hilda Ellis. 1993. *The Lost Beliefs of Northern Europe*. New York: Routledge.

———. 1964. *Gods and Myths of Northern Europe*. New York: Penguin Books.

Davie, Grace. 1994. *Religion in Britain since 1945: Believing without Belonging*. Oxford: Blackwell.

Decik, Lars. 2007. "The Paradox of Secularism in Denmark: From Emancipation to Ethnocentrism?" In *Secularism and Secularity: Contemporary International Perspectives*, edited by Barry Kosmin and Ariela Keysar. Hartford, Conn.: Institute for the Study of Secularism in Society and Culture.

Demerath, N. J. 2001. *Crossing the Gods: World Religions and Worldly Politics*. New Brunswick, N.J.: Rutgers University Press.

————. 2000. "The Rise of 'Cultural Religion' in European Christianity: Learning from Poland, Northern Ireland, and Sweden." *Social Compass* 47(1): 127–139.

Derry, T. K. 1979. *A History of Scandinavia*. Minneapolis: University of Minnesota Press.

Dobbelaere, Karel. 2002. *Secularization: An Analysis at Three Levels*. Bruxelles: P.I.E.-Peter Lang.

Ebaugh, Helen Rose, and Janet Saltzman Chafetz. 2000. *Religion and the New Immigrants: Continuities and Adaptations in Immigrant Congregations*. Walnut Creek, Calif.: Alta Mira Press.

Einhorn, Eric, and John Logue. 2003. *Modern Welfare States: Scandinavian Politics and Policy in the Global Age*. Westport, Vt.: Praeger.

Farber, Roberta Rosenberg, and Chaim Waxman, editors. 1999. *Jews in America: A Contemporary Reader*. Waltham, Mass.: Brandeis University Press.

Finke, Roger, and Rodney Stark. 2003. "The Dynamics of Religious Economies." In *Handbook of the Sociology of Religion*, edited by Michele Dillon. New York: Cambridge University Press.

Fleishman, Jeffrey. 2007. "Bell Tolls for Germany's Churches." *Los Angeles Times*, April 22, 2007, page 1, section A.

Fletcher, Richard. 1997. *The Barbarian Conversion: From Paganism to Christianity*. New York: Henry Holt.

Flint, John. 1964. "The Secularization of Norwegian Society." *Comparative Studies in Society and History* 6(3): 325–344.

Freud, Sigmund. 1961 [1927]. *The Future of an Illusion*. New York: W. W. Norton.

Froese, Paul. 2004. "After Atheism: An Analysis of Religious Monopolies in the Post-Communist World." *Sociology of Religion* 65(1): 57–75. See also Stark (2004), p. 151.

Frojmark, Anders. 2001. "Demons in the miracula." In *Medieval Spirituality in Scandinavia and Europe*, edited by Lars Bisgaard, Carsten Selch Jensen, Kurt Villads Jensen, and John Lind. Odense: Odense University Press.

Fuller, Robert. 2001. *Spiritual but Not Religious*. New York: Oxford University Press.

Furseth, Inger. 2006. *From Quest for Truth to Being Oneself: Religious Change in Life Stories*. Frankfurt Am Main: Peter Lang.

————. 2001. "Women's Role in Historic Religious and Political Movements." *Sociology of Religion* 62(1): 105–129.

Furseth, Inger, and Paal Repstad. 2006. *An Introduction to the Sociology of Religion*. Burlington, Vt.: Ashgate.

Gallup, George, Jr., and D. Michael Lindsay. 1999. *Surveying the Religious Landscape*. Harrisburg, Pa.: Morehouse.

Geertz, Clifford. 1973. *The Interpretation of Cultures: Selected Essay*. New York: Basic Books.

Gil, Robin, C. Kirck Hadaway, and Penny Long Marler. 1998. "Is Religious Belief Declining in Britain?" *Journal for the Scientific Study of Religion* 37(3): 507–516.

Gilley, Sheridan. 2003. "Catholicism in Ireland." In *The Decline of Christendom in Western Europe, 1750–2000*, edited by Hugh McLeod and Werner Ustorf. New York: Cambridge University Press.

Gilman, Charlotte Perkins. 1923. *His Religion and Hers*. New York: Century.

Gislason, Gyfli. 1986. "In Defense of Small Nations." In *Norden—the Passion for Equality*, edited by Stephen Graubard. Oslo: Norwegian University Press.

Glasner, Peter. 1977. *The Sociology of Secularization: A Critique of a Concept*. London: Routledge of Kegan Paul.

Graubard, Stephen, editor. 1986. *Norden—the Passion for Equality*. Oslo: Norwegian University Press.

Greeley, Andrew. 2003. *Religion in Europe at the End of the Second Millennium*. New Brunswick, N.J.: Transaction Publishers.

———. 1972. *Unsecular Man: The Persistence of Religion*. New York: Dell.

Greeley, Andrew, and Michael Hout. 2006. *The Truth About Christian Conservatives: What They Think and What They Believe*. Chicago: University of Chicago Press.

Grieve, Gregory Price. 2006. *Retheorizing Religion in Nepal*. New York: Palgrave Macmillan.

Grossbongardt, Annette. 2006. "Less Europe, More Islam." *Spiegel Online*, Nov. 2, 2006. www.spiegel.de.

Grotenhuis, Manfred Te, and Peer Scheepers. 2001. "Churches in Dutch: Causes of Religious Disaffiliation in the Netherlands, 1937–1995." *Journal for the Scientific Study of Religion* 40(4): 591–606.

Gundelach, Peter. 2002. *Det er dansk*. Copenhagen: Hans Reitzels Forlag.

Gundelach, Peter, Hans Raun Iversen, and Margit Warburg. Forthcoming. *At the Heart of Denmark: Institutional Forms and Mental Patterns*.

Gustafsson, Berndt. 1968. *The Christian Faith in Sweden*. Stockholm: Verbum.

Gustafsson, Goran. 1994. "Religious Change in the Five Scandinavian Countries, 1930–1980." In *Scandinavian Values: Religion and Morality in the Nordic Countries*, edited by Thorleif Pettersson and Ole Rise. Uppsala: ACTA Universitatis Upsaliensis.

Halman, Loek. 1994. "Scandinavian Values: How Special Are They?" In *Scandinavian Values: Religion and Morality in the Nordic Countries,* edited by Thorleif Pettersson and Ole Rise. Uppsala: ACTA Universitatis Upsaliensis.

Hamberg, Eva. 2003. "Christendom in Decline: The Swedish Case." In *The Decline of Christendom in Western Europe, 1750–2000,* edited by Hugh McLeod and Werner Ustorf. New York: Cambridge University Press.

———. 1991. "Stability and Change in Religious Beliefs, Practice, and Attitudes: A Swedish Panel Study." *Journal for the Scientific Study of Religion* 30(1): 63–80.

Hamberg, Eva, and Thorleif Pettersson. 2002. "Religious Markets: Supply, Demand, and Rational Choices." In *Sacred Markets, Sacred Canopies,* edited by Ted G. Jelen. Lanham, Md.: Rowman and Littlefield.

Hamer, Dean. 2004. *The God Gene: How Faith Is Hardwired into Our Genetics.* New York: Doubleday.

Harris, Sam. 2004. *The End of Faith: Religion, Terror, and the Future of Reason.* New York: W. W. Norton.

Hay, David. 1990. *Religious Experience Today: Studying the Facts.* London: Mowbray.

Henningsen, Gustav. 1982. "Witchcraft in Denmark." *Folklore* 93 (2): 131–137.

Herberg, Will. 1955. *Protestant Catholic Jew.* New York: Anchor.

Hertel, Bradley. 1988. "Gender, Religious Identity, and Work Force Participation." *Journal for the Scientific Study of Religion* 27(4): 574–592.

Hervieu-Leger, Daniele. 2000. *Religion as a Chain of Memory.* New Brunswick, N.J.: Rutgers University Press.

Higgins, Andrew. 2007. "In Europe, God Is (Not) Dead." *Wall Street Journal,* July 14, page A1.

Hinde, Robert. 1999. *Why Gods Persist: A Scientific Approach to Religion.* London: Routledge.

Hitchens, Christopher. 2007. *God Is Not Great: How Religion Poisons Everything.* New York: Twelve.

Hoffman, John, and Alan Miller. 1997. "Social and Political Attitudes Among Religious Groups: Convergence and Divergence over Time." *Journal for the Scientific Study of Religion* 36 (1): 52–70.

Hoge, Dean, Bention Johnson, and Donald Luidens. 1994. *Vanishing Boundaries: The Religion of Mainline Protestant Baby Boomers.* Louisville, Ky.: Westminster/John Knox Press.

Hood, Ralph, and Ronald Morris. 1983. "Toward a Theory of Death Transcendence." *Journal for the Scientific Study of Religion* 22(4): 353–365.

Hovde, B. J. 1948. *The Scandinavian Countries, 1720–1865.* Ithaca, N.Y.: Cornell University Press.

Hunsberger, Bruce, and Bob Altemeyer. 2006. *Atheists: A Groundbreaking Study of America's Nonbelievers.* Amherst: Prometheus Books.

Iannaccone, Laurence. 1992. "Religious Markets and the Economics of Religion." *Social Compass* 39: 123–211.

Inglehart, Ronald, Miguel Basanez, Jaime Diez-Medrano, Loek Halman, and Ruud Luijkx. 2004. *Human Beliefs and Values: A Cross-Cultural Sourcebook Based on the 1999–2002 Value Surveys.* Buenos Aires: Siglo Veintiuon Editores.

Inglehart, Ronald, Miguel Basanez, and Alejandro Moreno. 1998. *Human Values and Beliefs: A Cross-Cultural Sourcebook.* Ann Arbor: University of Michigan Press.

Inglehart, Ronald, and Pippa Norris. 2003. *Rising Tide: Gender Equality and Cultural Change Around the World.* New York: Cambridge University Press.

Iversen, Hans Raun. 2006. "Secular Religion and Religious Secularism: A Profile of the Religious Development in Denmark Since 1968." *Nordic Journal of Religion and Society* 2: 75–93.

———. 1997. "Leaving the Distant Church: The Danish Experience." *Religion and the Social Order* 7: 139–158.

Jespersen, Knud. 2004. *A History of Denmark.* New York: Palgrave Macmillan.

Johansen, Jens Christian. 1995. "Faith, Superstition and Witchcraft in Reformation Scandinavia." In *The Scandinavian Reformation,* edited by Ole Peter Grell. New York: Cambridge University Press.

Jones, Prudence, and Nigel Pennick. 1995. *A History of Pagan Europe.* New York: Routledge.

Kastenbaum, R., and P. T. Costa. 1977. "Psychological Perspectives on Death." *Annual Review of Psychology* 28: 225–249.

Kent, Neil. 2000. *The Soul of the North.* London: Reaktion Books.

King, Jr., Martin Luther. 1963. *Strength to Love.* Philadelphia: Fortress Press.

Kosmin, Barry, and Ariela Keysar, editors. 2007. *Secularism and Secularity: Contemporary International Perspectives.* Hartford, Conn.: Institute for the Study of Secularism in Society and Culture.

Kosmin, Barry, and Ariela Keysar. 2006. *Religion in a Free Market.* Ithaca, N.Y.: Paramount Market Publishing.

Kosmin, Barry, and Seymour Lachman. 1993. *One Nation Under God: Religion in Contemporary American Society.* New York: Crown.

Lambert, Yves. 2004. "A Turning Point in Religious Evolution in Europe." *Journal of Contemporary Religion* 19(1): 29–45.

———. 2003. "New Christianity, Indifference, and Diffused Spirituality." In *The Decline of Christendom in Western Europe, 1750–2000*, edited by Hugh McLeod and Ustorf Werner. New York: Cambridge University Press.

Lauring, Palle. 1960. *A History of Denmark*. Copenhagen: Host and Son.

Lechner, Frank. 1996. "Secularization in the Netherlands?" *Journal for the Scientific Study of Religion* 35(3): 252–264.

Limbaugh, Rush. 1993. *See, I Told You So*. New York: Pocket Star Books.

Malinowski, Bronislaw. 1954. *Magic, Science, and Religion*. New York: Anchor.

Marler, Penny Long, and Kirk Hadaway. 2002. "'Being Religious' or 'Being Spiritual' in America: A Zero-Sum Proposition?" *Journal for the Scientific Study of Religion* 41(2): 289–300.

Martin, David. 1978. *A General Theory of Secularization*. New York: Harper and Row.

Martin, Michael. 2007. *Cambridge Companion to Atheism*. New York: Cambridge University Press.

McCullough, Michael, and Timothy Smith. 2003. "Religion and Health." In *Handbook of the Sociology of Religion*, edited by Michele Dillon. New York: Cambridge University Press.

McLeod, Hugh, and Werner Ustorf. 2003. *The Decline of Christendom in Western Europe, 1750–2000*. New York: Cambridge University Press.

Miller, Alan, and Rodney Stark. 2002. "Gender and Religiousness." *American Journal of Sociology* 107: 1399–1423.

Miller, Alan S., and John P. Hoffman. 1995. "Risk and Religion: An Explanation of Gender Differences in Religiosity." *Journal for the Scientific Study of Religion* 34: 63–75.

Niebuhr, H. Richard. 1929. *The Social Sources of Denominationalism*. Cleveland: Meridian Books.

Nordstrom, Byron. 2000. *Scandinavia Since 1500*. Minneapolis: University of Minnesota Press.

Norris, Pippa, and Ronald Inglehart. 2004. *Sacred and Secular: Religion and Politics Worldwide*. New York: Cambridge University Press.

Olson, Daniel, and Kirk Hadaway. 1999. "Religious Pluralism and Affiliation Among Canadian Counties and Cities." *Journal for the Scientific Study of Religion* 38(4): 490–508.

Opuku, K. A. 1987. "Death and Immortality in the African Religious Traditions." In *Death and Immortality in the Religions of the World*, edited by Paul Badham and Linda Badham. New York: New Era Books.

Overmeyer, D. L. editor. 2003. *Religion in China Today*. Cambridge: Cambridge University Press.

Palm, Irving, and Jan Trost. 2000. "Family and Religion in Sweden." In *Family, Religion, and Social Change in Diverse Societies*, edited by Sharon Houseknecht and Jerry Pankurst. New York: Oxford University Press.

Pargament, Kenneth. 1997. *The Psychology of Religion and Coping*. New York: Guilford Press.

Pasquale, Frank. 2006. "Varieties of Irreligious Experience in the American Northwest." Paper presented at the annual meeting for the Society for the Scientific Study of Religion, October 21.

Paul, Gregory. 2005. "Cross-National Correlations of Quantifiable Societal Health with Popular Religiosity and Secularism in the Prosperous Democracies." *Journal of Religion and Society* 7(1): 1–17.

Pettersson, Thorleif, and Ole Riis. 1994. *Scandinavian Values: Religion and Morality in the Nordic Countries*. Uppsala: ACTA Universitatis Upsaliensis.

Proctor, George. 1965. *Ancient Scandinavia*. New York: John Day.

Putnam, Robert. 2000. *Bowling Alone*. New York: Touchstone.

Riis, Ole. 1994. "Patterns of Secularization in Scandinavia." In *Scandinavian Values: Religion and Morality in the Nordic Countries*, edited by Thorleif Pettersson and Ole Riis. Uppsala: ACTA Universitatis Upsaliensis.

Roof, Wade Clark. 1999. *Spiritual Marketplace: Baby Boomers and the Remaking of American Religion*. Princeton, N.J.: Princeton University Press.

Rose, Susan. 1988. *Keeping Them Out of the Hands of Satan: Evangelical Schooling in America*. New York: Routledge.

Salomonsen, Per. 1971. *Religion i dag: Et sociologisk metodestudium*. Copenhagen: G.E.C. Gads Forlag.

Sargeant, Kimon Howland. 2000. *Seeker Churches: Promoting Traditional Religion in a Nontraditional Way*. New Brunswick, N.J.: Rutgers University Press.

Sawyer, P. H. 1982. *Kings and Vikings: Scandinavia and Europe AD 700–1100*. London: Methuen.

Scott, Franklin. 1975. *Scandinavia*. Cambridge, Mass.: Harvard University Press.

Shand, Jack. 1998. "The Decline of Traditional Religious Beliefs in Germany." *Sociology of Religion* 59(2): 179–184.

Shermer, Michael. 2004. *The Science of Good and Evil*. New York: Henry Holt.

Smith, Christian. 2007. "Why Christianity Works: An Emotions- Focused Phenomenological Account." *Sociology of Religion* 68(2): 165–178.

———. 2003. *Moral, Believing Animals: Human Personhood and Culture*. New York: Oxford University Press.

Snarey, John. 1996. "The Natural Environment's Impact Upon Religious Ethics: A Cross-Cultural Study." *Journal for the Scientific Study of Religion* 35(2): 85–96.

Stark, Rodney. 2004. *Exploring the Religious Life*. Baltimore, Md.: Johns Hopkins University Press.

———. 2001. *One True God: Historical Consequences of Monotheism*. Princeton, N.J.: Princeton University Press.

———. 1999. Secularization R.I.P. *Sociology of Religion* 60: 249–273.

Stark, Rodney, and William Sims Bainbridge. 1987. *A Theory of Religion*. New York: Peter Lang.

———. 1985. *The Future of Religion*. Berkeley: University of California Press.

Stark, Rodney, and Roger Finke. 2002. "Beyond Church and Sect: Dynamics and Stability in Religious Economies." In *Sacred Markets, Sacred Canopies*, edited by Ted G. Jelen. Lanham, Md.: Rowman and Littlefield.

———. 2000. *Acts of Faith: Explaining the Human Side of Religion*. Berkeley: University of California Press.

Stark, Rodney, Eva Hamberg, and Alan S. Miller. 2004. "Spirituality and Unchurched Religions in America, Sweden, and Japan." In *Exploring the Religious Life*, by Rodney Stark. Baltimore, Md.: Johns Hopkins University Press.

Stark, Rodney, and Laurence Iannaccone. 1994. "A Supply-Side Reinterpretation of the Secularization of Europe." *Journal for the Scientific Study of Religion* 33: 230–252.

Strauss, Gerald. 1984. "Lutheranism and Literacy: A Reassessment." In *Religion and Society in Early Modern Europe 1500–1800*, edited by Kaspar von Greyerz. Boston: George Allen and Unwin.

Strozier, Charles. 1994. *Apocalypse: On the Psychology of Fundamentalism in America*. Boston: Beacon Press.

Sundback, Susan. 1994. "Nation and Gender Reflected in Scandinavian Religiousness." In *Scandinavian Values: Religion and Morality in the Nordic Countries*, edited by Thorleif Pettersson and Ole Riis. Uppsala: ACTA Universitatis Upsaliensis.

Swatos, William, and Daniel Olson. 2000. *The Secularization Debate*. Lanham, Md.: Rowman and Littlefield.

Tangherlini, Timothy. 2000. "How Do You Know She's a Witch?: Witches, Cunning Folk, and Competition in Denmark." *Western Folklore* 59 (3/4): 279–303.

————. 1998. "Who Ya Gonna Call? Ministers and the Mediation of Ghostly Threat in Danish Legal Tradition." *Western Folklore* 57(2/3): 153–178.

Tucker, Robert. 1978. *The Marx-Engels Reader*, 2d ed. New York: W. W. Norton.

Turner, Bryan. 1991. *Religion and Social Theory*. Thousand Oaks, Calif.: Sage.

Turville-Petre, E.O.G. 1964. *Myth and Religion of the North*. London: Weidenfeld and Nicolson.

Tylor, Edward. 1903 [1871]. *Primitive Culture*. London: Murray.

Walter, Tony. 1996. *The Eclipse of Eternity: A Sociology of the Afterlife*. New York: St. Martin's Press.

Walter, Tony, and Grace Davie. 1998. "The Religiosity of Women in the Modern West." *British Journal of Sociology* 49(4): 640–660.

Ward, Keith. 1992. *In Defence of the Soul*. Oxford: Oneworld Publications.

Warner, R. Stephen, and Judith Wittner, editors. 1998. *Gatherings in Diaspora: Religious Communities and the New Immigration*. Philadelphia: Temple University Press.

Watt, David Harrington. 2002. *Bible-Carrying Christians*. New York: Oxford University Press.

Weinberg, Martin, Ilsa Lottes, and Frances Shaver. 2000. "Sociocultural Correlates of Permissive Sexual Attitudes: A Test of Reiss's Hypothesis About Sweden and the United States." *Journal of Sex Research* 37(1): 44–52.

Wilson, Bryan. 1971. "Unbelief as an Object of Research." In *The Culture of Unbelief*, edited by Rocco Caporale and Antonio Grumelli. Berkeley: University of California Press.

Wolfe, Alan. 2003. *The Transformation of American Religion: How We Actually Live Our Faith*. New York: Free Press.

Yang, Fenggang. 2004. "Between Secularist Ideology and Desecularizing Reality: The Birth and Growth of Religious Research in Communist China." *Sociology of Religion* 65(2): 101–119.

Zuckerman, Phil. 2007. "Atheism: Contemporary Numbers and Patterns." In *The Cambridge Companion to Atheism*, edited by Michael Martin. Cambridge: Cambridge University Press.

————. 2006. "Is Faith Good For Us?" *Free Inquiry* 26(5): 35–38.

————. 2004. "Secularization: Europe—Yes; United States—No." *Skeptical Inquirer* 28(2): 49–52.

————, editor. 2000. *Du Bois on Religion*. Walnut Creek, Calif.: Alta Mira Press.

————. 1999. *Strife in the Sanctuary: Religious Schism in a Jewish Community*. Walnut Creek, Calif.: Alta Mira Press.

索　引

（条目后的数字为原书页码,见本书边码。部分页码中的 n,指位于 "注释" 中）

educational attainment 受教育程度 119; environmental protection 环境保护 28; gender equality 性别平等 27; Human Development Index 人类发展指数 26; nonreligiousness 不信教 5, 115—116

Greeley, Andrew 安德鲁·格里利 : belief in God among Danes, Swedes 丹麦人和瑞典人相信上帝 189n11, 192n25; belief in life after death among Danes, Swedes 丹麦人和瑞典人相信来世 194n1; innateness/naturalness of religiosity 宗教信仰的先天性/自然性 55; need for meaning of life 对生命意义的需求 69

Grundtvig, N. F. S. N. F. S.格伦特维 114

guns 枪支 33, 167

Gustavus Vasa, King of Sweden 古斯塔斯夫·瓦萨,瑞典国王 124

Hamberg, Eva 伊娃·汉贝格 7

Hamer, Dean 迪安·哈默 55, 68

Hans-Bockler Stiftung 智库汉斯-伯克勒尔基金会 30

Hans (Danish interviewee) 汉斯(丹麦受访者) 101, 158

happiness, level of 幸福程度 7, 65—66

Harald "Bluetooth" Gormson, King of Denmark 哈拉尔·"蓝牙"·戈

尔姆森,丹麦国王 122

Harris, Sam 萨姆·哈里斯 96, 166

Hay, David 戴维·海 91

health care 医疗服务 27, 33

heaven, belief in 相信天堂 : Denmark 丹麦 24, 41, 46, 59, 133, 151; Sweden 瑞典 24; United States 美国 24—25

Hedda (Swedish interviewee) 赫达(瑞典受访者) 62—63, 158, 163

hell, belief in 相信地狱 : Denmark 丹麦 11, 25, 46, 59, 133, 151; Sweden 瑞典 11, 25, 151; United States 美国 11, 119

Hello (Danish interviewee) 赫勒(丹麦受访者) 158—159

Hendrix, Jimi 吉米·亨德里克斯 154

Henning (Danish interviewee) 亨宁(丹麦受访者) 73

Heritage Foundation 传承基金会 20

Hertel, Bradley 布拉德利·赫特尔 116—117

Hervieu-Leger, Daniele 达尼埃莱·埃尔维厄-莱格尔 151

Hinde, Robert 罗伯特·欣德 68

Hinduism, believers worldwide 世界范围内的印度教信徒 96

Hirsi Ali, Ayaan 阿扬·哈尔西·阿里 17, 32

Hitchens, Christopher 克里斯托弗·希钦斯 96

人文与社会译丛

第一批书目

1.《政治自由主义》(增订版),[美]J.罗尔斯著,万俊人译　118.00元
2.《文化的解释》,[美]C.格尔茨著,韩莉译　　　　　　　89.00元
3.《技术与时间:1.爱比米修斯的过失》,[法]B.斯蒂格勒著,
　裴程译　　　　　　　　　　　　　　　　　　　62.00元
4.《依附性积累与不发达》,[德]A.G.弗兰克著,高铦等译　13.60元
5.《身处欧美的波兰农民》,[美]F.兹纳涅茨基、W.I.托马斯著,
　张友云译　　　　　　　　　　　　　　　　　　9.20元
6.《现代性的后果》,[英]A.吉登斯著,田禾译　　　　　45.00元
7.《消费文化与后现代主义》,[英]M.费瑟斯通著,刘精明译　14.20元
8.《英国工人阶级的形成》(上、下册),[英]E.P.汤普森著,
　钱乘旦等译　　　　　　　　　　　　　　　　　168.00元
9.《知识人的社会角色》,[美]F.兹纳涅茨基著,郏斌祥译　26.00元

第二批书目

10.《文化生产:媒体与都市艺术》,[美]D.克兰著,赵国新译　49.00元
11.《现代社会中的法律》,[美]R.M.昂格尔著,吴玉章等译　39.00元
12.《后形而上学思想》,[德]J.哈贝马斯著,曹卫东等译　　58.00元
13.《自由主义与正义的局限》,[美]M.桑德尔著,万俊人等译　30.00元

14.《临床医学的诞生》,[法]M.福柯著,刘北成译　　　　55.00 元

15.《农民的道义经济学》,[美]J.C.斯科特著,程立显等译　42.00 元

16.《俄国思想家》,[英]I.伯林著,彭淮栋译　　　　　　35.00 元

17.《自我的根源:现代认同的形成》,[加]C.泰勒著,韩震等译

128.00 元

18.《霍布斯的政治哲学》,[美]L.施特劳斯著,申彤译　　49.00 元

19.《现代性与大屠杀》,[英]Z.鲍曼著,杨渝东等译　　　59.00 元

第三批书目

20.《新功能主义及其后》,[美]J.C.亚历山大著,彭牧等译　15.80 元

21.《自由史论》,[英]J.阿克顿著,胡传胜等译　　　　　89.00 元

22.《伯林谈话录》,[伊朗]R.贾汉贝格鲁等著,杨祯钦译　　23.00 元

23.《阶级斗争》,[法]R.阿隆著,周以光译　　　　　　　13.50 元

24.《正义诸领域:为多元主义与平等一辩》,[美]M.沃尔泽著,
褚松燕等译　　　　　　　　　　　　　　　　　　24.80 元

25.《大萧条的孩子们》,[美]G.H.埃尔德著,田禾等译　　27.30 元

26.《黑格尔》,[加]C.泰勒著,张国清等译　　　　　　135.00 元

27.《反潮流》,[英]I.伯林著,冯克利译　　　　　　　　48.00 元

28.《统治阶级》,[意]G.莫斯卡著,贾鹤鹏译　　　　　　98.00 元

29.《现代性的哲学话语》,[德]J.哈贝马斯著,曹卫东等译　78.00 元

第四批书目

30.《自由论》(修订版),[英]I.伯林著,胡传胜译　　　　69.00 元

31.《保守主义》,[德]K.曼海姆著,李朝晖、牟建君译　　16.00 元

32.《科学的反革命》(修订版),[英]F.哈耶克著,冯克利译　58.00 元

33.《实践感》,[法]P. 布迪厄著,蒋梓骅译　　　　　75.00 元

34.《风险社会》,[德]U. 贝克著,何博闻译　　　　17.70 元

35.《社会行动的结构》,[美]T. 帕森斯著,彭刚等译　　80.00 元

36.《个体的社会》,[德]N. 埃利亚斯著,翟三江、陆兴华译　15.30 元

37.《传统的发明》,[英]E. 霍布斯鲍姆等著,顾杭、庞冠群译　21.20 元

38.《关于马基雅维里的思考》,[美]L. 施特劳斯著,申彤译　78.00 元

39.《追寻美德》,[美]A. 麦金太尔著,宋继杰译　　68.00 元

第五批书目

40.《现实感》,[英]I. 伯林著,潘荣荣、林茂译　　30.00 元

41.《启蒙的时代》,[英]I. 伯林著,孙尚扬、杨深译　35.00 元

42.《元史学》,[美]H. 怀特著,陈新译　　　　　89.00 元

43.《意识形态与现代文化》,[英]J. B. 汤普森著,高铦等译　68.00 元

44.《美国大城市的死与生》,[加]J. 雅各布斯著,金衡山译　29.50 元

45.《社会理论和社会结构》,[美]R. K. 默顿著,唐少杰等译128.00 元

46.《黑皮肤,白面具》,[法]F. 法农著,万冰译　　14.00 元

47.《德国的历史观》,[美]G. 伊格尔斯著,彭刚、顾杭译　58.00 元

48.《全世界受苦的人》,[法]F. 法农著,万冰译　17.80 元

49.《知识分子的鸦片》,[法]R. 阿隆著,吕一民、顾杭译　45.00 元

第六批书目

50.《驯化君主》,[美]H. C. 曼斯菲尔德著,冯克利译　68.00 元

51.《黑格尔导读》,[法]A. 科耶夫著,姜志辉译　　45.00 元

52.《象征交换与死亡》,[法]J. 波德里亚著,车槿山译　68.00 元

53.《自由及其背叛》,[英]I. 伯林著,赵国新译　　48.00 元

54.《启蒙的三个批评者》,[英]I. 伯林著,马寅卯、郑想译　48.00 元

55.《运动中的力量》,[美]S. 塔罗著,吴庆宏译　23.50 元

56.《斗争的动力》,[美]D. 麦克亚当、S. 塔罗、C. 蒂利著,
　李义中等译　31.50 元

57.《善的脆弱性》,[美]M. 纳斯鲍姆著,徐向东、陆萌译　55.00 元

58.《弱者的武器》,[美]J. C. 斯科特著,郑广怀等译　82.00 元

59.《图绘》,[美]S. 弗里德曼著,陈丽译　49.00 元

第七批书目

60.《现代悲剧》,[英]R. 威廉斯著,丁尔苏译　45.00 元

61.《论革命》,[美]H. 阿伦特著,陈周旺译　59.00 元

62.《美国精神的封闭》,[美]A. 布卢姆著,战旭英译、冯克利校　68.00 元

63.《浪漫主义的根源》,[英]I. 伯林著,吕梁等译　28.00 元

64.《扭曲的人性之材》,[英]I. 伯林著,岳秀坤译　22.00 元

65.《民族主义思想与殖民地世界》,[美]P. 查特吉著,
　范慕尤、杨曦译　18.00 元

66.《现代性社会学》,[法]D. 马尔图切利著,姜志辉译　32.00 元

67.《社会政治理论的重构》,[美]R. J. 伯恩斯坦著,黄瑞祺译　25.00 元

68.《以色列与启示》,[美]E. 沃格林著,霍伟岸、叶颖译　128.00 元

69.《城邦的世界》,[美]E. 沃格林著,陈周旺译　85.00 元

70.《历史主义的兴起》,[德]F. 梅尼克著,陆月宏译　48.00 元

第八批书目

71.《环境与历史》,[英]W. 贝纳特、P. 科茨著,包茂红译　25.00 元

72.《人类与自然世界》,[英]K. 托马斯著,宋丽丽译　35.00 元

73.《卢梭问题》，[德]E.卡西勒著，王春华译   15.00元

74.《男性气概》，[美]H.C.曼斯菲尔德著，刘玮译   28.00元

75.《战争与和平的权利》，[美]R.塔克著，罗炯等译   25.00元

76.《谁统治美国》，[美]W.多姆霍夫著，吕鹏、闻翔译 35.00元

77.《健康与社会》，[法]M.德吕勒著，王鲲译   35.00元

78.《读柏拉图》，[德]T.A.斯勒扎克著，程炜译   28.00元

79.《苏联的心灵》，[英]I.伯林著，潘永强、刘北成译 59.00元

80.《个人印象》，[英]I.伯林著，林振义、王洁译   35.00元

第九批书目

81.《技术与时间:2.迷失方向》，[法]B.斯蒂格勒著，
赵和平、印螺译   59.00元

82.《抗争政治》，[美]C.蒂利、S.塔罗著，李义中译 28.00元

83.《亚当·斯密的政治学》，[英]D.温奇著，褚平译 21.00元

84.《怀旧的未来》，[美]S.博伊姆著，杨德友译   85.00元

85.《妇女在经济发展中的角色》，[丹]E.博斯拉普著，陈慧平译30.00元

86.《风景与认同》，[美]W.J.达比著，张箭飞、赵红英译 68.00元

87.《过去与未来之间》，[美]H.阿伦特著，王寅丽、张立立译 58.00元

88.《大西洋的跨越》，[美]D.T.罗杰斯著，吴万伟译 108.00元

89.《资本主义的新精神》，[法]L.博尔坦斯基、E.希亚佩洛著，
高铦译   58.00元

90.《比较的幽灵》，[美]B.安德森著，甘会斌译   79.00元

第十批书目

91.《灾异手记》，[美]E.科尔伯特著，何恬译   25.00元

第十一批书目

第十二批书目

111.《希腊民主的问题》,[法]J.罗米伊著,高煜译   48.00元

112.《论人权》,[英]J.格里芬著,徐向东、刘明译   75.00元

113.《柏拉图的伦理学》,[英]T.厄温著,陈玮、刘玮译(即出)

114.《自由主义与荣誉》,[美]S.克劳斯著,林垚译   62.00元

115.《法国大革命的文化起源》,[法]R.夏蒂埃著,洪庆明译 38.00元

116.《对知识的恐惧》,[美]P.博格西昂著,刘鹏博译   38.00元

117.《修辞术的诞生》,[英]R.沃迪著,何博超译   48.00元

118.《历史表现中的真理、意义和指称》,[荷]F.安克斯密特著,
    周建漳译   58.00元

119.《天下时代》,[美]E.沃格林著,叶颖译   78.00元

120.《求索秩序》,[美]E.沃格林著,徐志跃译   48.00元

第十三批书目

121.《美德伦理学》,[新西兰]R.赫斯特豪斯著,李义天译 55.00元

122.《同情的启蒙》,[美]M.弗雷泽著,胡靖译   48.00元

123.《图绘暹罗》,[美]T.威尼差恭著,袁剑译   58.00元

124.《道德的演化》,[新西兰]R.乔伊斯著,刘鹏博、黄素珍译 65.00元

125.《大屠杀与集体记忆》,[美]P.诺维克著,王志华译   78.00元

126.《帝国之眼》,[美]M.L.普拉特著,方杰、方宸译   68.00元

127.《帝国之河》,[美]D.沃斯特著,侯深译   76.00元

128.《从道德到美德》,[美]M.斯洛特著,周亮译   58.00元

129.《源自动机的道德》,[美]M.斯洛特著,韩辰锴译   58.00元

130.《种族与文化少数群体》,[美]G.E.辛普森、[美]J.M.英
    格尔著,马戎、王凡妹译(即出)

第十四批书目

131.《城邦与灵魂:费拉里〈理想国〉论集》,[美]G.R.F.
　　费拉里著,刘玮编译　　　　　　　　　　　　58.00元

132.《人民主权与德国宪法危机》,[美]P.C.考威尔著,曹
　　晗蓉、虞维华译　　　　　　　　　　　　　58.00元

133.《16和17世纪英格兰大众信仰研究》,[英]K.托马斯著,
　　芮传明、梅剑华译　　　　　　　　　　　168.00元

134.《民族认同》,[英]A.D.史密斯著,王娟译　　55.00元

135.《世俗主义之乐:我们当下如何生活》,[英]G.莱文编,
　　赵元译　　　　　　　　　　　　　　　　58.00元

136.《国王或人民》,[美]R.本迪克斯著,褚平译(即出)

137.《哲学解释》,[美]R.诺齐克著,林南、乐小军译(即出)

138.《自由与多元论:以赛亚·伯林思想研究》,
　　[英]G.克劳德著,应奇等译　　　　　　　　58.00元

139.《暴力:思无所限》,[美]R.J.伯恩斯坦著,李元来译　59.00元

140.《中心与边缘:宏观社会学论集》,[美]E.希尔斯著,
　　甘会斌、余昕译　　　　　　　　　　　　88.00元

第十五批书目

141.《自足的世俗社会》,[美]P.朱克曼著,杨靖译　58.00元

142.《历史与记忆》,[英]G.丘比特著,王晨风译(即出)

143.《媒体、国家与民族》,[英]P.施莱辛格著,林玮译(即出)

144.《道德错误理论:历史、批判、辩护》,
　　[瑞典]J.奥尔松著,周奕李译(即出)

145.《废墟上的未来:联合国教科文组织、世界遗产与和平梦想》,
[澳]L.梅斯克尔著,王丹阳译(即出)

146.《为历史而战》,[法]L.费弗尔著,高煜译(即出)

147.《语言动物》,[加]C.泰勒著,赵清丽译(即出)

148.《我们中的我:承认理论研究》,[德]A.霍耐特著,
孙逸凡译,张曦校(即出)

149.《人文学科与公共生活》,[美]P.布鲁克斯著,
余婉卉译(即出)

150.《理解海德格尔:一种范式转换》,[美]T.希恩著,
邓定译(即出)

有关"人文与社会译丛"及本社其他资讯,欢迎点击 www.yilin.com 浏览,对本丛书的意见和建议请反馈至新浪微博@译林人文社科。